Zu diesem Buch

«Jack Kerouac war der Prophet der Beat-Generation. Sein berühmtestes Buch ist ‹Unterwegs›, eine rauschhafte Tramp-Rhapsodie, eine Hymne auf das Unbehaustsein und die Freiheiten des Anti-‹Babbit›: Drogen, Alkohol, Sex und Jazz. Auch die Beat-Generation war eine Protestgemeinschaft, doch kaum vergleichbar dem heutigen ‹Underground›. Das Wort Beat-Generation hat nichts mit dem musikalischen Begriff ‹Beat› zu tun. Es bedeutet ‹geschlagene Generation›. Ihr Protest richtete sich gegen verlogenen Patriotismus, arroganten Amerikanismus, gegen den Krieg im Frieden, das Spießertum, den allmächtigen Erfolgskodex (nur ein erfolgreicher Mensch ist ein Mensch). Sie suchte Erleuchtung im physischen Rausch und in der Kontemplation (Zen).

Alle Bücher Jack Kerouacs sind autobiographische Reflexionen über die Beat-Generation, den eigenen (erstaunlich umfangreichen) Bildungsfundus und die Schwierigkeiten, zugleich Amerikaner und Beatnik zu sein. Und doch ist der amerikanische Traum immer gegenwärtig. Kerouac ‹war darauf versessen, auf irgendeinem Campus zu landen, Pfeife rauchend, mit Strickweste, eben dabei, wie Bing Crosby im Mondschein irgendeiner Studentin ein Ständchen zu bringen. Ein weiterer Traum war es, die College-Ausbildung erfolgreich abzuschließen und ein großer Versicherungsagent zu werden . . .› Die College-Ausbildung erfüllte sich. Wie es weiterging, beschreibt Kerouac in diesem Buch. Der amerikanische Musterschüler und College-Footballstar wurde Stipendiat der Columbia University. Er entdeckte die amerikanische und europäische Literatur. Die Unruhe packte ihn. Er tat dies und jenes. Dann kam der Krieg. Als Küchenjunge fuhr er zwischen Boston und Murmansk hin und her. Dann holte ihn die US-Marine. Und danach fand er die Ordnung nicht mehr in Ordnung. Die Zeit des geistigen Fegefeuers hatte für Jack Kerouac begonnen.

Diesen romanhaften Report über Jugend, Träume und Wandlungen schrieb er durchtränkt mit der pessimistischen Tinte des Fünfundvierzigjährigen, ständig Korrekturen am frühen Weltbild vornehmend, ein herber Abgesang auf die ‹niederträchtige, tollwütige Schöpfung› und ein unerwarteter Freispruch jener Gesellschaft, auf der die heutige Protestbewegung manisch herumhackt: ‹. . . ich behaupte, Kriege und gesellschaftliche Katastrophen entstehen wegen der Grausamkeit dieser tierischen Schöpfung und nicht wegen der Gesellschaft›. Daran mag vieles falsch sein. Was den Kenner des Werkes von Kerouac dennoch bedrängt ist dieses – nunmehr ganz offen eingestandene – Absurditäts-Bewußtsein. Die Entmystifizierung und zugleich die Rechtfertigung der Beat-Generation. Im Vergleich mit der armseligen ‹Scheiß›-Weltschau der heutigen Gesellschaftsverneiner war das geistige Zentrum der Beat-Generation eine tragische Gemeinschaft enttäuschter Idealisten» («Mannheimer Morgen»).

Jack Kerouac wurde am 12. März 1922 in Lowell/Massachusetts geboren. Nachdem er kurze Zeit die Columbia University besucht hatte, trampte er nach dem Krieg jahrelang als Gelegenheitsarbeiter kreuz und quer durch die USA und Mexiko. 1950 erschien «The Town and the City». 1955 erhielt er ein Stipendium der National Academy of Arts and Letters. 1957 erschien sein vielbeachteter Beatnik-Roman «On the Road» («Unterwegs», rororo Nr. 1035), 1958 «The Dharma Bums» («Gammler, Zen und Hohe Berge», rororo Nr. 1417) und «The Subterraneans», 1959 «Doctor Sax» und «Mexico City Blues», 1960 «Passing Through» («Engel, Kif und neue Länder», rororo Nr. 1391) und die Autobiographie «Lonesome Traveller», 1961 «Pull my Daisy» und «Book of Dream», 1962 «Big Sur» und «Tristessa». Jack Kerouac starb am 21. Oktober 1969 in St. Petersburg (Florida).

Jack Kerouac

Die Verblendung des Duluoz

Eine abenteuerliche Erziehung,
1935–46

rororo

Rowohlt

Titel der Originalausgabe «Vanity of Duluoz»
Aus dem Amerikanischen übertragen von HANS HERMANN
Umschlagentwurf Werner Nöfer

Veröffentlicht im Rowohlt Taschenbuch Verlag GmbH,
Reinbek bei Hamburg, Juni 1975

Die deutsche Ausgabe erschien im Verlag Joseph Melzer,
Darmstadt 1969
Gesetzt aus der Linotype-Aldus-Buchschrift
Gesamtherstellung Clausen & Bosse, Leck/Schleswig
Printed in Germany
580-ISBN 3 499 11839 4

Für Σταυρoῦλα

Das heißt auf griechisch «Vom Kreuz», und außerdem ist es der Vorname meiner Frau STAVROULA.

Ganz besonders danke ich Ellis Amburn für sein großartiges Einfühlungsvermögen und seine Sachkenntnis.

Erstes Buch

I

Na schön, mein Weibchen, vielleicht bin ich tatsächlich ein Du-weißt-schon-Loch, aber wenn ich dir erst die Schwierigkeiten aufgezählt habe, die ich zu überwinden hatte, um von 1935 praktisch bis jetzt, 1967, in Amerika zu überleben, wenngleich ich natürlich weiß, daß jeder auf dieser Welt seine eigenen Schwierigkeiten hatte, dann wirst du verstehen, daß meine ganz speziellen Qualen daher rühren, daß ich gegen all die Trottel überempfindlich bin, mit denen ich mich herumschlagen mußte, um auch nur ein Footballstar der High School zu werden; ein Student, der Kaffee serviert und Geschirr spült und bis in die Nacht hinein dem Ball nachrennt und in drei Tagen Homers *Ilias* liest, das alles gleichzeitig, und, so wahr mir Gott helfe, ein LITERAT zu werden, dessen Erfolg nicht zum glücklichen Triumph wurde, so wie früher, sondern zum Signal für seinen eigentlichen Untergang. (Da ja ohnehin niemand meine Gedankenstriche mag, halte ich mich an die gewöhnliche Zeichensetzung, für die junge Generation von Analphabeten.)

Schau, außerdem rühren meine Qualen, wie ich sie nenne, daher, daß die Menschen sich so sehr geändert haben, nicht erst in den letzten fünf Jahren, Herrgott noch mal, oder in den letzten zehn Jahren wie McLuhan sagt, sondern in den letzten dreißig Jahren, und zwar in solchem Ausmaß, daß ich sie gar nicht mehr als Menschen oder mich selbst als wirkliches Mitglied von dem erkenne, was sich Menschheit nennt. Ich kann mich an 1935 erinnern, als ausgewachsene Männer, die Hände tief in den Jackentaschen, pfeifend die Straßen entlanggingen, ohne jemanden zu beachten und ohne von jemandem beachtet zu werden. Und außerdem gingen sie *schnell*, zur Arbeit oder zum Einkaufen oder zur Freundin. Doch heutzutage, sag mal, wieso kommen denn die Leute so schlotterig und langsam daher? Wohl weil sie gewohnt sind, nur über Parklätze zu gehen? Hat sie das Automobil zu der Einbildung gebracht, daß sie wie eine Bande nichtsnutziger Strolche daherkommen, ohne ein bestimmtes Ziel?

In Herbstnächten vor dem Krieg in Massachusetts konnte man immer irgendeinen Burschen sehen, der zum Abendessen nach Hause ging, die Fäuste tief in den Seitentaschen seines Jacketts vergraben; pfeifend mit seinen eigenen Gedanken beschäftigt ging er mit großen Schritten, schaute sich nicht mal nach den anderen Leuten auf dem Gehweg um, und nach dem Abendessen konnte man beobachten, wie derselbe Bursche auf dieselbe Weise aus dem Haus eilte, zu dem Süßwarenladen an der Ecke oder zu einem Besuch bei Joe oder ins Kino oder zum Billardspielen oder zur Nachtschicht in die Fabrik oder zu seinem Mädchen. Heute siehst du das nicht mehr in Amerika, nicht nur, weil jeder einen Wagen fährt und blödsinnig erhobenen Hauptes die idiotische Maschine durch die Fallgruben und Strafbestimmungen des Verkehrs dirigiert, sondern weil heutzutage keiner ohne jegliche Neugier daherkommt, mit gesenktem Kopf und pfeifend; jeder betrachtet jeden anderen auf dem Gehweg, schuldbewußt und, noch schlimmer, neugierig und mit vorgetäuschter Teilnahme, oft mit «Hip»-Interesse, nur ja nichts versäumen, wohingegen es in jenen Tagen Filme von Wallace Beery gab, der sich an einem verregneten Morgen im Bett umdrehte und sagte: «Ach was, ich schlaf weiter, ich versäum heute sowieso nichts.» Und er hat nie etwas versäumt. Heute hört man vom «schöpferischen Mitwirken in der Gemeinschaft», und niemand wagt es, einen ganzen Regentag zu verschlafen, niemand wagt zu überlegen, ob er tatsächlich etwas versäumt.

So unbekümmert und pfeifend, wie ich dir das hier erzähle, gingen damals in Lowell, Massachusetts, erwachsene Männer samstags und sonntags hinaus zum Dracut Tiger Park, nur um Kindern beim Football auf einem Sandplatz zuzusehen. Da sind sie, im kalten Novemberwind, Männer und Jungen, Seitenlinien; ein paar Spinner stellen sogar eine selbstgefertigte Meßkette mit zwei Absteckpflöcken, um die *downs* messen zu können – das heißt den jeweils gutgemachten Boden. Wenn im Football eine Mannschaft mehr als 10 Yards erobert hat, bekommt sie vier weitere Versuche, um die nächsten 10 Yards zu erobern. Irgend jemand muß genau aufpassen und sich, wenn es knapp hergeht, sofort auf den Platz stürzen und exakt messen, wieviel zur benötigten Distanz noch fehlt. Zu dem Zweck gibt es zwei Burschen, die die Meßkette an den zwei Pflöcken halten, und sie müssen wissen, wie man auf den Platz rennt; sie müssen sich dabei auf ihren Parallel-Instinkt verlassen können. Ich bezweifle, ob in dieser von Mandala-Mosaik-Perlen überzogenen Welt von heute überhaupt noch jemand weiß, was parallel bedeutet, abgesehen von überspannten Hochschulmathematikern, Vermessern, Zimmerleuten usw.

Hier kommt nun also dieser Haufen sorgloser Männer und auch Jungen, ja sogar Mädchen und etliche Mütter, hier kommen sie daherspaziert, eine ganze Meile quer über die Wiesen des Dracut Tiger Park, nur um ihre dreizehn und siebzehn Jahre alten Jungen auf dem Auf und Ab eines holprigen Platzes Football spielen zu sehen, ohne Torpfosten, so ungefähr auf 100 Yards bemessen, durch einen Tannenbaum am einen Ende und einen Pflock am anderen.

Aber 1935 bei meinem ersten Spiel auf einem Sandplatz, etwa im Oktober, keine derartige Menge: Es war früh am Samstagmorgen, meine Truppe hatte die Soundso-Mannschaft von Rosemont herausgefordert; ja in Wirklichkeit waren es die Dracut Tiger (wir) gegen die Rosemont Tiger, Tiger überall; wir hatten sie in Lowells Zeitung *Sonne* durch einen kleinen Artikel herausgefordert, der von unserem Mannschaftsführer Scotcho Boldieu geschrieben und von mir selbst redigiert worden war: «Die Dracut Tiger, Alter zwischen 13 und 15, fordern jede beliebige Footballmannschaft, Alter zwischen 13 und 15, zu einem Spiel am Samstagmorgen auf dem Platz der Dracut Tiger oder jedem andern Platz heraus.» Es war keine formelle Liga oder so was, eben Kinder, und doch erschienen dann die größeren Jungen, um die Yardgewinne offiziell mit Meßkette und Absteckpflöcken zu messen.

In diesem Spiel war ich – obwohl wahrscheinlich der jüngste Spieler auf dem Platz – auch der einzige, der das war, was man im Football groß nennt, das heißt, ich hatte dicke Beine und einen schweren Körper. Ich erzielte neun *touchdowns* und wir gewannen 60:0, wobei wir dreimal den Zusatzpunkt nicht gewinnen konnten. Ich dachte von diesem Morgen an, ich würde mein ganzes Leben lang auf diese Weise *touchdowns* machen und niemand könnte mich anpacken oder stoppen, aber ernsthafter Football kam dann in der folgenden Woche, als die größeren Jungen, die immer bei meinem Vater in Pawtucketville Sozial Club im Billardzimmer und in der Kegelbahn herumlungerten, beschlossen, uns ein bißchen zu zeigen, wie man Köpfe einschlägt. Sie taten das, zum mindesten einige von ihnen, deshalb, weil mein Vater sie immer wieder aus dem Club hinauswarf, da sie nie einen Nickel für eine Cola oder eine Runde Billard oder einen Cent für eine Kegelpartie hatten und nur herumlungerten, rauchten und die Beine von sich streckten und so den Durchgang für die echten Stammgäste blockierten, die hierher kamen, um zu spielen. Ich hatte ja keine Ahnung von dem, was auf mich zukommen würde, an jenem Morgen nach den neun *touchdowns*, als ich rauf in mein Schlafzimmer rannte und mit der Hand in sauberer Blockschrift eine große Schlagzeile mitsamt Spielbericht für die Zeitung niederschrieb: DULUOZ ERZIELT 9 TOUCHDOWNS BEI DRACUTS ÜBERWÄLTIGENDEM 60 : 0-SIEG ÜBER ROSEMONT! Diese Zeitung, das einzige Exemplar, verkaufte ich für drei Cents an Nick Rigolopoulos, meinen einzigen Kunden. Nick war ein kranker Mann von etwa fünfunddreißig Jahren, der sehr gerne meine Zeitung las, da er nichts anderes zu tun hatte und bald an den Rollstuhl gebunden sein würde.

Und dann das große Spiel, zu dem, wie gesagt, Männer mit den Händen in den Taschen pfeifend und lachend durch den Park kamen, mit Frauen, Töchtern, Gruppen anderer Männer, Jungen, die sich alle entlang den Seitenlinien aufstellten, um dabei zu sein, wenn sich die sensationellen Dracut Tiger mit einem stärkeren Team messen würden.

Tatsache ist, daß die «Billard»-Mannschaft durchschnittlich sechzehn bis achtzehn Jahre alt war. Aber ich hatte auch einige kräftige Jungen auf meiner Seite. Ich hatte Iddyboy Bissonnette als meinen *cen-*

ter, der größer und älter war als ich, der aber nicht gerne im Hinterfeld herumrannte, sondern lieber im Sturm, um den *runners* Lücken zu öffnen. Er war hart wie ein Fels und wäre später einer der größten *linemen* in der Footballgeschichte der Lowell High School geworden, wenn sein Zeugnisdurchschnitt nicht bei Fünf oder Vier minus gelegen hätte. Mein *quarterback* war der kluge und starke kleine Scotcho Boldieu, der wunderbare Pässe werfen konnte (und später ein großartiger Werfer im Baseball war). Ich hatte noch einen drahtigen, starken Kerl namens Billy Artaud, der wahrhaftig einen *runner* rammen konnte, und wenn es ihm gelang, gab er eine Woche lang damit an. Ich hatte andere, die weniger wirkungsvoll waren, wie Dicky Hampshire, der eines Morgens tatsächlich in seinem besten Anzug als *right end* spielte, weil er auf dem Weg zu einer Hochzeit war; er hatte Angst, seinen Anzug schmutzig zu machen, und niemand durfte ihn anfassen, und er faßte niemanden an. Ich hatte G. J. Rigolopoulos, der ziemlich gut war, wenn ihn die Wut packte. Für das große Spiel gelang es mir, Bong Baudoin von den inzwischen eingegangenen Rosemont Tiger zu verpflichten, und er war stark. Aber wir waren alle erst dreizehn und vierzehn.

Vom Anstoß weg fing ich den Ball und lief nach innen, und die großen Jungen fielen über mich her. Während ich in dem Gewühl ganz unten lag und den Ball an mich klammerte, schlug mir, abgeschirmt durch die Körper, plötzlich der vom Billardzimmer verstoßene siebzehnjährige Halmalo ins Gesicht und sagte zu seinen Kumpeln: «Packt dieses kleine Christkind Duluoz.»

Mein Vater war an der Seitenlinie und sah es. Er ging auf und ab, wobei er an seiner Zigarre paffte, das Gesicht rot vor Zorn. (Ich werde in dieser Art schreiben, um die Sache zu vereinfachen.) Nach drei erfolglosen Versuchen, 10 Yards vorzustürmen, müssen wir durch einen Abstoß den Ball aufgeben; wir tun das, der *safety man* der älteren Jungen läuft ein paar Yards zurück, und nun haben sie ihren ersten Versuch. Ich erzähle Iddyboy von dem Schlag, den ich im Gewühl abbekommen habe. Sie führen ihren ersten Versuch aus, und einer aus der vorderen Reihe der älteren Jungen steht mit einer blutigen Nase wieder auf. Alles ist wütend.

Beim nächsten Versuch erhält Halmalo den Ball aus der Mitte und beginnt um seinen *left end* herumzutänzeln, langbeinig und dünn, mit guter Abschirmung, glaubt, gegen diese kleinen Anfänger könne er bis zur Torlinie marschieren. Tief gebückt komme ich angerannt, so tief, daß seine Abschirmungsspieler in ihrem Eifer glauben, ich sei auf meine Knie gefallen, und sobald sie ein wenig auseinandergehen, um andere anzugreifen und Halmalo den Weg zu bahnen, tauche ich durch jene Lücke und stürze auf ihn zu, mit dem Kopf voraus, genau gegen die Knie, und ich drücke ihn 10 Yards zurück, dabei rutscht er auf dem

Arsch, der Ball kullert über die Seitenlinie, und er findet sich wieder im Reich der Träume.

Er wird bewußtlos vom Platz getragen.

Mein Vater schreit: «Hahaha, du wirst nicht noch mal einen dreizehnjährigen Jungen schlagen *mon maudit crève faim*!« (Letzteres ist frankokanadisch und heißt, so in etwa, «du verdammter Hungerleider im Geiste!»)

II

Ich kann mich wirklich an den Ausgang jenes Spiels nicht mehr entsinnen, ich glaube, wir haben gewonnen; würde ich zum Pawtucketville Social Club hinuntergehen und fragen, so glaube ich nicht, daß sich jemand daran erinnern würde; ich weiß nur, und das mit Sicherheit, daß die alle lügen würden. Der Grund, weshalb ich heutzutage so verbittert und wie gesagt, «in Qualen» bin, oder jedenfalls einer der Gründe, ist der, daß jedermann angefangen hat zu lügen, und da sie lügen, nehmen sie an, daß ich auch lüge: Sie übersehen die Tatsache, daß ich mich an viele Dinge sehr gut erinnern kann (natürlich habe ich auch einiges vergessen, wie das Ergebnis jenes Spiels), aber ich glaube wirklich, daß Lügen eine Sünde ist, es sei denn, es handelt sich um eine unschuldige Lüge, hervorgerufen durch Gedächtnisschwund; gewiß ist es eine Todsünde, falsche Aussagen zu machen und falsches Zeugnis abzulegen, doch was ich sagen wollte, ist dies: Da das Lügen in der Welt von heute so überhandgenommen hat (unter anderem ausgelöst durch die marxistisch-dialektische Propaganda und die Techniken des Komintern), kann einer die Wahrheit sagen, und trotzdem wird jedermann, da ihn aus dem Spiegel ein Lügner ansieht, annehmen, daß auch der Wahrheit-Sager lügt. (Dialektischer Materialismus und die Techniken des Komintern waren die ursprünglichen Tricks des bolschewistischen Kommunismus, das heißt, du hast das Recht zu lügen, wenn du auf der Seite der Bolschewiki bist.) Daher diese schreckliche neue Redensart: *«Du willst mich wohl hochnehmen.»* Mein Name ich Jack («Duluoz») Kerouac, und ich wurde am 12. März 1922 in Lowell, Massachusetts, Lupine Road 9, geboren. «Ach, du willst mich wohl hochnehmen.» Ich schrieb dieses Buch *Die Verblendung des Duluoz*. «Ach, du willst mich wohl hochnehmen.» Wie jene Frau, mein Weibchen, die mir vor einiger Zeit einen Brief schrieb und darin – hör dir das bloß an – ausgerechnet behauptete:

«Sie sind nicht Jack Kerouac. Es gibt keinen Jack Kerouac. Seine Bücher wurden überhaupt nicht geschrieben.»

Die sind eben plötzlich aus dem Computer gekommen, meint sie wohl, sie wurden programmiert, sie wurden von irren Intellektuellen, bebrillten Soziologen mit wirren Informationsdaten gefüttert, und schon kam das vollständige Manuskript aus dem Computer, alles sauber im doppelten Zeilenabstand getippt, so daß es die Verlagsdruckerei nur noch drucken muß, die Verlagsbuchbinderei binden, der Verlag vertreiben, mit Einband und Schutzumschlag samt Waschzettel, so daß dieser nicht existente «Jack Kerouac» nicht nur einen Zwei-Dollar-Scheck als Honorar aus Japan bekommen kann, sondern auch den Brief dieser Frau.

Nun war David Hume bestimmt ein großer Philosoph, und Buddha hatte Recht im Hinblick auf die Ewigkeit, aber das geht ein klein bißchen zu weit. Natürlich stimmt es, daß mein Körper nichts ist als ein elektromagnetisches Gravitationsfeld, wie jener Tisch dort drüben, und selbstverständlich stimmt es, daß der Geist in Wirklichkeit nicht existiert, im Sinne der alten Dharma-Meister, wie etwa Hui-Neng; aber andererseits, wer ist nicht derjenige, der er ist, wegen der Ignoranz eines Idioten?

III

Die Aufzählung meiner Klagen hat noch nicht mal angefangen; keine Angst, ich werd's nicht langatmig machen. Was ich im Moment zu bemeckern habe, ist die Tatsache, daß mich Halmalo, oder wie er nun richtig geheißen haben mag, «dieses kleine Christkind Duluoz» genannt hat, während er mir jenen heimtückischen Schlag ins Gesicht versetzte. Und daß heute keiner diese Geschichte glaubt. Und daß heute keiner mit den Händen in den Taschen pfeifend über Wiesen geht oder nicht mal auf Bürgersteigen. Daß ich längst übergeschnappt sein werde, bevor ich mit meinem Gemeckere zu Ende bin, und daß ich sogar glauben werde, ähnlich jenen LSD-Köpfen auf Abbildungen in der Zeitung, die in Parks sitzen und entzückt den Himmel anstarren, um zu zeigen, wie *high* sie sind, wo sie doch nur vorübergehend die Opfer einer Kontraktion der Blutgefäße und der Nerven im Gehirn sind, die die Illusion einer Abgeschlossenheit (eines Verschließens) von äußeren Notwendigkeiten herbeiführt, daß ich also zu glauben anfange, ich bin gar nicht Jack Duluoz, und meine Geburtsurkunde, die Geburtsurkunden meiner Familie und die dokumentierte Herkunft, die Berichte über meine sportliche Aktivität in den Zeitungsausschnitten, die ich habe, meine eigenen Niederschriften und veröffentlichten Bücher, daß sie alle gar nicht wirklich existieren, sondern allesamt Lügen sind, ja daß selbst meine eigenen Träume, die ich nachts im Schlaf geträumt habe, überhaupt gar keine Träume sind, sondern Erfindungen meiner hellwachen Phantasie; dann bin ich gar nicht «ich bin», sondern lediglich ein Spion im Körper eines anderen und tue so, als sei ich ein Elefant, der durch Istanbul geht und in dessen Zehen sich Eingeborene verfangen haben.

IV

Jeder, der sich im Football auskennt, weiß, daß die besten Footballspieler einmal auf dem Sandplatz anfingen. Ich denke zum Beispiel an Johnny Unitas, der nicht mal die High School besuchte, und ich denke an Babe Ruth im Baseball. Nach diesen ersten Spielen auf Sandplätzen kamen einige Spiele gegen die Griechen in North Common, bei denen es furchtbar blutig zuging. Es ist klar, daß Blut fließt, wenn ein Kanuck wie Leo Boisleau (jetzt in meiner Mannschaft) und ein Grieche wie Sokrates Tsoulias frontal zusammenstoßen. Das Blut, meine Liebe, floß an jenem Samstag morgen wie in einer homerischen Schlacht. Stell dir vor, wie Putsy Keriakalopoulos auf dem staubigen, verrückten Platz versucht, an Iddyboy vorbeizutanzen oder an einem so verrückt anstürmenden Bullen wie Al Didier vorbei. Die Kanucken (Frankokanadier) gegen die Griechen. Das Schönste dabei ist, daß diese Mannschaften später den Kern für die Footballmannschaft der Lowell High School bildeten. Stell dir vor, wie ich versuche, mit einer Körpertäuschung den angreifenden Orestes Gringas oder seinen Bruder Telemachus Gringas ins Leere hechten zu lassen. Stell dir vor, wie Christy Kelakis versucht, einen Paß über die Finger des langen Al Roberts zu zirkeln. Diese späteren Spiele auf dem Sandplatz waren so furchtbar, daß ich an Samstagen Angst davor hatte, morgens aufzustehen und mich zu zeigen. Andere derartige Spiele wurden auf dem Platz der Bartlett Junior High School ausgetragen, wo wir als Kinder alle hingegangen waren, andere auf dem Platz der Dracut Tiger, andere auf der Kuhweide bei der St. Rita-Kirche. Es gab noch andere, wildere Kanuckenteams aus der Gegend der Salem Street, die sich nie an uns wandten, da sie nicht wußten, wie man sich mit Hilfe der Sportseite einer Zeitung um ein Spiel bemüht. Sonst glaube ich, daß eine Kombination ihrer Mannschaft mit der unsrigen und die Kombination anderer griechischer oder sogar polnischer oder irischer Mannschaften in der Stadt ... Mein Gott, mit anderen Worten, «homerisch» wäre noch gar kein Ausdruck gewesen.

Aber das nur als Beispiel dafür, wo ich lernte, Football zu spielen. Weil ich doch aufs College gehen wollte und irgendwie wußte, daß mein Vater nie das Geld für die Studiengebühren aufbringen konnte, wie es dann auch tatsächlich war. Ich war darauf versessen, auf irgendeinem Campus zu landen, Pfeife rauchend, mit Strickweste, eben dabei, wie Bing Crosby im Mondschein irgendeiner Studentin ein Ständchen zu bringen, drunten bei der alten Ox Road, und vom Studentenhaus herüber dringen Fetzen des Alma Mater-Lieds. Davon träumten wir, ein Ergebnis der vielen Filme, die wir uns im Rialto-Kino angesehen hatten. Ein weiterer Traum war es, die College-Ausbildung erfolgreich abzuschließen und ein großer Versicherungsagent zu werden, auf dem Kopf einen grauen Filzhut, in Chicago aus dem Zug zu steigen mit Aktenmappe, von einer blonden Frau auf dem Bahnsteig umarmt zu werden im Rauch und Dreck der lärmenden, aufregenden Großstadt. Kannst du dir vorstellen, wie das heute aussehen würde? Mit der Verunreinigung der Luft und so und dem Magengeschwür des leitenden Angestellten, den Anzeigen in der *Time* und den Autostraßen von heute, wo Autos zu Millionen in alle Richtungen rasen, rein in den Kreisverkehr und rum im Kreis, in freudiger Stimmung zu immer neuen Magengeschwüren? Und dann sah ich mich, als College-Absolvent, erfolgreicher Versicherungsmann, ich werde älter zusammen mit meiner Frau in dem holzgetäfelten Haus, wo Elchgeweihe an den Wänden von meinen erfolgreichen Jagdexpeditionen nach Labrador künden, und während ich, weißhaarig, Bourbon aus meiner Hausbar nippe, gebe ich meinem Sohn den Segen, wohl bekomm's, zum nächsten Herzinfarkt. (So sehe ich das heute.)

Als wir uns auf staubigen, blutigen Plätzen herumbalgten und bekriegten, dachten wir nicht im Traum daran, daß wir alle dem Zweiten Weltkrieg zum Opfer fallen würden, einige von uns gefallen, andere verwundet, die übrigen um die unschuldigen Ambitionen von 1930 gebracht.

Ich werde hier mein vorletztes Jahr in der Lowell High School überspringen; es war die übliche Geschichte des Jungen, der das Alter oder die «Dienstjahre» nicht hat, um regelmäßig spielen zu dürfen, obwohl der eigentliche Grund dafür, daß mich Trainer Tam Keating nicht spielen ließ, der war, daß er glaubte, ich habe noch zwei Jahre in der High School, weil ich doch erst fünfzehn war, und er mich für mein zweitletztes und letztes Jahr «schonen» wollte. Auch war da etwas faul im Staate Merimack, denn im Training Mann-gegen-Mann schenkte er mir nichts, und ich eroberte ganz korrekte und hart erkämpfte Yards und hätte das auch in jedem offiziellen Match tun können; oder politische Machenschaften sind mit im Spiel, die aber mein Vater keineswegs unterstützte, denn als etwa um 1930 eine Abordnung von Bürgern aus Lowell zu ihm kam und ihn fragte, ob er sich um den Posten des Bürgermeisters bewerben wollte, war er so ehrlich zu antworten: «Sicher, ich werde mich um den Bürgermeisterposten bewerben, aber wenn ich gewinne, werde ich jeden Gauner aus Lowell hinausjagen, und dann wird niemand in der Stadt übrigbleiben.»

V

Ich weiß nur, wie die Saison in meinem letzten Jahr verlief; urteile selbst, oder wenn du nichts davon verstehst, laß einen Trainer urteilen: Ich wurde fürs erste Spiel des Jahres nur aufgestellt, weil sich Pie Menelakos am Knöchel verletzt hatte. Zugegeben, er war ein ganz schön trickreicher *runner*, aber er war so klein, daß er zehn Fuß durch die

Luft flog, wenn ihn einer rammte. Und, zugegeben, er war geschmeidig. Aber weil der Trainer irgendwie glaubte, er brauche einen Mann zum Blocken, einen *fullback* wie Rick Pietryka und den sauberen kleinen Werfer Christy Kelakis, war für mich als *runner* kein Platz mehr frei in der Hintermannschaft. Was aber den *fullback* angeht, so konnte ich im Getümmel meinen Kopf tief runternehmen und glatt zehn Yards nach vorne stürmen, ohne mich auch nur umzusehen. Was den *halfback* angeht, so konnte ich einen schlecht geworfenen Paß fangen, bei dem der Ball hinter mir runterkam, indem ich mich einfach um meine Achse drehte, den Ball an mich zog und dann in der ursprünglichen Richtung auf und davon lief. Ich gebe zu, ich konnte nicht so gut abblocken wie Bill Demmons, der *quarterback*, oder Pässe werfen wie Kelakis. Aus irgendeinem Grund mußten Pietryka und Menelakos aufgestellt werden, und mein Vater behauptete, irgendwer werde dafür bezahlt. «Typisch für die Stinkstadt am Merimack», sagte er. Außerdem war er in Lowell nicht sehr beliebt, denn er blieb niemandem etwas schuldig, der ihm mit irgendwelchem Gefasel daherkam. Er schlug einem Ringkämpfer die Faust aufs Maul, im Laurier Park unter der Dusche, weil ein Ringkampf arrangiert oder abgesprochen worden war. Er packte einen griechischen Patriarchen bei seinen Gewändern am Hinterteil und warf ihn aus seiner Druckerei hinaus, weil dieser sich über den Preis für Rundschreiben beschwerte. Dasselbe machte er mit dem Besitzer des Rialto-Kinos, Tausend-Dollar-Grossman nannte er ihn. Eine Gruppe von Kanucken-«Freunden» hatte ihn um sein Geschäft betrogen, und er sagte, vor 1984 werde der Merimack nicht gesäubert sein. Er hatte auch der Kommission des Bürgermeisters schon gesagt, was zum Teufel er von der Ehrlichkeit hielt. Er brachte eine kleine Wochenzeitung, den Lowell *Scheinwerfer*, heraus, in dem die Korruption im Rathaus aufgedeckt wurde. Wir wissen, daß es in allen Städten gleich aussieht, aber er war ein außergewöhnlich ehrlicher und aufrichtiger Mensch. Er war nur der Herr «Kugelrund», 1,65 Meter groß und über zwei Zentner schwer, aber Angst hatte er vor niemanden. Er räumte ein, daß ich ein erbärmlicher Schlagmann beim Baseball war, aber was Football anbetrifft, da sagte er, man könne sich kaum einen besseren *runner* denken. Seine Ansicht wurde später von Francis Fahey bestätigt, damals Trainer vom Boston College und später von Notre Dame, der tatsächlich zu uns nach Hause kam und sich mit meinem Vater im Wohnzimmer unterhielt.

Aber er hatte allen Grund, wütend zu sein, wie diese Aufzeichnungen zeigen werden. Wie gesagt, zum ersten Spiel wurde ich aufgestellt. Zuerst möchte ich jedoch noch sagen, daß wir eine tolle Angriffsreihe hatten: Der große Al Swoboda war *right end,* ein 1,93 Meter großer Litauer oder Pole, so stark wie ein Ochse und genauso sanftmütig. Telemachus Gringas (oben erwähnt) als *right tackle,* mit dem Spitznamen Duke und Bruder des großen Orestes Gringas, und die beiden waren die härtesten, grobknochigsten und ehrlichsten Griechen weit und breit. Duke sogar mein Kumpel als kleiner Junge, wir waren zwölf etwa, als wir während eines kurzen Monats beschlossen, Freunde zu werden, samstags legten wir nachts die anderthalb Meilen vom Kearny Square zurück, wobei wir, Arme um die Schultern, uns gegenseitig halb stützten, und Duke jetzt erwachsen, ein ruhiger Bursche, aber eine Zweizentner-Bombe, mit lustigen schwarzen Augen. Hughie Wain, *right guard,* ein großer 205 Pfund schwerer ruhiger Bursche von der Andover Street, wo die reichen Leute wohnten, mit der Kraft und dem Auftreten eines Bullen. Joe Mellis als *center,* ein Pole mit dynamischen, rasanten, dramatischen, bürstenschnittigen Attacken, später zum Spielführer für die Mannschaft des nächsten Jahres gewählt und dazu vorgesehen, *fullback* zu spielen, als Leichtathlet ein guter 300-Yard-Läufer. Chet Rave *left guard,* ein eigenartiger, gesprächiger Fels von einem Mann von siebzehn Jahren, dazu ausersehen, als einziges Mitglied dieser Lowell-Mannschaft, außer mir, von großen College-Mannschaften ernsthaft umworben zu werden (in seinem Fall die Georgia University). Jim Downing *left tackle,* ein 1,93 m großer affektierter Ire, und hüte dich vor denen. Und Harry Kiner *left end,* schnell und gut in der Verteidigung und mit Knochen aus Stein.

Ich spielte also im ersten Spiel des Jahres gegen die Greenfield High School (und das hier sind die Aufzeichnungen, die ich erwähnte, vom ganzen Jahr, Spiel um Spiel), und erzielte zwei *touchdowns,* die annuliert wurden, holte tatsächlich fünf der sieben *first downs* im ganzen Spiel, lief durchschnittlich 10 Yards pro Versuch, und rannte einmal 20 Yards und kam damit bis auf Zentimeter an die Torlinie heran, und Kelakis übertrug sich selbst die Ehre, den *touchdown* auszuführen (er hatte die einzelnen Spielzüge zu bestimmen).

Bis zum zweiten Spiel der Saison war Menelakos' (Mennys) Knöchel wieder geheilt, und trotz meiner Leistung nahm er meinen Platz in der Mannschaft ein. Ich durfte nur die letzten beiden Minuten spielen, gegen die Gardner High School im Westen von Massachusetts, erhielt den Ball nur zweimal, schaffte beide Male einen *first down,* einmal 12 und einmal 13 Yards, holte mir eine blutige Nase und aß Chair-City-Eiscreme nach dem Spiel (wird in Gardner hergestellt).

(In diesen beiden ersten Spielen leichte Siege für Lowell.)

Für das dritte Spiel wurde ich schon gar nicht mehr aufgestellt, sondern erst in der zweiten Hälfte auf den Platz geschickt, gegen Worcester Classical, fing einen Abstoß des Gegners und lief 64 Yards mit dem Ball, durch die gesamte Mannschaft, bis über die Torlinie, erzielte darauf noch zwei weitere *touchdowns,* nach einem Lauf von jeweils 25 Yards, lief nur siebenmal mit dem Ball und legte dabei durchschnittlich 20,6 Yards zurück. Auch das ist in der Zeitung festgehalten. (Lowell gewann auch dieses Spiel.)

Als der «große Prüfstein» für Lowell kam, das Spiel gegen Manchester, kam ich trotzdem nicht als großer Held in die Mannschaft, sondern saß auf der Reservebank, als auf einmal die Schulkinder auf den Tribünen mit Sprechchören anfingen: «Wir wollen Duluoz, wir wollen Duluoz.» Wenn das nicht der Gipfel ist! Ich mußte dasitzen und zusehen, wie einige dieser Nichtsnutze herumhüpften und -tänzelten, wie sich jemand ein Beinchen verstaucht und es ist der heroische Pietryka, der schnell noch den Helm abnimmt, während er humpelnd vom Platz geführt wird, damit ja jeder sein tragisches Haar in der Herbstbrise wehen sieht. Angeblich ein *full back* mit der Wirkung eines Rammbocks, pflügte er sich einen Weg so schwerfällig wie eine alte Kuh, und hätte vor ihm Bill Demmons nicht verbissen und unauffällig Angreifer abgeblockt, wäre er gar nicht rechtzeitig zur Anspiellinie zurückgekommen, um durch die sich öffnende Lücke zu schlüpfen. Die hochgerühmte Mannschaft aus Manchester war jedoch überbewertet worden, Lowell High School gewann 20 : 0, und ich durfte nur einmal im letzten Augenblick mit dem Ball laufen, der *quarterback* forderte einen schnellen Vorstoß durch die Mitte, während ich im Bogen nach außen ausbrechen wollte, und so wurde ich im Gewühl zugedeckt, und der Ruf «Wir wollen Duluoz» verstummte, und das Spiel war nach einer Minute oder weniger als einer Minute zu Ende.

Ich gebe zu, sie brauchten mich ohnehin nicht in diesem Spiel (20 : 0), aber als dann das fünfte Spiel kam, wurde ich wieder nicht aufgestellt, durfte aber ein Viertel lang spielen und machte drei *touchdowns*, von denen einer nicht anerkannt wurde, gegen die Keith Academy, und wir gewannen 43 : 0. Es ist aber nicht verwunderlich, wenn man was vom Football versteht, daß ich entweder von da an oder schon vorher ganz unauffällig von Francis Faheys Leuten vom Boston College genau beobachtet wurde, die sich schon darauf einstellten, nach Notre Dame zu gehen, mit anderen Worten, man interessierte sich für mich in den höchsten Rängen des amerikanischen Footballs, und darüber hinaus brachte der *Boston Herald* in dieser Woche eine Schlagzeile in seinem Sportteil, ganz oben auf der Seite, DULOUZ IST DER ZWÖLFTE MANN IN DER LOWELL HIGH SCHOOL ELF, und das war sehr seltsam, gleich wie man's ansieht. Selbst in meinem eigenen, sechzehn Jahre alten, taufrischen Hirn schlummerte der Verdacht, daß irgend etwas nicht stimmte, wenngleich ich den Behauptungen meines Vaters, daß Parteilichkeit im Spiel sei, nicht so recht glauben konnte (oder wollte). Der Trainer, Tam Keating, warf mir gelegentlich, so schien es, einen Blick schwachen und gleichgültigen Bedauerns zu, als ob es nicht an ihm läge, daß meine sichtbar echten Fähigkeiten ungenutzt blieben. Mein Vater wurde langsam wütend. Ein Sportreporter, Joe Callahan, der später unter Francis Faheys Herrschaft Pressechef für Notre Dame werden sollte und dann Präsident der Boston Patriots in der American Football League, begann in seinen Sportkommentaren in bezug auf mich anzudeuten, daß «Zahlen nicht lügen». Ein Sportreporter, der meinen Vater haßte, schrieb über mich, «ich sähe aus» wie ein Footballspieler. War das nicht süß?

VI

Das nächste Spiel gegen Malden war ein Zusammentreffen der damaligen Giganten im High School Football in Massachusetts, obwohl meiner Meinung nach Lynn Classical an Härte uns beiden überlegen war. Maldens riesige, muskelbepackte *guards* und *tackles*, mit Wagenschmiere unter den Augen wie Irokesen mit Kriegsbemalung, hielten den ganzen Nachmittag ein 0 : 0-Unentschieden gegen uns (wobei ich immer noch der Meinung bin, Iddyboy Bissonnette hätte dabeisein müssen, aber der Trainer sagte mir, daß seine Zeugnisse nicht gut genug seien; nach ein paar Trainingsstunden, wo er den Knäbchen gewaltig eingeheizt hatte und wo er alten Knaben genauso eingeheizt hätte, schickten sie ihn nach Hause.) Niemand konnte den Ball lange halten an jenem Nachmittag gegen Malden. Aber unsere tolle Abwehrkette mit Swoboda, Wain, Rave, Downing, Melis, Gringas usw. fackelte auch nicht lange. An jenem Nachmittag spielte es keine Rolle, ob ich mit dem Ball rannte oder von Anfang an spielte, oder nur ein Viertel lang spielte oder gar nicht; es war ein Spiel der Verteidiger, reines Pingpong BLONG: reichlich langweilig, aber von interessierten Zuschauern verfolgt.

Meinen einzigen schwerwiegenden Patzer machte ich im Spiel gegen Lynn Classical: Sie schlugen uns 6 : 0 in Lynn, aber wenn ich nur den verdammten Paß mit meinen glitschigen idiotischen Fingern auf der Torlinie hätte annehmen können, einen sauberen Paß von Kelakis genau in meine Hände, dann hätten wir vielleicht gewonnen oder jedenfalls unentschieden gespielt. Ich habe mir nie vergeben, daß ich mich bei diesem Paß so ungeschickt anstellte. Wenn es im Football nur keinen schweinsledernen Ball gegeben hätte, sondern einen schönen alten schlotterigen Socken, mit dem man als Zehnjähriger spielt. Ich leugne nicht, ich hielt das Leder immer mit einer Hand, wenn ich lief, und daher ließ ich es oft fallen. Das war ein Punkt, der dem Trainer vielleicht nicht gefiel. Aber nur so konnte ich mit aller Kraft laufen und Haken schlagen, mit der Ausdauer eines Leichtathleten, und überhaupt ließ ich den Ball auch nicht öfter fallen als die anderen.

Dem Malden-Spiel folgte ein lächerliches Spiel in New Britain, Connecticut, gegen ein starkes Team, unsere ganze Truppe stellte in der Nacht vor dem Spiel ihr Hotelquartier auf den Kopf, zwar kein Saufgelage oder derlei, wie das die Burschen heutzutage so treiben, aber es war einfach unmöglich, so zu schlafen, wie man das zu Hause in der Nacht vom Freitag zum Samstag tut, und so gab es für uns eine ernüchternde Niederlage. (Einige waren nachts ausgestiegen und zu einem Tanz gegangen.)

Und jetzt hatten sie alle Nerven, die großen Anreißer der Mannschaft, die Stars, mußten sich ausruhen nach jenem Fiasko in Connecticut, und ich stand allein da mit einem Häufchen mittelmäßiger Bürschchen, als es galt, gegen Nashua (die Geburtsstadt meiner Eltern) anzutreten, in Schlamm und Regen, aber wie gesagt, nur als Beispiel dafür, wie ich behandelt wurde. Nach dem Spiel, du wirst es kaum glauben ... aber Moment noch. Es wurde das härteste, beste Footballspiel, das ich je hingelegt habe, und es war das Spiel, das Fahey endgültig überzeugte und auch Lu Gibble von Columbia, und andere Interessenten, wie Duke University, auf mich aufmerksam machte. Da die Helden sich durch türkische Bäder im «Rex» erholten, versteht es sich von selbst, daß ich diesmal von Anfang an spielte, in ekelhaft süßlich riechendem Schlamm, gegen eine Anzahl großer, starker Griechen, Polaken, Kanucken und Yankee Boys, und wir prallten so oft aufeinander, bis wir alle dermaßen von Dreck überzogen waren, daß weder unsere Gesichter noch die Nummern auf den Jerseys zu erkennen waren. Der Zeitungsbericht beschränkte sich auf die Wiedergabe der Szenen, die zu *touchdowns* führten, 19 : 13 zugunsten Nashuas, führte aber nicht Buch darüber, welche Entfernungen mit dem Ball zurückgelegt wurden; ich hatte nämlich mit dem Kopf ganz tief von insgesamt 149 Yards für Lowell 130 selbst erobert, darunter ein Lauf von 60 Yards, wo ich von einem langbeinigen *end* rücklings umgelegt wurde, doch gelang mir ein Lauf von 15 Yards bis über die Torlinie im Anschluß an einen Paß. Beide Seiten verloren immer wieder den schlüpfrigen Ball aus den Händen, blockierten Abstöße des Gegners, schlitterten in die auffangbereiten Arme der Zuschauer an den Seitenlinien, und doch bleibt dieses Spiel für mich in der Erinnerung das schönste, das ich je gespielt habe, und das wichtigste, da ich (zusammen mit Bill Demmons) als Arbeitspferd ohne äußeren Glanz eingesetzt wurde, und so ein Spiel hinlegte, das nur ein professioneller Zuschauer richtig zu würdigen weiß, das Spiel eines einsamen, unauffälligen Rückgrats, das sich mit schlamm- und blutverkrusteten Lippen wie ein Rammpfahl durch den Dreck wühlt, ein Traum, der auf die alten Gipper- und Albie Booth-Spiele zurückgeht, in alten Wochenschau-Filmen, auf denen es dauernd Bindfäden zu regnen scheint.

Mit der kompletten Mannschaft hätten wir dieses Spiel natürlich gewinnen können, ein guter Mann macht noch keine Mannschaft, aber nein, die Helden mochten Regen und Schlamm nicht.

In der Nacht darauf wachte ich zu Hause aus tiefem Schlaf auf und hatte üble Muskelkrämpfe, «Charlie Horses» wie wir sie nannten, so daß ich schrie vor Schmerzen, doch mir hatte ja niemand ein türkisches Bad im «Rex» angeboten, nach all dem wahnwitzigen, glitschigen, wühlenden Schieben und Stoßen, mit praktisch lauter Kindern in meiner Mannschaft.

(Aber hat auch nur jemand versucht, unsere Chancen für das nächste Spiel in zehn Tagen, den großen Kampf an *Thanksgiving,* zu verbessern?)

VI

Okay, aber mit dem großen Footballspiel an *Thanksgiving* kommt das Zusammentreffen der geheiligten Feinde, Lowell gegen Lawrence, auf einem Platz so hart wie Eis bei Temperaturen unter dem Nullpunkt. Jetzt waren die «Helden» wieder fit, und das Spiel begann ohne mich. Die Helden mußten doch ihren großen Tag haben, mit Übertragung im Rundfunk und 18 000 Zuschauern. Ich sitze im Stroh, vor der Reservebank, mit *mon derriere dans paille* (meinem Arsch im Stroh), wie die Franzosen sagen. Die erste Hälfte geht vorüber, weder hüben noch drüben ein *touchdown.* In der zweiten Hälfte denken sie, sie könnten mich brauchen und nehmen mich in die Mannschaft. (Wahrscheinlich meinen sie, ich spielte gegen Nashua miserabel, da werde ich auch jetzt niemandem auffallen.) Einmal stehe ich fast frei, aber irgend so ein Bürschchen von Lawrence bringt mich im letzten Moment mit einer fleischigen italienischen Hand zu Fall. Aber ein paar Spielzüge später wirft mir Kelakis über die Hände des *outside end* hinweg aus 3 Yards Entfernung den Ball zu, und ich fange ihn und renne die Seitenlinie entlang, stürme und stoße mich voran, runter den Kopf, hoch den Kopf, Pause, weiter, Downing fabriziert einen herrlichen Abwehrblock, ein anderer macht es ihm nach, immer wieder anrempelnd laufe ich weiter, 18 Yards, und schaffe es gerade bis zur Torlinie, wo sich einer von Lawrence auf mich stürzt und sich anhängt, aber ich springe einfach aus seiner Umklammerung und lande auf meinem Gesicht, mit dem einzigen *touchdown* des Tages. Das Ergebnis lautet 8 : 0, weil Harry Kiner bereits einen Abstoß von Lawrence abgeblockt hat und dann in der Endzone den Ball unter sich begrub, somit Punkte für uns. Wir hätten also ohnehin 2 : 0 gewonnen. Was hatten wir doch für eine Verteidigungskette! Nach Spielende der übliche Spektakel usw., ich renne sofort vor allen anderen vom Platz zu den Umkleidekabinen, um mich schnell für *Thanksgiving-Dinner* zu Hause umzuziehen, und wer kann denn das schon sein, der da in der Umkleidekabine der Lowell Hig School herumflucht und seinen Helm durch die Gegend kickt, wer anders als Pie Menelakos, geradeso als ob wir verloren hätten, fluchend, weil ich es war und nicht er, der den einzigen *touchdown* des Spiels machte?

Da hast du's also.

Er erhält ein Angebot von Norwich in Vermont, während zu mir Francis Fahey kommt, und ein paar Tage später Lu Libbles Leute.

In diesem Fall also, mein Weibchen, könnte ich verbittert sein, ich bin verbittert, aber Gott gab mir die Gelegenheit, mir selbst zu helfen.

Armer Pa, sitzt inzwischen zu Hause, Truthahn, Kirschkuchen, kostenloses Kegeln auf allen Bahnen, hurra, mein Traum, aufs College zu gehen, nimmt Gestalt an, wie Errol Flynn.

Und trotzdem sage ich: Was soll das alles? Du wirst vielleicht sagen, ich sei ein Angeber in Footballdingen, obwohl all diese Aufzeichnungen in den Zeitungsarchiven, *Morgue* genannt, zur Verfügung stehen; also gut, ich bin ein Angeber, aber ich würde es nicht so nennen, denn wozu nützt das alles, sagt doch der Prediger Salomos: «Eitelkeit der Eitelkeiten . . . alles ist eitel.» Du bringst dich um, ins Grab zu kommen. Insonderheit bringst du dich um, ins Grab zu kommen, noch bevor du auch nur stirbst, und der Name jenes Grabes ist «Erfolg», der Name jenes Grabes ist Ballaballa Bumbum Bockmist.

Zweites Buch

I

Ich prahle noch immer, aber ich sage noch immer die Wahrheit: Während dieser ganzen Zeit holte ich Einser und Zweier in der High School, vor allem deswegen, weil ich mindestens einmal in der Woche der Schule fernblieb, das heißt die Schule schwänzte, nur damit ich in die städtische Bibliothek von Lowell gehen und mich in aller Ruhe etwa mit alten Schachbüchern beschäftigen konnte, die gelehrtes Denken wie einen süßen Duft ausströmten, und dann ihre alten Einbände, die mich dazu brachten, mir andere wohlriechende Bücher vorzunehmen, Bücher wie Goethe, Hugo, William Penns *Maxims* sogar, ich las einfach, um mir selbst damit zu imponieren. Und doch führte dieser Umweg zu wirklichem Interesse am Lesen. Führte zur sorgfältigen Lektüre von H. G. Wells' *Outline of History*, zu stumpfsinnigem Eindringen in die Harvard-Klassiker und tiefer Ehrfurcht vor dem winzigen Druck auf Zwiebelschalenpapier, so weiß wie Schnee, wie man das in der Elften Ausgabe der *Encyclopaedia Britannica* (Ency. Brit. XI Ed.) findet, mit ihren genauen Berichten von überhaupt allem, was bis zum Jahre 1910 geschah, mit weitschweifiger und trefflicher Ausdrucksweise zum letztenmal von Oxfords und Cambridges Gelehrten zusammengestellt – ich liebte Bücher und den Geruch der alten Bibliothek, und ich las immer in dem rückwärtigen, kreisrunden Raum, mit einer Büste Caesars in der hellen Morgensonne und all den Enzyklopädien auf halbkreisförmigen Regalen um mich herum. Diesen Selbstunterricht erweiterte ich dadurch, daß ich gegen 11 Uhr morgens aus der Bibliothek schlenderte, auf der Dutton Street beim YMCA über die Eisenbahnschienen ging, damit mich Joe Maple, mein Englischlehrer, ja nicht etwa vom Fenster aus sehen konnte, überquerte die Eisenbahnbrücke in der Nähe des Kaufhauses, über Schienen, die auf nackten Querschwellen befestigt waren, so daß man die tiefen Strudel des Kanals mit den darin treibenden Schneemassen sehen konnte, dann Middlesex hinunter zum Rialto-Kino, wo ich die alten 1930er Filme mit all ihren Details sorgfältig studierte. Sicher, das haben die meisten von uns gemacht, aber nicht nachdem sie um 8 Uhr 15 zur Bibliothek statt zur Schule gegangen waren und in aller Ruhe bis 11 Uhr dort gelesen hatte, oder?

Hinzu kommt, daß ich in jenem Winter für die Leichtathletik-Mannschaft der Lowell High School die meisten Punkte sammelte und sogar noch Zeit für mein erstes Liebesabenteuer mit Maggie Cassidy fand, im gleichnamigen Roman ausführlich beschrieben.

Ich war also ein Football- und Leichtathletik-Star, ein hervorragender Schüler, selbständig, ja geradezu verrückt vor Selbständigkeit, so daß ich bei Schneestürmen in Lowell völlig allein draußen in den menschenleeren Wäldern von Dracut mit einem Hockeyschläger umherstreifte, dabei bis zu den Knien einsank, nur um mir fürs Sonntagessen Appetit zu holen und unter den Tannen stehenbleiben und die verrückten Krähen krächzen hören zu können. Da ich außerdem gut aussah und stark war, konnten mich damals bestimmt viele Leute überhaupt nicht ausstehen, selbst du, mein Weibchen; im letzten Herbst ist es dir einmal herausgerutscht: «Ich war nie so beliebt wie du.» In Wirklichkeit war ich überhaupt nicht beliebt, den meisten war ich richtig verhaßt, denn schließlich geht es ja auch ein bißchen zu weit, allen Leuten in allen Dingen überlegen sein zu wollen, doch selbstverständlich wurde ich zum Ball eingeladen, den die Mädchen des Schülerausschusses gaben, und mein Bild war in der Zeitung, innerhalb der «Nachrichten aus der Gesellschaft». Selbst dafür hatte ich noch Zeit, haha, als ob ich mir etwas daraus gemacht hätte oder heutzutage machte. Das war auch Eitelkeit, einschließlich dieser letzten Bemerkung, dieses Bemühen, jedermann zu demütigen. Du wirst dich freuen, wenn ich dir sage: Keine Angst, ich erhielt meine wohlverdiente Strafe.

Nun mußte ein College ausgesucht werden. Meine Mutter bestand auf Columbia, denn sie hatte sowieso vor, dorthin, nach New York zu ziehen und die große Stadt zu sehen. Mein Vater wollte mich aufs Boston College schicken, weil ihm seine Arbeitgeber von der Callahan Druckerei in Lowell Beförderung zusagten, wenn er mich überreden könne, dorthin zu gehen und unter Francis Fahey zu spielen. Die deuteten auch an, er werde seine Stelle verlieren, sollte ich ein anderes College wählen. Wie gesagt, Fahey kam zu uns ins Haus, und ich besitze heute noch eine Postkarte, die er Callahan schrieb und wo er sagt: «Jack muß aufs Boston College, koste es, was es wolle.» (Dem Sinn nach jedenfalls.) Aber ich wollte auch nach New York und die große Stadt sehen, was zum Kuckuck hätte ich von Newton Heights oder South Bend, Indiana, an Samstagabenden lernen können, und außerdem hatte ich so viele Filme über New York gesehen, daß ich . . . nun ja, es hat keinen Sinn, sich darüber auszulassen, die Hafengegend, Central Park, Fifth Avenue, Don Ameche auf dem Bürgersteig, Hedy Lamarr an meinem Arm im Ritz. Ich gab meiner Mutter recht, wie immer. Sie sagte mir nicht nur, ich solle Maggie Cassidy zu Hause zurücklassen und in New York zur Schule gehen, sondern sie lief mit den erbärmlichen Ersparnissen aus ihren Schuhladen, die sie in ihrem Korsett verbrag, zu McQuade's und kaufte ein großes sportliches Jackett und Krawatten und Hemden, und sie vereinbarte mit ihrer Stiefmutter, daß ich bei ihr in Brooklyn wohnen konnte, in einem schönen großen Zimmer mit hoher Decke, wo ich ungestört war, um lernen zu können und gute Zeugnisse zu bekommen und vor den großen Footballspielen gut auszuschlafen. Es kam zu schlimmen Auseinandersetzungen in der Küche. Mein Vater wurde gefeuert. Niedergeschlagen nahm er außerhalb der Stadt Arbeit an, und an den Wochenenden fuhr er in alten, verschmutzten Zügen zurück nach Lowell. Das einzige, was ihn in seinem jetzigen Leben glücklich machen konnte, denkt man an die zischenden Heizkörper und die Kakerlaken in alten Hotelzimmern New Englands im Winter, war eigentlich, daß ich erfolgreich war und ihn auf diese Weise rechtfertigte.

Daß er gefeuert wurde, ist natürlich ein Skandal, das habe ich der Callahan Druckerei nie vergessen, und noch eine schwarze Feder an meinem Hut des «Erfolgs». Denn was ist schließlich Erfolg? Du bringst dich und ein paar andere um im Bestreben, in deinem Beruf zur Spitze zu kommen, sozusagen, damit du in mittleren Jahren oder etwas später zu Hause bleiben und in Frieden deinen Garten pflegen kannst. Wenn es aber soweit ist, kommen, weil du irgendwie eine bessere Mausefalle erfunden hat, Menschenmassen in deinen Garten gestürmt und zertrampeln all deine Blumen. Was soll denn das?

II

Columbia hatte dafür gesorgt, daß ich zuerst eine Prep School in New York besuchte, um Kurse in Mathematik und Französisch nachzuholen, Fächer, die ich auf der Lowell High School übergangen hatte. Kleine Fische für mich, bis zu meinem sechsten Lebensjahr konnte ich überhaupt nur Französisch sprechen, so war ich natürlich ein Einser-Kandidat. Mathematik war etwas Elementares, ein Kanuck kann immer zählen. Die Prep School war in Wirklichkeit eine weiterführende High School, genannt Horace Mann-Schule für Jungen; ich nehme an, der komische alte Horace Mann hat sie gegründet, und es war in der Tat eine elegante Schule, mit Efeu an den Granit-Mauern, mit Rasenflächen, Aschenbahnen, Tennisplätzen, Turnhallen, vergnügten Rektoren und Lehrern, und das alles auf einer Anhöhe über dem Van-Cortlandt-Park im nördlichen Teil von Mannhattan, New York. Nun, da du ja noch nie dort warst, hat es wenig Sinn, ins Detail zu gehen, jedenfalls lag die Schule in der 246. Straße in New York, und ich wohnte bei meiner Stief-Großmutter in Brooklyn, täglich zweieinhalb Stunden Fahrzeit mit der U-Bahn in beiden Richtungen.

Nichts kann so ein ehrgeiziges Bürschchen aufhalten, nicht mal heute; folgendermaßen wurde ich damit fertig (ein typischer Tag):

Am ersten Abend vor dem ersten Schultag sitze ich an meinem großen Tisch in der Mitte meines hohen Zimmers, ganz aufrecht auf meinem Stuhl, mit der Feder in der Hand, die Bücher vor mir aufgebaut und flankiert von vornehmen bronzenen Buchstützen, die ich im Keller gefunden habe. Es ist der sehr feierliche Anfang meines Strebens nach

Erfolg. Ich schreibe: «Journal. Herbst 1939. 21. September. Mein Name ist John L. Dulouz, ob das nun den geneigten Leser interessiert oder nicht. Es scheint mir jedoch geboten, für das materielle Dasein dieses Journals irgendeine Erklärung vorzulegen...» und ähnliches Schuljungen-Gerede, und darauf folgt: «Und ich werde die Verwendung von Feder und Tinte zu verteidigen wissen.» («Heiliger Bimbam!» denke ich. «Sapperment! Heiliger Strohsack!») Und dann füge ich mit meinem Federhalter hinzu: «Es scheint, daß Männer wie Thackeray, Johnson, Dickens und andere ihre gewaltigen Bücher mit Feder und Tinte schreiben mußten, und obwohl ich, nicht bescheiden, eine gewisse Fertigkeit im Maschinenschreiben eingestehe, meine ich, es stünde mir schlecht an, meine literarischen Versuche mit der Mühelosigkeit zu beginnen, die der Schreibmaschine eigen ist. Ich meine, ein Zurückgreifen auf die alte Methode wäre ein stiller Tribut an die alten Gladiatoren, an die unsterblichen Seelen des Journalismus. Bleibt! Ich will damit keineswegs sagen, daß ich ein Schäfchen in ihrer Herde bin, sondern daß das, was für sie gut genug war, auf jeden Fall auch mir gut anstehen würde.»

Nachdem das erledigt ist, gehe ich hinunter ins Erdgeschoß, wo meine Stiefgroßmutter Tante Ti Ma ihre Wohnung in einem Stil eingerichtet hat, der Zigeuner-Elemente, geraffte Vorhänge, hängende Perlenketten in Türrahmen, mit viktorianischen Elementen kombiniert: Spitzendeckchen, tausend Puppen, Bequemlichkeit, schöne, saubere, gepflegte Stühle; und da sitzt sie und liest ihre Zeitung, die dicke, fette zufriedene Ti Ma. Ihr Mann ist Nick der Grieche, Evangelakis, den sie nach dem Tod meines Großvaters mütterlicherseits in Nashua, New Hampshire, traf und heiratete. Ihre Tochter Yvonne, blauäugige Gefährtin ihrer Mutter, ist mit Joey Robert verheiratet, der jeden Abend um elf mit der *Daily News* von seinem Job im Lagerhaus einer Spedition zurückkommt, sich in seinem Unterhemd an den Küchentisch setzt und liest. Dort unten haben sie für mich zu jeder Zeit große, gewaltige Gläser voll Milch und herrliche Sandtörtchen von Cushman in Brooklyn. Sie sagen: «Geh nur bald ins Bett, Jacky, morgen ist Schule und Training. Du weißt, was deine Mama sagte, du mußt es weit bringen im Leben.» Aber bevor ich zu Bett gehe, vollgestopft mit Torte und Eiscreme, richte ich noch mein Lunch für den nächsten Tag: immer dasselbe: ein Sandwich mit gewöhnlicher Butter, das andere mit Erdnußbutter und Marmelade, dazu lege ich Obst, einen Apfel oder eine Banane, wickle alles schön ein und stecke es in eine Tüte. Dann nimmt mich Nick, Onkel Nick, am Arm und sagt: «Wenn du mehr Zeit hast, erzähl ich dir weiter von Vater Coughlin. Wenn du noch mehr Bücher willst, im Keller sind noch eine ganze Menge.» Er gibt mir einen staubigen alten Roman von Jules Romain, genannt *Ekstase*, oder nein, ich glaube es war *Verzückung*. Ich nehme das Buch mit hinauf und stelle es zu den anderen. Mein Zimmer ist von dem Tante Yvonnes durch nichts als eine riesige doppelte

Glastür getrennt, aber auch da Zigeuervorhänge. Mein eigenes Zimmer hat einen unbrauchbaren offenen Kamin aus Marmor, ein kleines Waschbecken in einer gewölbten Nische und ein riesiges Bett. Aus den breiten Brooklyn-Thomas-Wolfe-Fenstern sehe ich genau das, was Wolfe immer sah, sogar genau im gleichen Monat: Altes rotes Licht fällt auf die Fenster der Lagerhäuser in Brooklyn, wo Männer in Unterhemden auf den Simsen lehnen und auf Zahnstochern kauen, während sie eine Pause einschieben.

Ich lege meine säuberlich gebügelten Hosen, Sportjackett, Schulbücher und Schuhe sorgfältig zurecht, die Socken dazu, wasche mich dann und gehe zu Bett. Ich stelle den Wecker auf – rate mal – 6 Uhr morgens!

Um 6 Uhr stöhne ich und stehe auf, wasche mich, ziehe mich an, gehe nach unten, nehme die Lunchtüte und stürze hinaus in den brodelnden Verkehr auf den belebten Straßen Brooklyns und gehe drei Häuserblocks weit zur U-Bahn der IRT beim Bahnhof an der Fulton Street. Dann geht's hinunter und durch das Gedränge in die U-Bahn, zusammen mit Hunderten von Leuten, alle mit Zeitungen und Lunchtüten. Bis zum Times Square muß ich stehen, eine volle dreiviertel Stunde, jeden geschlagenen Tag. Doch was mache ich Hohlkopf in dieser Lage? Ich ziehe mein Mathematikbuch heraus und mache meine ganzen Hausaufgaben in einer Ecke, wo das Lunch zwischen meinen Füßen halbwegs sicher ist und wo ich mich dann drehen und wenden und mich, mit dem Gesicht zur schwankenden Wagenwand, meinen Büchern widmen kann. Was da für ein Gestank herrscht, wo keine frische Luft hereinkommt und Hunderte von Mäulern die alte Luft verbrauchen; das widerliche Parfum der Frauen; der bekannte Knoblauch-Geruch des alten New York; hustende alte Männer, die verstohlen zwischen ihre Füße spukken. Wer hat das je durchgemacht?

Jedermann.

Am Times Square endlich, oder auch an der Haltestelle davor, Penn Station und 34. Straße, steigen die meisten Leute aus und gehen zur Arbeit im Zentrum Manhattans, und aha, ich bekomme den üblichen Sitz in der Ecke und stürze mich auf die Physikaufgaben. Jetzt kommt der angenehme Teil der Fahrt. An der 72. Straße steigt wieder ein Haufen Arbeiter ein, auf dem Weg zur Arbeit im nördlichen Manhattan und in Bronx, aber sie stören mich nicht, ich hab ja einen Sitzplatz. Ich schlage das Französischbuch auf und lese all die komischen französischen Wörter, die wir im Frankokanadischen nie verwenden; ich stelle mir schon vor, wie Professor Carton in Französisch heute morgen über meinen Akzent lachen wird, wenn er mich auffordert, aufzustehen und ein Stück Prosa vorzulesen. Doch die anderen Knaben lesen Französisch wie spanische Kühe, und er benutzt tatsächlich mich als Beispiel, um ihnen den richtigen Akzent beizubringen. Jetzt glaubst du wahrscheinlich, ich sei fast in der Schule, aber von der 96. Straße geht es am Columbia

College vorbei, dann durch Harlem, ganz hinauf, noch eine Stunde, bis die U-Bahn aus dem Tunnel auftaucht (als sei es ihr von Natur aus unmöglich, noch länger unter der Erde zu bleiben) und praktisch die Endstation dieser Linie in Yonkers erreicht hat.

Fast in der Schule? Nein, denn nun muß ich die Rolltreppe hinunter und dann einen steilen Hügel hinauf von etwa 45 Grad oder ein bißchen weniger, ein unwahrscheinlicher Anstieg. Jetzt sind auch all die anderen Schüler bei mir, schwer atmend und in der Morgenluft dampfend; seit 6 Uhr, als ich in Brooklyn aufstand, bis zu meiner Ankunft in der Schule um 8 Uhr 30 sind also zweieinhalb Stunden vergangen. Wenn ich an die anderthalb Meilen von Pawtucketville und Rosemont zur Bartlett Junior High School denke, dann war mein jetziger Schulweg tausendmal schwieriger.

III

Ich weiß auch nicht warum, aber es muß schon eine außergewöhnliche Schule sein: Sechsundneunzig Prozent der Schüler kommen aus jüdischen Familien, die meisten davon sehr reich, Söhne von Pelzhändlern, berühmten Grundstücksmaklern und dergleichen mehr; massenweise werden sie von Chauffeuren mit Schirmmützen in großen schwarzen Limousinen hergefahren, in großen Lunchbeuteln bringen sie Sandwiches mit kaltem Puter und Napoleons und Kakao in Thermosflaschen. Einige von ihnen, wie die meisten Erstkläßler, sind nur zehn Jahre alt und 1,20 Meter groß; einige von ihnen sind komische, kleine rundliche Fettfäßchen, wahrscheinlich deshalb, weil sie diese Anhöhe nicht zu Fuß hinaufgehen müssen. Doch die Mehrzahl der reichen jüdischen Schüler kam mit der U-Bahn von ihren Wohnungen am Central Park West, Park Avenue und Riverside Drive. Die übrigen vier Prozent der Schüler kamen aus prominenten irischen und anderen Familien, so wie etwa Mike Hennessey, dessen Vater Basketballtrainer an der Columbia University war, oder Bing Rohr, ein Deutscher, dessen Vater ein großer Bauunternehmer gewesen war, beteiligt am Bau der Turnhalle. Dann kam das eine Prozent, zu dem ich gehöre, genannt die Perlen, Schüler mit Zweier- oder Einserdurchschnitt, die außerdem gute Schüler waren, von überall her, New Jersey, Massachusetts, Connecticut, Pennsylvania, die mit Hilfe eines Stipendiums auf der Horace Mann-Schule die zur Aufnahme in ein College noch fehlenden Kurse ablegen und diesen Laden zur besten High School-Footballmannschaft New Yorks machen sollten, was wir in jenem Jahr dann auch schafften.

Aber zunächst, so um 8 Uhr 45, mußten wir uns alle in der Aula versammeln und unter Leitung Professor Christopher Smarts *Onward Christian Soldiers* singen, danach *Lord Jeffrey Amherst*, ein Lied so unangemessen für mich (den Nachfahren von Franzosen und Indianern) wie es *Onward Christian Soldiers* für die jüdischen Schüler war. Aber Spaß machte es trotzdem.

Dann begann der Unterricht. Die Geschichtsstunde bei Professor Albert langweilte mich, denn sie fand im einzigen Klassenzimmer statt, dessen Fenster nach Ostnordosten gingen, über die düsteren Bäume des Van-Cortlandt-Parks, also in Richtung Lowell, tatsächlich hatten die Bäume das düstere indianische Aussehen der Bäume in Massachusetts, so daß ich dasaß und Albert kaum zuhörte, sondern vielmehr über meine eigene Geschichte nachdachte: über Maggie Cassidy in erster Linie (das wäre bei jedem anderen Siebzehnjährigen genauso), aber auch über meinen Pa, der jetzt stolz war, meine Ma (die genau zu diesem Zeitpunkt dafür sorgte, daß mir meine Schreibmaschine zugeschickt wurde, so daß sie exakt an diesem Nachmittag in Brooklyn ankommen würde, das nur als Beispiel) und meine Schwester. Bei der Erinnerung an die Freunde meiner Kindheit, die ich zurückließ und die auf mich warteten, wären mir fast die Tränen gekommen. Ich hatte das Gefühl, Geschichte würde mich ohnehin nie interessieren, und außerdem war Professor Alberts Unterricht langweilig, wenn auch sehr sorgfältig, soviel ich weiß, aber Geschichte läßt sich am besten dramatisch präsentieren, denn niemand kann mir weismachen, Herr Gott noch mal, daß dieser sozusagen massive homerische Krieg zwischen den Griechen und Trojanern lediglich auf wirtschaftliche Dinge zurückzuführen sei, daß es dabei nur um Handel und Gewerbe ging; was war denn mit dem Gewerbe in Helenas Keuschheitsgürtel? Und das blaue Auge, das sich Paris von Philoktet einhandelte? Wie dem auch sei, jedenfalls träumte ich in dieser Stunde und genoß die Aussicht aus dem Fenster, besonders an trüben Tagen, wenn die Bäume so traurig aussahen wie in New England, mit dieser tiefgrauen, zu New York so gar nicht passenden Ritterwürde. Dann kam die Physikstunde, auf demselben Flur, gleich gegenüber. Der lustige kleine Billy Wine erklärte die archimedische Badewanne oder das Ohmsche Gesetz, Dinge, die ich nie kapierte, überhaupt war ich in diesem Fach tatsächlich der Klassendümmste, holte aber später auf und bekam ein ordentliches Zeugnis (Zwei minus). Ich hatte zum Beispiel noch nie mit dem Motor eines Autos herumgespielt, wie alle anderen Footballspieler in der Klasse; sie lachten mich aus, weil ich die Bestandteile einer Batterie nicht kannte. Aber ich würde ihnen draußen auf dem Sportplatz zeigen, was eine Batterie ist.

In der nächsten Stunde kam Englisch mit Professor Christopher Smart; könnte ein Englischlehrer überhaupt einen besseren Namen haben, einmal abgesehen von William Blake oder Robert Herrick oder Lord Geoffrey Chaucer? Und er gab mir immer eine Eins plus; der alte Joe Maple an der Lowell High School hatte mir ganz richtig beigebracht, nicht nur Walt Whitman, sondern auch Emily Dickinson zu schätzen, sollen doch die anderen Knäblein mit Ernest Henleys *My head ist bloody, but un-*

bowed ihre Zeit verplempern. In Englisch kam es dazu, daß ich ein halbes Dutzend Jahresaufsätze für einige der wohlhabenden jüdischen Schüler schreiben mußte, für zwei Dollar das Stück, und für die Football-Perlen hieß es: kostenlos, oder ... Kein Problem, mit der Schreibmaschine in meiner Bude in Brooklyn. Du sagst vielleicht, das sei ungehörig gewesen, aber hat nicht Deni Bleu sogar hinter Schranktüren für einen Fünfer Dolche an kleine fette Kinder verkauft?

Zur Lunchzeit holte jeder seine Lunchtüte aus dem Schrank und rannte in den einer Kantine ähnlichen Speisesaal, um sich Milch oder Limomade oder Kaffee geben zu lassen. Hier, vom Wohlgeruch der Puter-Sandwiches umgeben, aß ich mein bescheidenes fürchterliches Lunch, es war nicht das erste Mal, daß ich schlechter aß als alle anderen um mich herum, und später, als sich der Erfolg endlich eingestellt hatte, wie man so sagt, hatte ich sowieso keinen Appetit mehr. Manchmal gab mir einer der reichen Knaben ein köstlich frisches, saftiges Sandwich mit Hühnerfleisch, mmhmm, besonders Jonathan Miller, der mich wirklich mochte und der mich als erster zu sich nach Hause zum Essen einlud und schließlich sogar zu einem ganzen Wochenende dort, wo am Freitagmorgen, sagen wir mal, nach einem festlichen Ball, sein reicher Wall Street-Vater gerade aufstand und sich an den großen Mahagoni-Tisch im Speisezimmer setzte, in seiner Wohnung im siebzehnten Stock eines Hauses in der West End Avenue, gegenüber der Schwab-Residenz (die stand damals noch), und aus der Küche kam ein adretter Neger-Butler und brachte ihm seine Pampelmuse. Welche der alte Herr alsbald mit dem Löffel zu verspeisen begann, und genau wie im Kino spritzte mir der Saft der Pampelmuse über das Tischtuch hinweg ins Auge. Dann kam ein einfaches, weiches Ei in einem Eierbecher; er köpfte es sorgfältig, aß davon mit einem silbernen Löffel, rückte seine Brille zurecht und sagte über die *New York Times* hinweg zu seinem Sohn Jonathan: «Jonathan, warum bist du nicht so wie dein Freund Jack hier? Er ist, wie wir Lateiner sagen, *mens sana in corpore sano*, ein gesunder Kopf in einem gesunden Körper. Er vereinigt in sich alle Vorzüge des Griechen, das heißt, den Verstand eines Atheners und die Muskelkraft eines Spartaners. Und du, schau dich bloß an.» Das war schrecklich. Denn der arme alte Jonathan war der erste Kerl, der mein Interesse für die gehobene Literatur weckte, abgesehen von meiner Begeisterung für Sherlock Holmes, die sich bis dahin in meinen kindlichen Aufsätzen widergespiegelt hatte, und er brachte mich dazu, Hemingway zu verstehen und dessen Schreibweise nachzuahmen, und später gab er mir den einen oder anderen Tip, was Avantgarde-Filme anbetrifft und gute Sitten und Anstand und Dixieland-Jazz. Wie dem auch sei, er sah jedenfalls, daß ich zum Lunch diese schrecklichen Sandwiches mit Erdnußbutter hatte, und so gab er mir manchmal etwas von seinen Sandwiches mit Hühnerfleisch, die das Küchenmädchen herrlich zubereitet hatte, und die Footballmannschaft lachte über mich. Ich war bei den anderen Mitgliedern der Footballmannschaft nicht beliebt, da die glaubte, ich stecke viel mit den unsportlichen jüdischen Schülern zusammen und brüskiere die Sportler, für Sandwiches, manchen kleinen Gefallen, Dinners, Zwei-Dollar-Jahresaufsätze, und vermutlich hatten sie recht. Aber die jüdischen Schüler faszinierten mich, denn ich hatte in meinem Leben noch keine kennengelernt, besonders solch wohlerzogene, recht vornehm gekleidete, obwohl sie alle die häßlichsten Gesichter hatten, die ich in meinem ganzen Leben zu sehen bekam, und schreckliche Pickel. Allerdings, ich hatte auch Pickel.

Wenn das Wetter gut war, aßen wir unser Lunch im Freien auf den grünen Rasenflächen, wo wir dann alle herumstanden und in der Sonne unsere Limonade tranken; und wenn Pappschnee lag, gab es Schneeballschlachten, und Schneebälle flogen gegen die Tom Brown-Tafel an der mit Efeu bedeckten Mauer, auf der stand: «Horace Mann-Schule für Jungen.» Erst heute habe ich herausgefunden, daß Horace Manns Sohn einmal Henry David Thoreau auf einer Reise nach Minnesota begleitete. Thoreau ist mein Nachbar am Walden-Teich in der Nähe von Concord, dessen Bäume ich an einem klaren Tag von diesem Schlafzimmer aus sehen kann, in dem ich *Die Verblendung des Duluoz* schreibe.

IV

Nach dem Lunch folgte die Französischstunde, wie bereits erwähnt; Professor Carton aus Georgia, eigentlich ein kränklicher, aber angenehmer alter Südstaatler, der mich gut leiden konnte und mir später Briefe schrieb, war wohl ein kleiner Lustmolch, aber im besten Sinne. In dieser Stunde saß ich neben Lionel Smart, der mein allerbester Freund wurde, ein Art Liverpool-Jude aus London, dessen Vater, ein bekannter Chemiker, ihn und seinen Bruder und seine Mutter in die USA geschickt hatte, damit sie den Blitzkrieg um London nicht mitmachen mußten; reich war er auch, und er brachte mir viel über Jazz bei, indem er mich nach Harlem hinunter ins Apollo-Theater mitnahm, nach der Football-Saison, dort saßen wir dann in der ersten Reihe, wo uns die komplette Band Jimmy Luncefords, und später Count Basies, Augen und Ohren zerschmetterte.

Er war ein komischer Kerl, Lionel. In der nächsten Stunde, Mathematik, wurde er von Professor Kerwick «Nutso» genannt. Professor Kerwick sagt: «So, meine Herren, Sie halten sich bestimmt für sehr klug? Ich werde Ihnen eine Reihe von Zahlen geben, und Sie sollen mir sagen, in welchen Zusammenhang sie stehen.» (So ähnlich drückte er sich jedenfalls aus, ich bin kein Analyse-Experte). Er sagt: «Sind Sie bereit? 14, 34, 42, 72, 96, 103, 110, 116, 125.» Niemand konnte etwas damit anfangen, aber mir kam das alles auf eine seltsame Weise bekannt vor, und fast wäre ich aufgesprungen, um auszuposaunen, an was mich zumindest der «Klang» dieser Zahlenreihe erinnerte, aber ich fürchtete mich vor unserem Football-*quarterback*, Biff Quinlan, der mich immer so schief anschaute, weil ich viel mit Lionel und Jonathan Miller und den anderen jüdischen Schülern zusammensteckte, statt mit ihm und seiner Bande von Rohlingen (heute ist Biff jedoch der beliebte und angesehene Footballtrainer der Horace Mann-Schule für Jungen, er war also selbstverständlich kein Rohling, niemand war das), aber ich fürchtete mich davor, ausgelacht zu werden. Nutso wurde sowieso von jedem ausgelacht. «Okay, Nutso Smart, stehen Sie auf, und sagen Sie mir, was für eine Reihe das ist.»

«Ich weiß es nicht», sagt er mit seinem Londoner Akzent, errötend wie gewöhnlich, mit hängenden Schultern und «hip» wie Lester Young, der an irgendeiner Straßenecke seinen Tenor spielt, in weiten, wunderbaren Sportjacketts, praktisch jeden Tag in einem neuen.

Professor Kerwick starrte uns alle an, mit hervortretenden Augen, rotem Gesicht, funkelnder Brille: «Hahaha, es sind die Stationen des Expreßzugs der Seventh-Avenue-U-Bahn, ihr Hohlköpfe.»

Schließlich zum Abschluß des Tages derselbe Kerl, bei dem wir in Geometrie zu leiden hatten. Das einzige, was ich dort gelernt habe, soweit ich mich erinnern kann, ist dies: Wenn man neben einem hohen Baum ein Lineal in den Erdboden steckt und dann den Schatten des Lineals und den des Baumes mißt, kann man die Höhe des Baumes errechnen, ohne ihn wie Tarzan erklettern zu müssen. Ich kann den Umfang eines Kreises messen? Ich kann einen Kreis auf die Erde zeichnen und Mephistopheles herbeirufen, oder Ringelreihen spielen, aber ich bekomme nie auch noch heraus, was innen drin ist. Auch da waren mir die Footballboys überlegen.

V

Oha, jetzt aber auf den Footballplatz. Training. Wir legen unseren Ornat an, wie sich Don Regalia, der Sportreporter der *New York Sun*, immer ausdrückt, und laufen auf den Platz. Und siehe da, wer hätte das gedacht, der Trainer der Horace Mann-Schule, Ump Mayhew, hat vor, mich für jedes Spiel aufzustellen und mich als Kicker einzusetzen, ja ich soll sogar gelegentlich Pässe werfen dürfen. Er scheint zu glauben, ich sei in Ordnung. Ich beginne das Kicken zu trainieren, und bei Gott, nach ein paar Tagen gelingen mir einige spiralförmige Schüsse, die hoch in den Himmel steigen und manchmal erst nach 65 Yards wieder herunterkommen (mit Rückenwind). Aber wenn mir der Wind ins Gesicht bläst, dann sagt er, ich soll den Ball tief halten, wie ein Geschoß, und ich lerne diese Technik mit der rechten Seite meines nach innen gedrehten rechten Fußes, bum. Weiterhin lehrt er mich den *quick-kick*, das heißt, die Mannschaft stellt sich in einer Linie auf, so als warte sie darauf, den Ball zu fangen und damit zu laufen. Man macht einen Schritt, als wolle man sich durch die Linie hechten. Statt dessen macht man schnell einen Schritt zurück, noch immer tief nach vorne gebeugt, und kickt den Ball schnell in einer flachen Kurve der Linie entlang über alle Köpfe hinweg, auch über den des *safety man*, denn in diesem Fall rennt er nach vorne, da er glaubt, daß du stürmen wirst und er dich aufhalten will. Ergebnis: Der Ball geht 30 oder 40 Yards weit, und alle laufen ihm nach, und manchmal gewinnen wir ihn selbst zurück, und das ist einer der Tricks, der uns nicht nur die Meisterschaft aller High Schools in New York City in jenem Jahr einbrachte, sondern uns auch zu dem machte, was die Zeitungen «Die sagenhaften High School Champs» von New York City nannten.

Und das ist keine geringe Leistung für eine High School-Mannschaft.

Der Grund dafür ist Biff Quinlan, oben erwähnter *quarterback* und heutiger Trainer, der ein Bulle von einem Jungen war, etwa meine Größe, aber mit kräftigerem Hals und sogar stärkeren Waden, und Hirn, ich meine Football-Hirn, ein richtiger Feldmarschall: Der Mann, der die Lage prüft und beschließt, was zu tun ist. Denn war da der andere *back*, Bud Heilbroner, geschmeidig, schnell und drahtig, so ähnlich wie Kiner von der Lowell High School, als Blocker ein guter Mann, der stets sein Bestes gab, obwohl er in erster Linie als Baseballspieler zur Horace Mann-Schule gestoßen war (möglicher Kandidat für die Profiliga). Dazu hatten wir einen geschickten kleinen italienischen Werfer, Rico Corelli aus Jew Jersey (all die anderen Burschen waren genaugenommen aus New Jersey), der jedoch die gleiche Vorliebe für theatralisches Heckmeck hatte wie einst Menelakos von Lowell. Jedenfalls waren wir auf ihn nicht angewiesen, denn Quinlan konnte in kritischen Situationen genauso gute Pässe werfen.

In Wirklichkeit war es unsere Verteidigung, wie gewöhnlich, die uns zu dem machte, was wir waren. Es war der drahtige kleine *center*, Hunk Lebreon, ein blauäugiger, schwarzhaariger Bretone wie ich (was er allerdings nicht wußte oder wissen wollte), der so grimmig verteidigte und abblockte, daß die Gegner in alle Richtungen flogen. Er war klein, aber der große Ray DeLucia aus Bronx war groß, und obwohl er sich früh am Schlüsselbein verletzte, ließ er kaum einmal einen Gegner durch die Verteidigungskette. Dann hatten wir diesen Typ, der aussah wie ein Schläger aus dem Hafenviertel, blond wie Forrest Tucker, bloß nicht so groß, man bekam Angst, wenn man ihn nur ansah, den starken Roy Hartmann. Wir hatten noch andere gute Spieler, zwei Deutsche aus reichen Familien (keine Juden, sondern richtige Deutsche), die zwar nicht unbedingt das Zeug zum Profi hatten, aber sehr gut waren. Ich glaube, der Schlüssel zum Erfolg unserer Mannschaft war im Grunde genommen Gus Bath, der auf den ersten Blick aussah wie eines jener schmächtigen Bürschchen, die in Billard-Lokalen herumlungern, hinter dessen lässigen Bewegungen keine Kraft steckte, so schien es, eine Art Gazelle, aber er war überall, wie Pferdeäpfel, gewissermaßen «allgegenwärtig», wenn es wirklich darauf ankam. Er war der andere *end.* Mit Bath und DeLucia auf den Flanken und Lebreon in der Mitte als *center* und Hartmann, dem blonden Bullen, als *tackle* und einem ruhigen Burschen namens Art Theodore, so mild wie des Frühlings erster matter Mond, und Ollie Masterson (in Wirklichkeit ein Basketball-Star, aber ein echter Kämpfer, und ein Kämpfer, der später im Zweiten Weltkrieg zusammengeschossen wurde), mit all diesen Leuten hatten wir also eine Verteidigungskette, die es mir und Quinlan ermöglichte, mit dem Ball zu rennen.

VI

Der typische erste Tag war vorüber: Wir duschten nach dem Training, zogen uns an und gingen unserer Wege, ich mit meinen Büchern den Berg hinunter, mit müden Knochen natürlich, Dunkel über den Dächern im Norden Manhattans, lange Bahnfahrt, dann hinunter in die U-Bahn, in rasender Geschwindigkeit unter Alt-Manhattan durch, und ich denke: «Was gibt's dort oben über diesem Loch? Klar, das glitzernde Manhattan, Kinos, Restaurants, Extrablätter voller Knüller, Times Square, Wall Street, Edward G. Robinson in Chinatown, auf einer Zigarre kauend.» Aber ich mußte standhaft bleiben und bis nach Brooklyn fahren und dort aussteigen, mich zu Mas Pension schleppen (wir nannten sie Ti Ma), und dort stand mein gewaltiges, dampfendes Abendessen, acht Uhr dreißig, fast schon Zeit, ins Bett zu gehen, kaum noch Zeit, mich mit dem alten Nick über Vater Coughlin oder griechisches Backwerk zu unterhalten, und natürlich keine Zeit, in meinem Zimmer irgendwelche Hausaufgaben zu erledigen.

Ich ging auf meine Bude und schaute mit einem Seufzer auf jenen ersten Eintrag, den ich am Abend vorher gemacht hatte, am großen «Eröffnungsabend», der so endete: «Ich treffe jetzt ausführliche Vorbereitungen für morgen. Ich habe den Wecker gestellt, die Kleider bereitgelegt usw. Heute abend habe ich einen Plan für den Selbstunterricht ausgearbeitet und offiziell damit begonnen. Die Fächer sind fünf an der Zahl, und ich werde pro Abend eines vornehmen; in der folgenden Woche soll dann jeweils eine Selbstprüfung durchgeführt werden. Die Fächer sind Mythologie, Latein, Spanisch, Literatur und Geschichte. Als ob ich aus Horace Manns ehrwürdigen Hallen nicht genug Arbeit mitbringen würde. Doch mein Motto lautet ‹Je mehr du studierst, desto mehr wirst du anschließend wissen; je mehr du weißt, desto perfekter wirst du als Journalist sein können›.» Na bitte.

Jetzt, am 25. September 1939, schreibe ich müde: «Heute war ein sehr hektischer Tag. Schulanfang, Training, Eintreffen von Post und

Schreibmaschine, und all die daraus entstandene Aufregung und Arbeit machen weitere Niederschrift unmöglich.»

Und damit endete das Journal.

Später werde ich genug Zeit haben, darauf zurückzukommen, auf Journals und derlei Dinge, wie du sehen wirst.

VII

Ein paar Minuten döste ich an meinem mit Büchern bedeckten Tisch, dann stand ich auf und ging zu Bett, nachdem ich zuerst noch drunten meinen Lunch hergerichtet hatte, Ma und Yvonne den Gutenachtkuß gegeben und Joe zugehört hatte, der mir in seinem Unterhemd das Tagesgeschehen aus New York erläuterte.

Am nächsten Morgen stehe ich um sechs auf, nehme meinen Lunch, aber keine Bücher, ich habe einen Entschluß gefaßt. Ich fahre mit der U-Bahn und muß bis zum Times Square stehen, aber anstatt meine Hausaufgaben zu machen, beobachte ich in aller Ruhe die Gesichter New Yorks. Es ist wieder genauso wie in Lowell, ich schwänze die Schule, um andere Aspekte des Lebens zu studieren. Eigentlich könnte dieses Buch auch heißen «Die abenteuerliche Erziehung des Jack Duluoz». Kribbelig vor Aufregung steige ich am Times Square aus, es ist ein strahlender Herbsttag, und ich gehe hinunter zum Paramount-Kino, das zu dieser Tageszeit ziemlich leer sein sollte, klappere all die anderen Kinos in der Umgebung ab, um mir die Wartezeit zu verkürzen, bis geöffnet wird, gehe dann hinein in den mit Teppichen ausgelegten Kinopalast und setze mich vorne in die zehnte Reihe, von wo aus ich die riesige gepflegte Leinwand und die anschließende Show auf der Bühne gut sehen kann.

Dann komme ich heraus, hungrig, esse meinen Lunch an einem Erfrischungsstand mit *milk shakes*, an einem der Erfrischungsstände im Freien am Times Square, während Tausende von Rauschgiftsüchtigen und Kriminellen und Huren und gewöhnlichen Arbeitern und weiß-der-Herr-was vorbeieilen, herrje, was für ein Anblick für einen Jungen aus der Kleinstadt, und dann, müßig und fast weltmännisch, denn ich kenne den Weg genau, schlendere ich hinüber zum Apollo-Kino, wo auf dem Vorbau über dem Eingang steht: «Jean Gabin in *The Lower Depths*, dazu Louis Jouvet in *Bizarre, Bizarre*.» . . . Französische Filme! Und in jenen Tagen wurden sie original mit französischem Ton gezeigt, aber mit englischen Untertiteln; da hätte mich Professor Carton – falls er mich in seinem HM-Französischunterricht vermißte – sehen sollen, wie meine Augen vom Untertitel zum Gesicht des Schauspielers, zum Mund des Schauspielers huschten, wobei ich, ganz naiv, herauszubekommen versuchte, warum diese Leute aus Paris die Worte so tief im Hals formten und wie Araber spuckten, anstatt auf der Zunge; ganz ehrlich, beziehungsweise *franchement*, eins von vielen Dingen (ohne jetzt zu übertreiben), die ich außerhalb der Schule lernte. (Gabin sprach ein gutes Französisch.) (Was den Film im Paramount anbetrifft, so war es wahrscheinlich Alice Faye im Regen mit einer Spaghetti-Reklame, weil sie die Rechnung in dem Restaurant nicht bezahlen konnte.)

Der halbe Nachmittag war vorbei, als ich aus dem französischen Kino kam. Ich wußte, es war unmöglich, zum zwei Fahrtstunden entfernten Footballtrainung zu gehen, ich hätte mit meinem Muskelkater ohnehin nicht mitmachen können; daher schaute ich mich nach einem weiteren Film um, sagen wir mal gegenüber vom Apollo-Kino, Errol Flynn und Miriam Hopkins in *Virginia City*; was für ein Vergnügen, in die glitzernden Lichter der Herbstdämmerung herauszukommen und, mit einer ganzen Tagesration eines andersgearteten Unterrichts im Bauch, die Heimfahrt nach Brooklyn anzutreten. Die Stadtbücherei von New York war nur zwei Häuserblocks entfernt, aber da hier mehr zur Wahl stand als nur das Rialto in Lowell ... Und außerdem würde sich auch dafür Zeit finden.

Die Moral dessen, was ich hier sage, ist das, was ich mit «Abenteuerliche Erziehung» meinte: laßt ein Kind auf seine eigene Art lernen, und wartet ab, was dabei herauskommt. Man kann das Pferd zum Wasser führen. Genauso wie ich hier meine Erinnerungen in der Art und Weise niederschreibe, wie sie in meinen Wünschen aussehen, um dem Leser unwesentliches Zeug zu ersparen, so soll man auch einem Kind die Freiheit lassen, genau das zu tun, was es tun will, damit es nicht zu einem langweiligen Menschen heranwächst, der die zoologischen oder botanischen oder was-weiß-ich-welche Namen von Schmetterlingen herunterleiert oder Professor Flipplehead bis nach Mitternacht an der Wandtafel die komplette Geschichte der thüringischen Geißelbrüder auf Mittelhochdeutsch erzählt.

In solchen Fällen weiß der Geist besser, was er tut, als die Arglist, denn der Geist fließt, die Arglist hat Hemmungen, will sagen: der Geist schreitet aus, die Arglist hinkt. Das ist jedoch keine arglose Festellung, und das ist keine Harvardsche Lüge, wie das MIT demnächst mit Computern und einer Unmenge von Meßwerten vom Mars beweisen wird.

VIII

Im ersten Spiel des Jahres trafen wir auf eine starke, ungeschlagene Mannschaft namens Blair, und dieses Spiel kam zu früh für uns, hauptsächlich deswegen, weil wir uns eben erst kennengelernt hatten und aus allen möglichen und unmöglichen Orten des Ostens stammten. Wir hatten ein paar Vogelscheuchen in der Mannschaft, die später rausflogen. Im Anfangsstadium des Spiels stürmten wir fast über den ganzen Platz unserem ersten *touchdown* entgegen, aber die großen Blair Boys bremsten uns und drängten uns zurück und überfuhren uns 13 : 0, so daß alle dachten, HM sei wieder mal ein Team von Vogelscheuchen, wie gewöhnlich.

Niemand wußte, was für zähe Burschen den Kern unserer Mannschaft bildeteten. Diese Niederlage in unserem ersten Spiel der Saison führte sogar dazu, daß Columbia, gegen dessen Erstsemestrige wir laut Spielplan in der nächsten Woche antreten sollten, uns nur eine Reservemannschaft schickte. Das war ein Fehler. Jetzt hatten wir eine Woche lang trainiert und uns aufeinander eingestellt, und im strömenden Regen deklassierten wir sie 20 : 0. In diesem Spiel, wie auch schon gegen Blair, zeigte ich die heimtückischen *quick-kicks*, und wenn wir uns dann wie zu einem Abstoß formierten, warf mir Lebreon, unser *center*, einen langen Paß zu, ich täuschte einen Abstoß vor, rannte aber statt dessen durch die schlechtgestaffelte Abwehr über den ganzen Platz, bis über die Torlinie. Auch Quinlan machte Punkte, und Heilbroner. Noch ein zweites Mal gelang es mir, über den ganzen Platz zu laufen, aber ein langbeiniger Kerl kam aus dem Schlamm von hinten und erwischte mich in der Nähe der Torlinie, genau wie im Spiel gegen Nashua, du wirst dich erinnern, aber dieses Mal hatte mich der Gegner beim gepolsterten Genick und riß mich einfach zu Boden, wobei ich direkt auf meiner Birne landete. Ich ging k.o., und recht geschah mir, ein Ausgleich für jene Halmalo-Sache auf dem Sandplatz in Lowell.

Seltsam, als ich das Bewußtsein wiedererlangte und die anderen glaubten, ich könne weitermachen, wurden gerade die Seiten gewechselt; wir spielten jetzt also in der entgegengesetzten Richtung. Die hatten keine Ahnung, daß ich noch immer weich in den Knien und benebelt war. Tatsächlich stand ich da mit meinen Kameraden im Regen, vornübergebeugt in der *huddle*-Formation, und fragte mich: «Was machen wir bloß bei einem solchen Wetter auf dieser Wiese, die gleich umkippt, der Boden hat ja ein solches Gefälle, wo bin ich? Was ist das?»

«Ich sagte vier-sieben-drei durch die Mitte.» (In etwa die Anweisungen des *quarterback*, wie ich sie verstand.)

«Na und?»

«Mann, Dulouse, biste benebelt?»

«Wär kein Wunder, er ging ja gerade k.o.»

«Na gut, bleib einfach stehen, oder lauf, oder laß dich fallen, auf geht's, Leute.» Und sie rannten alle zurück, um ihre Positionen einzunehmen, während ich dastand, im Regen, und ihnen zuschaute, zuschaute, wie der Boden anfing umzukippen, mit idiotischem Gesichtsausdruck (vielleicht bin ich übergeschnappt, und meine Körperteile sind immer noch durcheinandergebracht, und bäng, der Spielzug wird ausgeführt, ich steh nur da und schaue zu. Es war das erste Mal, daß ich k.o. ging, abgesehen von einem Sturz in meiner Kindheit in Massachusetts, als es mir so vorkam, alles sei schon einmal auf genau dieselbe Weise passiert.

Ich habe gehört, daß Sterbende oft sagen: «Das kommt mir bekannt vor», und davon wird tatsächlich später im Laufe dieser Geschichte noch zu lesen sein ...

Aber wir gewannen dieses Spiel leicht, 20 : 0, und nach dem Spiel rannten wir alle zur Turnhalle, und ich fühlte mich genügend erholt, Jonathan Millers Herausforderung zu einem Ringkampf im regelgerechten Ring bei den Umkleidekabinen anzunehmen, der kleine Jonathan Miller (in unserer Ringermannschaft) steckte im offiziellen Dreß der Ringkämpfer, ich nur in meiner Unterhose, ich habe Angst, falle auf meinen Rücken, packe seine Beine und klemme ihn zwischen meine Füße, drehe ihn, so daß er auf den Bauch zu liegen kommt, springe auf seinen Rücken und zerre an seinem Arm (ohne ihm weh zu tun) und biege ihn durch, lege meinen anderen Arm durch diese Beuge und klammere ein Knie um die ganze Mausefalle, und jetzt hab ich ihn am Wikkel, ich halte ihn umklammert wie eine Hummerschere, während die Footballspieler, die mir zuschauen, wie ich mit einem Judenbürschchen kämpfe, rufen: «Oha, der große Dulouse, seht, wie der rangeht.» Aber du kannst mir glauben, keiner aus der Mannschaft forderte mich zu einem Ringkampf heraus, ich hatte so schnell gehandelt, ja sogar noch schneller, wenn man bedenkt, daß ich ihm nicht mal weh tat. Du weißt ja, mein Weibchen, Ringen galt als große Kunst in Lowell, und einmal war ich das Maskierte Wunder von Pawtucketville, genau wie mein älterer Cousin Edgar, und mein Vater veranstaltete Ringkämpfe von Lowell bis sonst-noch-wo.

Mich störte nur die Art und Weise, wie die Footballmannschaft, das heißt die anderen Perlen aus New Jersey, mich von oben herab ansahen, weil ich mich mit den jüdischen Jungen abgab. Es waren nicht etwa Antisemiten, sie schienen sich nur daran zu stoßen, daß diese jüdischen Jungen Geld hatten und einen guten Lunch essen konnten oder daß sie zum Teil in Limousinen zur Schule kamen, oder vielleicht waren sie ihnen, genau wie in Lowell, einfach zu hochmütig, als daß sie sich mit ihnen abgegeben hätten. Ist schon gut, ist schon gut. Jetzt kommt nämlich gleich das große Spiel gegen St. John's Prep School, und allgemein erwartete man, wir würden 100 : 0 verlieren.

IX

Der nächste Samstag kam, ein sonniger, kalter Tag, ideales Footballwetter; Onkel Nick sah zu, daß ich am Freitagabend früh zu Bett ging, und am Morgen sagte ich ihm, ich wolle zuerst spazierengehen, und dann würden wir zusammen mit der U-Bahn zur HM fahren, und er würde mich zum erstenmal spielen sehen. Ich ging also aus dem Haus, ließ mir in der Schermerhorn Street die Haare schneiden, schaute mir mein häßliches Gesicht (meiner Ansicht nach) im Spiegel an und ging dann hinunter zur Eisdiele und aß zwei riesige Eisbomben. Eine finstere

Gestalt mit grauem Filzhut schlich auf dem Bürgersteig hin und her, die Hände auf dem Rücken gefaltet, verstohlen herumschnüffelnd, aber ich achtete überhaupt nicht darauf. Voll bis oben mit den Eisbomben ging ich zurück zu Mas Haus, holte Nick ab, und wir stiegen in die U-Bahn und fuhren, in die Lektüre der *Daily News* vertieft, ein paar Stunden unter dem Rückgrat Manhattans nach Norden.

Hochstimmung auf dem HM-Platz, die Mannschaft der St. John's Prep School im weinroten Jersey, ungeschlagen, stolz, hopst herum und glaubt, es werde ein Kinderspiel für sie werden. Dann kommen wir aus den Kabinen, ich, Biff Quinlan und die ganze Clique, und laufen auf den Platz. Ich erinnere mich, wie einer von St. John freikommt und in unmittelbarer Nähe der Zuschauer die Seitenlinie entlangrennt. Ich spielte *safety man*, das heißt auf dem Posten, wo man nach einem Abstoß den Ball aufzufangen und mit ihm zurückzurennen hat. Aber in diesem Spiel, voll mit den guten Eisbomben, brannte ich darauf, Verteidiger zu spielen, bloß dieses eine Mal. Im Grunde genommen war das während meiner ganzen Footballkarriere so, daß ich nur dann einen wildentschlossenen Verteidiger abgab, wenn mir danach zumute war. Ich rannte so schnell auf den Kerl zu wie damals im Alter von dreizehn Jahren in Lowell gegen Halmalo, ich rannte tatsächlich an ihm vorbei über die Seitenlinie in die Zuschauer hinein, doch ich streckte schnell meinen rechten Arm aus und riß ihn mit mir, drei Meter tief in die Menge hinein.

Mitten in dem schreienden Durcheinander der Zuschauer (einige lagen auf dem Boden) stand der Hilfstrainer für die Hintermannschaft der Erstsemestrigen Columbias, McQuade, der mir später sagte, er habe in seinem ganzen Leben noch nie einen derart furchterregenden Angriff gesehen. «Wieso spielst du eigentlich nicht mehr Verteidiger?» Und niemand wurde dabei verletzt, gerade darin liegt das Furchterregende dieses Angriffs. Jener arme Stürmer von St. John muß angenommen haben, der Allmächtige persönlich habe ihn heimgeholt, glaub mir, so blitzschnell und leicht ging das.

«Große Klasse, Jack», rief die Mannschaft und begann Gefallen an mir zu finden. Wir bemühten uns mit aller Macht, den Favoriten die Hölle heiß zu machen. Biff Quinlan zirkelte einen Paß genau in die Hände des darauf lauernden Ray DeLucia in der Endzone, und wir gewannen 6 : 0. Für die restliche Spielzeit konnten wir uns darauf beschränken, St. John's fertigzumachen und zurückzudränden. Es war der sensationellste Favoritensturz der Saison in New York City. Wir waren tatsächlich die sagenhaften, das heißt die inoffiziellen, Footballmeister der Prep Schools in New York City, und was für ein Skandal! Am selben Abend hieß es in einem langen Artikel im *World Telegram*, HM hätte betrogen und hätte von überallher, New Jersey, Bronx, Pennsylvania, Massachusetts, Schlägertypen als «Perlen» angeheuert, und so etwas sei alles andere als koscher. Doch bei uns gab es keinen einzigen großgewachsenen «Schlägertyp». Wir waren alles relativ kleine Jungen, mit Ausnahme DeLucias. Die Reporter waren in den Duschräumen und schauten uns an und schüttelten den Kopf. Wer zum Teufel konnte schon St. John's schlagen?

Klar, St. John Duluoz und die Boys, versteht sich, und das mag komisch klingen, aber es war das zweite Mal, daß ich als Mitglied einer High School-Mannschaft zur Niederlage der St. John's Prep School beitrug. Der andere Anlaß, beschrieben in *Maggie Cassidy*, war, als ich als Startläufer, dann Joe Melis, dann Mickey Maguire, dann Johnny Kazarakis, tatsächlich im Boston Garden der Staffelmannschaft von St. John eine Niederlage beibrachte, auch das ein unglaublicher Favoritensturz (das soll nicht heißen, daß ich zu den beiden Niederlagen besonders viel beigetragen hätte, nur daß die glauben, mit Hilfe des alten St. John ginge es besser).

Spaß beiseite, nach diesem Spiel hatten alle Angst vor uns.

X

Am Jahrestag des Waffenstillstandes war das nächste Spiel, zu dem mein Papa, Emil Duluoz, die ganze Strecke von Lowell angereist kam, nur um mich gegen Garden City (Long Island) spielen zu sehen und auch, um zu sehen, wie ich in der Schule vorankam, wie die Lage in der Pension in Brooklyn war, um ein paarmal auszugehen, ein paar New Yorker Steaks zu essen, mir die Stadt zu zeigen und überhaupt um sich zu amüsieren. Natürlich wollte ich mich für Papa ein bißchen aufspielen. Er ist ein eigenartiger Mann, und als ehemaliger Veranstalter von Ring- *und* Boxkämpfen in der Gegend von Lowell ist er an Umkleideräume gewöhnt; so hielt er sich bei uns auf, als wir uns umzogen und unterhielt uns mit seinen Witzen, und die Trainer hatten absolut nichts dagegen. Die Anwesenheit meines Vaters machte allen Spaß. «Dieser verrückte Dulouse hat einen verteufelt netten Vater.» Keiner ihrer eigenen Väter hätte es je gewagt, in die Umkleideräume zu kommen. Wir gingen hinaus und nahmen gegen das arme Garden City Aufstellung und nahmen sie ganz schön auseinander, möchte ich meinen. Als ich zum Beispiel einmal für Biff Quinlan einen Gegner aus dem Weg geräumt habe, sehe ich vom Boden aus, wie sich seine großen Füße einen Weg bahnen, er rennt 20 Yards, den Kopf vorgebeugt, bis über die Torlinie, wobei er die Bürschchen links und rechts zur Seite stößt. Und ein paar Spielzüge später kommt so ein armes Würstchen von Garden City um seinen *left end* herumgetänzelt, genau wie Halmalo damals, nur daß er für mich ein Fremder ist, doch ich will meinem Vater etwas vormachen und ihn an damals erinnern, also benutze ich denselben Trick, renne in hohem Tempo auf ihn zu, vorgebeugt, täusche seinen Abschirmungsspieler und ramme ihn, mit dem Kopf voraus, mit einem zulässigen und einwandfreien Angriff gegen die Knie, so daß er über drei Yards zurückrutscht. Auf einer Tragbahre bringen sie ihn vom Platz.

Jetzt fangen diese Dinge an, mir unangenehm zu werden, Football und Krieg. Und Prahlereien. Aber nach dem Spiel (27 : 0) strahlt mein Vater übers ganze Gesicht, während wir unter der Dusche stehen. «Auf geht's, Jacky, mein Junge, wir gehen aus und machen die Stadt unsicher heute abend.» Wir gehen also hinunter zu Jack Delaneys Steak-Restaurant am Sheridan Square, und ich habe nicht die geringste Ahnung, daß ich später noch viel Zeit in diesem Viertel zubringen sollte, in Greenwich Village, in dunkleren, doch sanfteren Jahren.

Ach ja, es ist Karfreitag abend, und ich werde schreiben, was ich will.

XI

Und doch, auf meine Art verschaffte ich meinem Vater die Genugtuung für die Erniedrigung, die er zu erleiden hatte, als er seine Stellung verlor, weil ich nicht auf eine Jesuitenschule gehen wollte (nicht wollte? auf keinen Fall wollte!), um es einmal ganz deutlich auszudrücken. Nicht nur wollte ich aufs Columbia College in New York City, um das Großstadtleben auszukosten, anstatt sagen wir South Bend oder Boston oder Durham N. C., sondern mir gefiel auch die Vorstellung absolut nicht, daß einem die Professoren in langen schwarzen Gewändern vorschreiben, was man denken darf, und daß man am Ende . . . nun ja, ich weiß auch nicht genau, wer mir gesagt hat, daß man Jesuiten nicht trauen kann, aber ich habe das in den letzten Jahren immer wieder in Geschichtsbüchern gelesen; der einzige Haken dabei ist, man höre und staune, daß ich jetzt einer der schlimmsten heimlichen Jesuiten auf der Welt bin, hinter allem, was ich tue, steht eine gewisse Bekehrungssucht, hinter allem, was ich geschrieben habe, schau es dir nur genau an. «Ich habe einen Punkt erreicht, wo die Jesuiten keine Berechtigung haben, mir zu grollen, und wo die Nichtjesuiten sich mit einem Seufzer zufriedengeben können», sage ich heute abend zu mir selbst. Jedem das seine.

Was sagen eigentlich die Jesuiten wirklich? Daß jeder ein Katholik zu sein hat, weil es aus der Sackgasse der mittelalterlichen Theologie keinen anderen Ausweg gibt. Aber wenn sie so wie Pascal, Blaise Pascal, ihr «Feind» im siebzehnten Jahrhundert, einfach sagen würden, daß Christus der Sohn Gottes ist, weil niemand das Gegenteil *beweisen* kann, würde ich ihnen das abkaufen. Und doch bin ich heute Jesuit, insgeheim General des Ordens, wie Ulysses S. Grant, der General mit der Flasche, der sich im Schaukelstuhl schaukelt . . . aber später mehr davon, wenn ich mich mit der Geschichte jener Verblendung befassen werde, die sich aus meinen Bemühungen als Footballspieler und College-Student ergab und mein Denken und Schreiben so beeinflußte, mein liebstes Weibchen.

Jetzt kommt also das Spiel gegen Tome. Tome ist eine ungeschlagene Mannschaft (Prep School) aus Maryland und hat überhaupt keine Achtung vor unserem ehrfurchtgebietenden Ruf in New York City. Hier nehmen sie nun alle Aufstellung. Ich hatte morgens wieder meine zwei Eisbomben in Brooklyn gegessen, der «Schatten» war zweimal an den Fenstern der Eisdiele vorbeigepirscht, und wieder war ich mit Onkel Nick herausgefahren. Er schaut mich diesmal so eigenartig an.

Ein kalter, sonniger Tag, Anfeuerungsrufe der ganzen Schülerschaft an den Seitenlinien, und in der Mitte des ersten Viertels kommt ein Abstoß direkt aus dem blauen Himmel auf mich zugesegelt, und hoffentlich, hoffentlich bekomme ich den Ball zu fassen, ich habe nämlich nicht die Hand gehoben, um unbehinderte Ballannahme zu verlangen, was heißen würde, ich will den Ball nur fangen, werde aber nicht damit zurückrennen. Jetzt weiß ich, daß sich alle auf mich stürzen werden, wenn ich ihn fange. Aber schon drücke ich das Leder-Ei fest gegen meinen Magen, und da fallen sie über mich her, die *ends* von Tome, die über den Platz gesaust waren, um mich zu erwischen, doch lachend flitze ich nach rechts und sprinte an ihren ausgestreckten Händen vorbei in Richtung Seitenlinie, wo meine Kumpel sitzen und mich anfeuern: Bill Keresky, Gene Mackstoll, Jimmy Winchel (später mehr über sie), und ich brülle: «He, Bill! He, Gene!» und merke, daß einer der Spieler von Tome auf mich zukommt und mich in die Menge stoßen will; ich gehe zurück, das heißt *gehen* ist nicht der richtige Ausdruck, ich *rase* zurück, nach links, so daß mir keiner folgen kann («Jack, sei flink, Jack, sei schnell!» stand auf dem kleinen Bild, das Ma in meinem Schlafzimmer in Lowell an die Wand gehängt hatte), und jetzt laufe ich also auf die ganze Bande an der Mittellinie zu. Ich habe den Abstoß an meiner eigenen 28-Yard-Linie abgefangen und bin jetzt an der Mittellinie. Sie sind alle da. Lebreon wirft sich einem Mann von Tome in den Weg, ich kurve erneut nach rechts, in Richtung Seitenlinie; schon wieder einer von Tome; ich weiche daraufhin nach links aus, er bleibt zurück. Hartmann erledigt einen Angreifer, dann DeLucia, dann Theodore, sogar Biff Quinlan wickelt sich um die Beine irgendeines Gegners; ich brauche jetzt nur die Augen aufzuhalten und so schnell wie möglich die 30 Yards zurückzulegen. Ich komme bis zur 5-Yard-Linie, sehe mich plötzlich einem Trio von Tome-Spielern gegenüber, laufe mit wildem Blick direkt auf sie zu, so als wolle ich mich mit Volldampf auf sie stürzen und sie zur Seite stoßen, sie sind groß und lachen darüber, ist doch ein Ding der Unmöglichkeit, aber ich bin ja auch nicht blöd, eine schnelle Körpertäuschung nach rechts, und sie bleiben zurück und tanzen ein Menuett, und wir gewinnen das Spiel mit 6 : 0, wieder ein großer Favoritensturz im Prep School Football im Osten, 1939.

Auch in diesem Spiel gelang mir, irgendwann im dritten Viertel, ein *quick kick*, den ich nie vergessen werde. (Wenn Quinlan, Corelli und andere in Erinnerungen an ihre Heldentaten in diesem Spiel und all den anderen schwelgen wollen, sollen sie; aber jetzt bin ich dran.) Ich kauerte mich tatsächlich nieder, so als wolle ich den Paß vom *center* fangen und dann losrennen, machte aber einen Schritt zurück und kickte den Ball genau mit der Seite meines nach innen gedrehten Fußes, so daß er 55 Yards durch die Luft segelte und vom Wind noch weitere 30 Yards oder so über den Platz getrieben wurde und erst zwei Yards vor Tomes Torlinie liegen blieb oder sie jedenfalls in eine ähnlich peinliche Lage versetzte. Ich warf sogar einen Paß, ich glaube, es war mein zweiter in diesem Jahr, von Ump Mayhew als Überraschungsaktion ausgedacht, und Biff Quinlan fing ihn, rannte damit über die Seitenlinie, und wir hatten einen *first down*.

Du kannst mir glauben, wenn ich dir sage, daß ich Trainer Mayhew noch mehr anstaunte, als er mich, denn zum erstenmal in meiner offiziellen Football-Laufbahn ließ mich ein Trainer jede Minute jedes Spiels genau auf die Art und Weise spielen, für die ich prädestiniert war.

Und mein Pa schrieb ihm das.

Und als das Spiel gegen Tome vorüber war und wir die Helden des Prep School Footballs in New York City waren, kommt plötzlich von hinten jener «Schatten» und tippt mir auf die Schulter, es ist Onkel Nick, er sagt zu mir: «Wenn du nicht ißt so viele Eisbomben heute morgen, du erzielst sechs *touchdowns* mehr.»

Drittes Buch

I

Es folgte das übliche Auf-den-Lorbeeren-ausruhen, das Warten auf den Herbst und Columbia, gelegentliche Kinobesuche, bedeutungslose Liebesaffären (?) (gibt's nicht), keine einschneidenden Ereignisse, jedenfalls, mit anderen Worten: Da ich nicht Basketball spielte (zu klein) und nicht auf Aschenbahnen laufen wollte, hatte ich den ganzen Winter nichts zu tun, als mit meinen neuen Freunden zusammenzusein, in den Unterricht zu gehen, eine Menge unnützes Zeug, das sich in ein paar knappen Sätzen in einem Absatz zu einer Art Relief zusammenfassen läßt, nämlich folgendermaßen:

Weekends in Ray Olmsteds Wohnung mit seinen Eltern und dem jüngeren Bruder, in Yonkers, dort die Liebesaffäre mit Betty, Schlittschuhlaufen auf dem Teich von Yonkers und hier und dort ein paar Küsse. Sharpy Gimbel ruft «Heda» aus seinem Kabrio auf dem Weg zum Tanz. Erregte Diskussionen über Sportergebnisse mit Izzy Carson in seiner Wohnung in der West End Avenue. Ein Zigarrenfabrikant schenkt mir eine Zigarre. Footballspiele der New Yorks Giants im Polo-Grounds-Stadion mit Gene und seinem Vater. Central Park in der Morgendämmerung. Chuck Derounian, der armenische Junge, der mir in Washington-Heights alte Bix-Platten vorspielt. Hors d'œuvres bei Jake Kraft in der Fifth Avenue, unglaublich dicke Teppiche und riesige Marmorfiguren und der Wohlgeruch von Mänteln in der Vorhalle. Spaziergänge im Schneesturm über die Brooklyn-Brücke, allein. Ich laufe die Fifth Avenue hinunter zum Stadtzentrum, Hals über Kopf, mit einem kleinen gelähmten Mann in meinen Armen, mit . . . Moment mal: Ich schiebe einen kleinen gelähmten Mann in seinem Rollstuhl die Fifth Avenue entlang, hebe ihn heraus und setze ihn in ein Taxi und reiche den zusammengeklappten Rollstuhl hinterher, und er sagt: «Danke, das war ein schöner Dauerlauf! Ich bin Musik-Verleger, mein Name ist Porter.»

(Stimmt.) (Cole Porter auf einem heimlichen Stadtbummel?)

Alle seufzen und wollen Babsy Schler küsssen, die heute die häßlichste Fledermaus auf der ganzen Welt sein muß. Ein Interview mit Glenn Miller hinter der Bühne im Paramount-Kino für die Schülerzeitung, Glenn Miller sagt «Scheiße». Interview mit Count Basie im Savoy-Tanzsaal in Harlem für die Schülerzeitung, Count sagt: «Ich will ruhige Blechbläser.» Ich halte mich viel in Schnellgaststätten auf, in der Hoffnung, Hemingway-Heroen zu treffen. Bin viel mit der irischen Clique von Horace Mann zusammen, Hennessey, Gully Swift und O'Grady, mit leicht nach außen stehenden Füßen und einem gewissen Akzent. Die gleiche Clique an der Straßenecke beim Columbia Campus, wenn ich an Wochenenden Hennessey dort besuchte, jetzt mit Jacky Cabot und anderen, darunter ein schweigsamer, schmächtiger Junge: William F. Buckley jr.! Sonntags morgens in der Park Avenue, ich schaue durch die Jalousien aus David Knowles' Schlafzimmer, seine Eltern sind weg, das Dienstmädchen bringt das Frühstück herein. An jedem Wochenende bin ich hier. John Goldthwaithe, der Dekan, stellt mir seinen Sohn vor, während wir vor dem rosenbedeckten Granit-Landhaus auf dem HM-Campus stehen, der Sohn heute Präsident einer mächtigen Luftfahrtgesellschaft. Jeder in der Schule wünscht sich die zwei hübschen Mädchen aus dem Büro drunten in den Umkleideräumen. Klassenbild, Duluoz nicht dabei, anderweitig beschäftigt. Bei einem Theaterstück in der Schule kommen die beiden Gerson-Zwillinge aus den zwei Enden einer Kiste: Beide sehen genau gleich aus, einer von ihnen sah später «Insekten im Schnee» in Rotchina. Jimmy Winchel, mit Pickeln im Gesicht, spielt die Violine und folgt Mädchen überallhin, bis zur Riviera, wie sich herausstellt, anschließend muß er sich nach Brasilien verdrücken, mit zwei Millionen. Jonathan Miller schaut mich aus Schlitzaugen an, wegen der Worte seines Vaters. Gully Swift spielt Pingpong. Reginald W. Klein bemüht sich um britischen Akzent, sagt, er wolle Dichter werden. Mike Hennessey schaut mich an und sagt «Flässem». Marty Churchill hat Nebeneinkünfte, obwohl er reich ist, indem er jeden Abend um acht einen alten Invaliden am nördlichen Broadway spazierenführt. Ray Olmsted kämmt sich die Haare, mit Tyrone Power-Augenbrauen. Jacob U. Gelsenheimer meint es ernst mit dem Bratschespielen. S. Martin Gerber schaut durch ein Mikroskop. Ern Salter klopft sich auf den Bauch wie der Komiker Jack E. Leonard. Biff Quinlan schüttelt über mich den Kopf. Irv Berg am Mikrofon. Joe A. Gold, später fällt er im Krieg, lädt mich auf ein Wochenende in seine Wohnung am Riverside Drive ein, seine beiden kleingewachsenen großen Brüder diskutieren Seidenaktien. Bill Keresky schaut mich an und sagt «Schlässem». Gene Mackstoll stakst den Broadway hinunter, als habe ihn der Unsichtbare Mann ins Schlepptau genommen. Auch er schaut mich an und sagt «Frässem». Lionel Smart, mit glänzenden Augen, legt für mich eine Platte auf, Lester Young an der Klarinette, *Way Down Yonder in New Orleans* und auf der Rückseite *I Want a Little Girl.* Cy Zukove im Schwimmbecken, kraftvolle und athletische Bewegung.

II

So 'n tolles Relief ist das wohl nicht. Wie wäre es damit? (Ich möchte dir eine exakte, aber kurze Darstellung davon geben, wie es in dieser wirklich bemerkenswerten Schule zuging.) Es waren nämlich lauter Geistesgrößen. Es gibt auch in Lowell eine Menge Geistesgrößen, mein Weibchen, das weißt du, aber hier handelt es sich um Geistesgrößen aus der Großstadt, aus New York. Ich will dir das erklären:

Ich behaupte, daß unter den fanatischen Geistesgrößen an dieser Schule Jimmy Winchel praktisch die Nummer eins war. Ich war nur ein ahnungsloser Sportler aus New England (nun, nicht direkt ahnungslos, nur was die Geistesgröße anbelangt, im Sinne von geistreich-sein, da schon), und plötzlich fand ich mich wieder in dieser Akademie von Milton Berle-Originalen, Hunderte davon, die ununterbrochen mit ihren Witzeleien und komödiantischen Szenen aufwarteten, bei Gelegenheit im Unterricht, auf dem Sportplatz, in den Pausen, in der U-Bahn auf der Heimfahrt ins eigentliche Manhattan, nachts am Telefon, selbst noch Jahre später im Briefwechsel von College zu College. Wir waren ständig dabei, uns gegenseitig auszustechen. Die Hauptgruppe unter den Geistesgrößen der ersten Kategorie wurde von Bill Keresky, Gene Mackstoll, Marty Churchill (geb. Bernstein), Mike Hennessey, Gully Swift, Paul O'Grady und Ern Salter angeführt, aber sobald der Name Jimmy Winchel erwähnt wurde, bekamen sie im Gedanken an ihn richtige Lachkrämpfe. Er war irrsinnig geistreich. So sehr, daß ich heute lachen muß, wenn ich von seiner neuesten Eskapade mit den erwähnten zwei Millionen Dollar lese, nicht etwa, weil das so lustig ist (und Jimmy hat sowieso alles ehrlich zurückbezahlt oder es wenigstens versucht), sondern weil Jimmy so komisch ist, es kommt einem fast so vor, als hätte er diesen letzten phantastischen Streich gespielt, um all die Komiker der HM ein für allemal auszustechen (ich glaube ernsthaft, daß das irgendwie in seinem Unterbewußtsein den Ausschlag gegeben hat, gottgesegnetes Kind, das er war, selbst als Erwachsener).

Prep School-Humor ist immer ein bißchen ausgefallen. Auf der HM setzte er sich in jenem Jahr hauptsächlich aus drei Elementen zusammen: 1. Eine Art Nonsens-Sprache à la Al Kelly, «Flässem», «Schmässem» usw. (wie ich bereits demonstrierte), die wir benutzten, wenn uns das richtige Wort nicht einfiel; dabei liegt der Humor in erster Linie in der besonderen Art, mit der ein Heranwachsender so etwas über die Lippen bringt (kindlicher Humor). 2. Wir sagten «meiner» anstatt «ich», «deiner» anstatt «du», «seiner» anstatt «er», «Seiner schreibt meinem einen Brief» usw., in einer völlig irren Erweiterung phallischer Anspielungen, die ja unter Kindern an der Tagesordnung sind. 3. Wir verwendeten die Namen von Klassenkameraden, die weder «Geistesgrößen» noch «Sportler» waren, sondern vielmehr obskure ernsthafte Streber, die, hinter ihren Brillen versteckt, über Hérault de Séchelles und den Hortus Siccus und den Hindukusch und die *Manoeuvres Military* und Louise de Quéroualles und das neuropathologische *Spirochae pallidum* lasen und in der Abenddämmerung mit Professor Lionel Greeting darüber diskutierten und deren Namen, obwohl fast ohne Ausnahme an sich schon zum Lachen (Bruno Golemus, Melvin Mandel, Otis Zimmermann, Randall Garstein, Matthew Gdansk), deren Namen also erst recht zum Lachen reizten, wenn man an ihr schäbiges und erbärmliches Auftreten dachte und ihre lächerliche Geheimnistuerei auf dem Campus oder wie sie sich in ihrer Unterwürfigkeit immer so blödsinnig überlegen gaben (manchmal winzig kleine, komische Viertkläßler, mit unentwickelter Männlichkeit, und doch schon *eigenartig*). Später an der Columbia bekomme ich dann Briefe, etwa 1940 von Jimmy aus Cornell, die so aussehen: «Liebes F ... Gesicht! Nach all den Flässemationen, die ich mit Dir hatte usw., mußt Du sie unbedingt heute abend fragen, wann der von Dick wieder in die Stadt kommt und auf meinen springt. Ich werde also Deinen am Samstag sehen. Ich bekomme diese Woche noch meine Ladung ... oder mit anderen Worten, lieber Wang-La-Dung, wie gefällt Dir dieses Papier, ich habe so viel von dem Wang-La-Dung-Zeug, daß ich es wahrscheinlich meinen Enkelkindern als Klopapier abgeben muß. Es tut mir wirklich schrecklich leid, daß ich dem Deinen nicht früher geschrieben habe, aber meiner war etwas müde, wegen Überarbeitung, und ich wußte, daß Deiner nicht so müde war wie meiner; wenn sich also meiner beim Schreiben an Deinen überanstrengt hätte, hätte sich Deiner vielleicht auch überanstrengen und meinem schreiben müssen. Versteht es Deiner? Meiner schon. Wie geht es Gussie Resbin, Minnie Donoff, Kittie Kolpitz, Mordecai Letterhandler, Ishmael Kommunewitsch, Downey Coucle dem irischen Tenor und all den anderen Kumpels? Ich habe gehört, daß Gabe Irrgang, Andrew Lawrence Goldstein, Ted Dressman, Ray Flamm und der Deinige ihre Sphäroiden strapazieren und für Trainer Lu Libble und Columbia Football spielen und daß Mel Mandel und die Gerson-Zwillinge gewaltig Furore machen.» (Alles Streber, mit denen ich noch nicht mal gesprochen hatte, gewissermaßen sachverständige Geheimtechniker in den Labors für Anfänger.) «Kennst Du den von dem Mann, der zum Arzt ging und sagte: ‹Doktor, würden Sie bitte nach meiner Liere schauen?› Und der Arzt sagte: ‹Sie meinen wohl Ihre Niere, oder?›, und darauf sagte der Mann ‹Das sagte ich doch, oder licht?› ... PS: Übrigens läßt Martin Gerber all die Kameraden von der HM grüßen, einschließlich Joe Rappaport und Axel Finnkin.» Und der Brief ist unterzeichnet mit «J. Winchel, alias Christian Goldberg.»

Doch, mein Weibchen, um der deinigen noch genauer zu zeigen, wie es in der Schule zuging: Bill Keresky war zu der Zeit ein Klassenkamerad Jimmys in Cornell (das folgende stammt aus dem nächsten Jahr, verdeutlicht aber, wie es 1939 auf der Schule zuging) und versuchte, mit dem folgenden Brief Jimmy noch auszustechen: «Lieber Jack! Wie geht es immer an Columbias? Sind Hennessey und Mandel endlich in der Basketball-Mannschaft? Ziehdran Winchel tauscht seinen 31er Chevy gegen einen 32er Windslammer ein, so daß wir in letzter Zeit die unsrigen recht vornehm durch Ithakas spazierenkutschieren. Es hat schon geschneit hier, und es ist so kalt wie ein Mädchen mitten im Winter in Flushing. Die Hausältesten ließen uns Schnee schaufeln, und ich habe ihn fast erfroren; ich glaube, nächste Woche ist das Aufnahme-Zeremoniell, und meiner bittet schon jetzt um Gnade. In der letzten Woche schlugen sie uns fast das Hinterteil weg, weil wir während der Mahlzeit zuviel Radau machten, ohne unsere Erstsemestrigen-Kluft zu tragen. Es ist so kalt hier, daß ich dachte, wir dürften auf diese Erstsemestrigen-Käppchen verzichten, aber ich fand heraus, daß es spezielle Winter-Überzieher für Erstsemestrige gibt, die man im Winter anziehen muß. Wahrscheinlich gibt es auch eigens eine Erstsemestrigen-Unterwäsche, für den Fall, daß du was mit einem Mädchen hast. Grüße mir Flavius Fummler, Klemens Klo, Klaus Klistier, Ann Enema, Skylla Skrotum, Venus Venerisch, Gilla Geil, Truman Tripper, Spencer Spreiz, Piet Pissemann, Norman Nagler, Peitsch Tihn, Vera Vajj, Kristina Kreißend, Donna Dung, Olga Orgie und Phyllis Spreizer. Schreib! Versäume nicht, dir *The Importance of Being Earnest* anzusehen, mit Reggie Klein und Irvie Sklar. PS: Lilli Lippen, Spencer Spitze, Jack Schäker, Senta Sittsam, Per Jode, Venus Hügel, Daniel Dazwischen, Balduin Blutig, Stanislaus Steril, Rufus Runzlig, Hänschen Hängter, Pius Picknick, Flora Flittchen, Miguel Zungenbad, Conny Lingus und Flavius Fäkal fragen alle nach Dir. Zweites PS: Vergiß nicht, Apollo Goldfarb und Arapahoe Rappapart zu schreiben.» Es drehte sich alles um Mondschein auf der Wiese, Wohnzimmer des jüdischen Mittelstands à la J. D. Salinger, die Lichter gelöscht, und das vergebliche, blinde Herumschmusen zweier Teenager-Pärchen im Park, all diese Burschen, die später Finanzgenies wurden, berühmte Hoteliers, Grundstücksmakler, Warenhausbesitzer, Wissenschaftler, hier stolzieren sie also mit unglaublich lüsternen Blicken auf den Gängen der Schule hin und her und warten nur darauf, sich wie wilde Tiger auf irgend jemand zu stürzen und ihn mit dem neuesten Witz fertigzumachen, letztlich eine Akademie von Geistesgrößen, wie ich mich ausdrücken möchte.

III

Jedenfalls hast du jetzt eine Vorstellung von der Zeit nach der Footballsaison, und dann, als die Abschlußfeier näherrückte, hatte ich kein Geld, mir einen weißen Anzug zu kaufen, und so saß ich eben im Gras hinter der Turnhalle und las Walt Whitman mit einem Grashalm im Mund, während auf dem Festplatz das Zeremoniell über die Bühne ging, mit Fahnen. Und dann, als das zu Ende war, ging ich hinüber und mischte mich unter die anderen, schüttelte eine Menge Hände, hatte die Gesamtnote Eins minus im Abschlußzeugnis und fuhr mit Mike Hennessey und seiner Mutter in die Stadt zu seiner Wohnung auf dem Columbia Campus, Ecke 116. Straße und Broadway, denn das würde im Herbst auch mein Campus sein, nach einem Sommer in Lowell. (Spielte im Baseball-Team für HM in diesem Frühling, aber schlecht: Mein Durchschnitt als Schlagmann war 0.197, Schande.)

Viertes Buch

I

Auf eine gottverdammte Krise folgt die beschissene nächste. Braucht das nicht zu drucken. Aber werdet's doch tun. Es ist Englisch. Es ist die Tageszeitung.

Kam ich auf diese Welt durch den Schoß meiner Mutter, der Erde, nur um reden und schreiben zu dürfen wie alle anderen?

Dies ist nämlich der Abschnitt, der dich interessieren wird, mein Weibchen. Es war im Sommer 1940, und ich hatte nichts zu tun, als zu Hause in der Gershom Avenue in meinem Schlafzimmer zu pennen, schwimmen zu gehen, wenn ich Lust dazu hatte, samstags abends mit G. J. und Lousy und Scotcho und den anderen Kumpels in der Moody Street auf Biertour zu gehen, Jack Londons Biographie zu lesen und lange Wörter, die ich nicht behalten konnte, in großen Buchstaben auf Zettel zu schreiben und diese an die Wand meines Schlafzimmers zu heften, so daß sie mich morgens, wenn ich aufwachte, von allen Seiten anstarrten, diese Sammlung von Wörtern an der Wand: «Ubiquitär», «Interpoliert», «Dämonologisch», «Geschäft», «Urin». Ich mache bloß Spaß. In den kühlen Sommernächten von Lowell mache ich um Mitternacht das Licht an und lese Thomas Hardy. Und unter Jonathan Millers Einfluß beginne ich, meine eigene Variante ernster Hemingway-Stories zu schreiben, später . . . später rief eine Stimme aus der Gershom Avenue nach mir, wo, wie du vielleicht weißt, der Pawtucketville Social Club liegt, den mein Vater einst betrieb, die Kegelbahn und das Billardzimmer. Pa kegelte noch immer dort und spielte Billard, aber er war nicht mehr der Manager. Doch wenn er mit dem alten Joe Fortier sen. zusammen war, dann konnte man den Widerhall seiner Stimme in der ganzen Umgebung hören, und der alte Joe fluchte und wetterte so laut, daß selbst der alte Merrimack in seinen Ufern bebte. Große, fette Sterne, ganz düster mit all dem Fett, starrten auf mich herunter und erinnerten die Menschen an Thoreaus Ausspruch von den kleinen Bläschen, die auf guten Herbstbirnen zu sehen sind, wenn man sie mit einem Vergrößerungsglas genau betrachtet: Er sagte, die Bläschen «sie flüstern von glücklichen Sternen», während rostbraune rote McIntosh-Äpfel nur von der Sonne und ihrer roten Glut schreien. Ich genieße das Nichtstun, und da höre ich den Ruf «Jack-ieee» draußen auf der Gershom Avenue. Ich gehe hinaus und schaue von der Veranda hinunter auf die Straße, und da, am Ende der langen Treppe mit ihren fünfzehn Stufen, steht ein Junge mit schwarzem Kraushaar, der mir seltsam bekannt vorkommt.

«Du bist doch der Kerl, der damals auf der Sarah Avenue meinen Namen rief, als ich zwölf war?»

«Ja, Sabby Savakis.»

«Kenne ich dich nicht von der Sandbank her?»

«Doch.»

«Was willste?»

«Wollte dich mal wieder sehen, mit dir reden. Schon seit langem.»

«Wieso zum Teufel willst du mich sehen?»

«Nur so. Beobachte dich schon lange.»

«Ach ja, jetzt erinnere ich mich wieder, bist 'n Grieche. Warst doch immer mit . . . äh . . . wie hieß er doch gleich, Tsozakos oder so ähnlich auf der Sandbank zusammen. Du bist Rosemont.»

«Nach dem Hochwasser von 1939 zogen wir um in die Stevens Street.»

«So, ja, ja», sagte ich wie W. C. Fields und dachte bei mir: «Na wennschon.»

Er sagt: «Alle nennen mich Sabby, aber eigentlich heiße ich Sabbas . . . In Wirklichkeit bin ich nämlich Sabbas, der Prinz von Kreta.»

«Der Prinz von Kreta?»

«Zu Befehl, und ich kenne dich, du bist der Baron Jean-Louis Duluoz.»

«Wer hat dir denn das erzählt?»

«Nun ja, ich ging hinunter zur Phoebe Avenue und sprach mit Gussie Rigolopoulos und einigen deiner anderen Freunde, soll ja nur ein Scherz sein, ich will bloß mit dir reden, schon seit langem.» Wir saßen auf der Türschwelle. «Liest du Saroyan?» fragt er. «Thomas Wolfe?»

«Nein, wer soll das sein?»

Er sagt: «Ich will fürs Theater schreiben, Produzent und Regisseur sein und als Schauspieler auftreten: Ich möchte eine weiße russische Uniform tragen, auf der Brust ein blutrotes Herz. Ich werde diesen Sommer auf einer Schauspielschule in Boston studieren. Du könntest Theaterstücke schreiben.»

«Wer hat dir gesagt, daß ich schreibe?»

«Gussie sagte mir, du hättest ein wunderschönes Gedicht über ein Mädchen auf dem Jahrmarkt geschrieben, und außerdem sagte er . . . äh . . . sagte er, daß sich deine Briefe wie Gedichte lesen. Du hättest auch gesagt, daß seine Briefe gut seien.»

«Stimmt, ich hab sie alle hier.»

«Hättest du Lust auf ein paar Eisbomben oder ein Bier? Dabei können wir dann die Lage weiter besprechen. Du weißt, ich ging auch zur Bartlett-Schule, und ich kannte auch Miss Wakefield. Wir könnten eigentlich Miss Wakefield besuchen, wenn du Lust hast; kennst du übrigens Ronnie Ryan und Arch MacDougald, die wollen dich alle auch sehen, und mein bester Freund, John Kazarakis, kennt dich von der Aschenbahn her, er erzählte mir auch von dir, wie du nach den Rennen in Boston umherliefst und in der griechischen Kneipe neben dem Bahnhof Hamburger bestellt und die Zeit togeschlagen hast ... Liest du viel, was hast du in letzter Zeit gelesen?»

«Na ja, ich lese Hardy, Thoreau, Emily Dickinson, Whitman ...»

Sabby: «Recht gediegen soweit.»

Ich sagte mir: «Ach was, ich werde auf diesen verrückten Griechen eingehen, mal sehen, was er taugt.» Und laut: «Ich werfe mich in Schale, dann gehen wir in die Stadt, nach den Bienen Ausschau halten.»

«Bienen? Wie meinst du das?»

«Mädchen, du Schwachkopf», hätte ich sagen sollen, aber ich sagte nichts, denn wer weiß schon, was Bienen sind, selbst in Lowell, Lawrence, Haverhill, Concord, Manchester, Laconia, Franconia, St. Johnsbury, St. Magog oder Hudson's Bay oder sonst irgendwo im Süden oder Westen oder, darf ich's wagen, es auszusprechen, im Osten?

II

Wie dem auch sei, mein Weibchen, so kam ich endlich mit deinem Bruder Sabbas ins Gespräch, der von sich behauptete, der Prinz von Kreta zu sein, der er wahrscheinlich einmal war, aber in neuerer Zeit ist er einfacherer Herkunft, ein Maniatti.

Ein großer Kerl, mit Kraushaar, hielt sich für einen Dichter und war tatsächlich einer, und als wir uns besser anfreundeten, brachte er mir einiges bei, etwa die Kunst, sich für Literatur zu interessieren (in Mexiko sagt man *interesa*), und die Kunst, freundlich zu sein. Ich erwähne ihn in diesem Kapitel über Columbia, denn er gehört tatsächlich in diesen Abschnitt, der auf die Zeit in der Prep School folgte und den Ernst des Lebens brachte.

Unter meinen Souvenirs ist, bei Gott, diese Freundschaft mit Sabbas Savakis.

Und ich will dir auch sagen warum, in schlichter poetischer Sprache: Mit seiner mächtigen Stimme sang er für mich *Begin the Beguine,* ob wir nun über die Brücke gingen, in Wirtschaften saßen oder vor der Haustür seines Vaters in den Lower Highlands. Er warf mir Byron an den Kopf: «*So we'll go no more a-roving / So late into the night* ...» Nicht weil er im Krieg geblieben ist, verwundet bei der Landung in Anzio, gestorben in einem algerischen Lazarett in Nordafrika an Gangrän oder vielleicht an einem gebrochenen Herzen, schließlich erwischte es viele meiner Kumpels im Zweiten Weltkrieg (einige habe ich bereits erwähnt: Kazarakis, Gold, Hampshire), und etliche sind verschollen, nein, nicht deswegen, sondern weil sich im Konzentrat meiner Erinnerungen das Konterfei eines noblen Kavaliers herauskristallisiert. Das nenn ich schlichte poetische Sprache! Weil er wirklich ein feiner Junge war, wie ein richtiger Edelmann, das heißt vornehm, ein Dichter, gut aussehend, verrückt, angenehm, melancholisch, kurzum: all das, was man sich als Freund nur wünschen kann.

III

Eigentlich war ich in jenem Sommer nicht viel mit Sabbas zusammen, es war meistens die alte Clique, die alle Mann im Pine Brook schwimmen ging, ein Fußweg von 2,5 Meilen hinaus zu unserem ganz speziellen «Nacktarsch-Strand», wie wir ihn nannten; einmal, ich bin gerade elf Jahre alt und liege mal wieder mit der ganzen Clique splitterfasernackt in der Sonne, taucht da plötzlich mein Maristen-Bruder auf, bei dem ich in der fünften Klasse der St. Josephs-Gemeindeschule Unterricht hatte, ganz in Schwarz, durch das dichte Unterholz rudernd, als käme er, um mir den Hintern zu versohlen, doch statt dessen reißt er sich die Kleider vom Leib und rennt schreiend und planschend in seinen Unterhosen in den Bach. Mädchen mußten einen Bogen um diesen «Strand» machen. Als ich Anfang September zum Footballtraining aufs Columbia College ging, war ich so braun wie Mohammed Mayi.

Es war auch im gleichen Sommer, als Pa an einem besonders heißen Abend unerwartet mit mir und den Kumpels kam und wir zusammen die 2,5 Meilen zurücklegten, und auch er riß sich die Kleider vom Leib und kreischte und rannte in seinen Unterhosen zum Ufer des Baches und sprang mit den Füßen voraus hinein. Aber er wog fast zweieinhalb Zentner, und es war ein sehr trockener August gewesen, und so gab es in dem 90 cm tiefen Wasser eine harte Landung, und er brach sich fast den Knöchel. Ich war ganz verzweifelt, ihn zuerst so glücklich kreischen und springen zu sehen und dann die unglückliche Landung in dem kleinen stinkenden Weiher.

Pine Brook war in der Morgendämmerung am besten, wenn das Wasser kühl war, besonders im Juni, Juli; wir veranstalteten Wettkämpfe im Streckentauchen und erreichten beträchtliche Entfernungen, wenn wir uns unter Wasser knapp über den weißen Steinen fortbewegten. Über 30 Meter schaffte ich manchmal; damals rauchten wir alle noch nicht. Gene Plouffe zeigte immer einen abgeknickten doppelten Beckensitzer aus einem Baum in zehn Meter Höhe. Lousy hechtete in das nur 1,80 m tiefe Wasser und kam gleich wieder hoch, so als gleite er ganz leicht über der Oberfläche. Als ich das auch versuchte (von dem Ast in zehn Meter Höhe), kam ich immer mit den Händen auf den sandigen Grund. Wir lagen einfach im Gras, und plötzlich sagte einer: «Mensch, es ist verdammt heiß», und sprang hinein. Wir spielten auch viel Baseball im Dracut Tigers Park, *scrub* nannten wir es, wo du Schlagmann spielst und zehn Versuche hast, den Ball zu treffen, und wenn dir ein *single* oder ein *homerun* gelingt, bleibst du so lange Schlagmann, bis du eben insgesamt zehn mal rausgeflogen bist, entweder durch

Flugbälle oder indem du vor Erreichen des ersten Mals abgeschossen wirst. (Allerdings sparten wir uns das Laufen.) Dann gehst du ins *right field*, und alle rücken um einen Platz weiter. Wenn wir gelegentliche Bierfeste feierten, brachten wir uns auf diese Weise am nächsten Tag wieder auf die Beine. Am ersten Abend betranken wir uns alle, eine lärmende heiße Nacht in der Moody Street, wir waren alle dermaßen aufgedreht, daß wir die Leute auf der Straße festhielten und ihnen sagten, sie seien Gott, alte Männer und junge Kerle, jeden, selbst uns gegenseitig. Dies endete damit, daß wir unterm Sternenhimmel beim murmelnden Bach Ringkämpfe austrugen und die Gegend vollkotzten; Gruppen von heimwärts torkelnden Betrunkenen sahen uns zu und sagten: «Was sind das bloß für verrückte Kerle, zum erstenmal besoffen, hat man jemals solche Drecksäue gesehen?» Zu der Zeit bekam ich auch meinen Ruf als «Zagg», das war der Name des notorischen Stadtsäufers von Pawtucketville, der immer die Hände in die Luft warf, wie Hugh Herbert, und sagte: «Wuh, Wuh.» Wir spielten in der Abenddämmerung Baseball, und ich war Schlagmann, der Werfer kaute seinen Priem und wartete auf das Signal des Fängers, ich schwang den Schläger, ich spielte mit bloßem Oberkörper, da ich krebsrot war, ich hatte in der heißen Nachmittagssonne von Lakeview einen Sonnenbrand bekommen, und dann, als der Werfer plötzlich ausholt und ich mich in Erwartung seines Wurfes «zusammenrolle», ruft dieser verrückte G. J. ganz laut: «So werden wir ihn nennen . . . ZAGG!» Und ich mußte zusehen, wie der Ball unter meinem Oberkörper vorbeisauste.

Von Sabby Savakis demnächst mehr, im nächsten Sommer, 1941, unternahmen wir noch mehr gemeinsam, befaßten uns mit Gedichten und Dramen und reisten per Anhalter und zementierten unsere Freundschaft.

IV

Doch jetzt kamen ein paar alte Kumpels, die Brüder Ladeau, und boten an, mich zum Schulanfang nach New York zu fahren, da sie die Weltausstellung in den Flushing Meadows besuchen wollten, da würde es ihnen nichts ausmachen, mich mitzunehmen, und ich könne mich an den Benzinkosten beteiligen, anstatt einen Bus zu nehmen. Und was meinst du auch, wer da mitfuhr, hinten auf dem Klappsitz in dem alten 1935er Coupé, die Haare vom Wind zerzaust, singend, «Huiii, wir kommen, gib acht, New York!», jawohl es war mein alter Papa, Emil persönlich. Ich und Papa mit seinen drei Zentnern und all das Gepäck auf dem Klappsitz, und das Auto schlingerte ständig von einer Seite auf die andere. Wahrscheinlich wegen der ungünstigen Gewichtsverteilung hinten, die ganze Strecke bis nach Manhattan, 116. Straße, Columbia Campus, wo ich und Pa ausstiegen und mit meinem Gepäck zu meinem Wohnheim gingen, Hartley Hall.

Von was man nicht alles träumt, wenn man sich anschickt, aufs College zu gehen! Hier standen wir nun in diesem reichlich öden Zimmer mit Ausblick auf die Amsterdam Avenue, mit einem hölzernen Schreibtisch, Bett, Stühlen, blanken Wänden und einem riesigen Kakerlak, der sich schleunigst aus dem Staub machte. Und dann kommt auch noch so ein kleines Kerlchen herein, mit Brille und blauem Käppchen, und gibt bekannt, daß er für dieses Jahr mein Zimmergenosse sein werde und daß er Anwärter auf Mitgliedschaft bei der Verbindung Wei Delta Wuh Wuh sei, deshalb das Käppchen. «Wenn du dich um Aufnahme bemühst, mußt du auch eins tragen.» Doch ich machte mir bereits Gedanken, wie ich zu einem anderen Zimmer kommen könnte, wegen jenes Kakerlaks, und des anderen, noch größeren, den ich inzwischen entdeckt hatte. Pa und ich gingen dann in die Stadt, zur Weltausstellung in Restaurants, eben das Übliche, und bei seiner Abreise sagte er, wie gewöhnlich: «Lern was, streng dich an beim Football, gib acht auf das, was der Trainer und die Professoren sagen, und wenn du dann noch in die Amerika-Auswahl kommst, ist dein alter Herr richtig stolz auf dich.» Viel Glück, ein Jahr bevor Amerika in den Krieg eingreift, und England bereits im Blitzkrieg.

Es sieht so aus, als habe ich mich genau zu dem Zeitpunkt für Football entschieden und mich zur Spitze vorgearbeitet, wo kein Hahn mehr danach kräht.

Mein Pa hatte immer Tränen in den Augen, wenn er sich von mir verabschiedete, Tränen gab es auch in jenen späteren Jahren; er war, wie meine Mutter oft sagte, *«Un vrai Duluoz, ils font ainque braillez pi's lamentez* [Ein echter Duluoz, im Weinen und Plärren sind sie groß]». Und im Toben auch, bei Gott, das wirst du noch zu sehen bekommen, wenn mein Pa mit Trainer Lu Libble von Columbia zusammentrifft.

Ich spürte nämlich von Anfang an, daß ich hier genauso verschaukelt werden würde wie damals auf der Lowell High School. In der Hintermannschaft der Erstsemestrigen gab es einen guten, wenn auch langsamen Blocker namens Humphrey Wheeler und einen lahmen, schwerfälligen *fullback* namens Runstedt, das war schon alles. Absolut niemand von echtem Format, und mit der HM-Truppe überhaupt nicht zu vergleichen. Tatsächlich war einer der Jungen klein, langsam, schwach, noch nicht mal Durchschnitt, und doch bekam er meinen Platz in der Mannschaft; später komme ich mit ihm ins Gespräch und muß feststellen, daß er der Sohn des Polizeichefs von Scranton ist. Ich habe in meinem ganzen Leben noch nie solche miese Mannschaft gesehen. Der Trainer der Erstsemestrigen war Rolfe Firney, der sich als sehr guter *back* um Columbia verdient gemacht hatte, vor allem mit einem sensationellen, spielentscheidenden Lauf gegen die Navy-Mannschaft, 1934 oder so. Er war ein guter Mann, ich mochte Rolfe, aber er schien mich dauernd wegen irgendeiner Sache zu warnen, und wenn der große Trainer, der berühmte Lu Libble, vorbeikam, stets modisch in einem seiner hundert maßgeschneiderten Anzüge, würdigte er mich keines Blickes.

Um der Wahrheit die Ehre zu geben: Lu Libble war sehr berühmt, da er in seinem ersten Jahr als Trainer Columbias mit einem System, das er selbst für seine eigene Alma Mater in Georgetown entwickelt hatte, das verdammte Rose-Bowl-Endspiel gegen Stanford gewann. Das Ergebnis schlug damals ein wie eine Bombe, unvergeßlich für die gesamte amerikanische Football-Welt, aber das war im Jahre 1934, und inzwischen schrieb man das Jahr 1940, und er hatte in dieser ganzen Zeit mit seiner Mannschaft nichts Bemerkenswertes mehr geleistet und bot auch nichts mehr bis in die fünfziger Jahre hinein. Ich glaube, es waren die Spieler, die er 1934 zur Verfügung hatte, die ihm zu jenem Triumpf verhalfen: Cliff Montgomery, Al Barabas und andere, und der Überraschungseffekt jenes verrrückten KT-79-Spielzugs, den er erfunden hatte und der erst nach einem Jahr von den anderen verstanden wurde. Er war einfach ... nun, ich mußte ihn auch ausführen, du wirst ihn dann verstehen, wenn ich ihn beschreibe.

Da bin ich nun also ein Mitglied der Erstsemestrigen-Mannschaft von Columbia und muß erfahren, daß ich nicht zur ersten Wahl gehöre. Eins will ich zugeben: Niemand machte mir Mut, so wie das Trainer Ump Mayhew bei HM getan hatte, und das wirkte sich psychologisch aus, ich wurde gleichgültig, und meine Fähigkeiten als Kicker, zum Beispiel, verkümmerten. Mir gelang kein guter Kick mehr, und vom *quick-kick* hielten die nichts; ich glaube, von *touchdowns* hielten sie auch nichts. Wir trainierten im Baker Sportpark, auf dem hinteren Platz. Wenn es dunkel wurde, konnte man über dem Harlem River die Lichter New Yorks sehen, wir waren genau im Zentrum New Yorks, auf dem Harlem River kamen sogar Schleppkähne vorbei, und auf der Brükke, die über ihn führte, drängten sich die Autos; ich konnte einfach nicht begreifen, was schiefgegangen war.

Ein guter Schachzug gelang mir jedoch: Ich wechselte das Wohnheim und vertauschte Hartley Hall mit Livingston Hall, wo es keine Kakerlaken gab und ich, Herr Gott noch mal, ein Zimmer für mich allein hatte, im ersten Stock, mit Aussicht auf die schönen Bäume und Gehwege auf dem Campus, und zu meiner größten Freude auch mit Aussicht auf das Van Am Quadrangle, die Bibliothek in ihrer ganzen Größe, die neue, mit dem Steinfries um das ganze Gebäude und den für alle Ewigkeit eingemeißelten Namen: «Goethe ... Voltaire ... Shakespeare ... Molière ... Dante.» Das gefiel mir schon eher. Um acht Uhr abends steckte ich mir eine Pfeife an, schlug die Bücher für die Hausarbeit auf, stellte im Radio den Sender WQXR ein, der fortgesetzt klassische Musik brachte, und dann saß ich da im goldenen Schein meiner Lampe, im Pullover, seufzte und sagte: «Jetzt bin ich wenigstens endlich ein Student.»

V

Der einzige Haken war, daß ich mit Beginn der Vorlesungen auch meinen Job als Geschirrwäscher an den Spülbecken des Speisesaals anzutreten hatte. Damit finanzierte ich meine Mahlzeiten. Zweitens: der Unterricht. Drittens: Hausarbeiten, das heißt Homers *Ilias* ist in drei Tagen zu lesen, und dann die *Odyssee* ebenfalls in drei. Schließlich geht's um vier Uhr nachmittags zum Footballtraining, Rückkehr auf die Bude um acht, gleich anschließend kräftiges Nachtessen am Trainingstisch im ersten Stock der John Hay Hall (viel Milch, viel Fleisch, trokkener Toast, das schmeckt).

Aber wer in drei Teufels Namen kann glauben, alle diese Dinge ließen sich in einer Woche erledigen? Und schlafen soll man auch noch? Und die überstrapazierten Muskeln auskurieren? «Sie wissen», wurde mir gesagt, «wir gehören zu Ivy League, junger Mann. Bei uns bekommt keiner einen Cadillac plus Spesen, nur weil er Football spielt, und denken Sie daran: Sie sind Stipendiat des Columbia University Clubs und brauchen gute Zeugnisse. Wir können Ihnen kein freies Essen geben, das wäre gegen die Bestimmungen, die für Sportler in der Ivy League gelten. Keine Bevorzugung von Sportlern.» Und tatsächlich, die ganzen Columbia-Footballspieler, Erstsemestrige und ältere, hatten mindestens einen Zweier-Schnitt im Zeugnis. Es stimmte schon. Wir mußten wie die Trojaner arbeiten, um unsere Ausbildung zu bekommen, und der alte, weißhaarige Trainer betonte immer: «Alles für die Ehre, Jungs, alles für die Ehre.»

Die Arbeit im Speisesaal war mir lästig: Am Sonntag war nämlich geschlossen, und wer arbeitete, bekam nichts zu essen. Man erwartete wohl von uns, daß wir mit Freunden nach Hause fuhren und bei ihnen in New York City oder New Jersey aßen oder daß wir Kostgeld von zu Hause erhielten. Das nennt sich dann Stipendium.

Ich wurde einmal zum Essen eingeladen, ganz offiziell mit einer ganz offiziellen Karte, vom Dekan des Columbia College, dem alten Dekan Hawkes; sein Haus stand am Morningside Drive oder jedenfalls in der Gegend, ganz in der Nähe des Hauses von Nicholas Murray Butler, dem Präsidenten von Columbia. Herausgeputzt in meinem Sportjackett, von Ma bei McQuade in Lowell ausgesucht, mit weißem Hemd und Krawatte und gebügelten Hosen (die Reinigung war direkt gegenüber in der Amsterdam Avenue), so saß ich da und aß meine Suppe, indem ich den Untersetzer sachte anhob, weg von mir, und in derselben Richtung den Löffel bewegte, höflich lächelnd, mit säuberlich gekämmtem Haar, und ich legte bei den Witzen ein höfliches Interesse an den Tag und Ehrfurcht, wenn der Dekan ernst wurde. Ich besaß in jenen Tagen die besten Tischmanieren, denn meine Schwester Ti Nin hatte mir das zu Hause in Lowell jahrelang eingebleut; sie war eine Verehrerin Emily Posts. Als der Dekan nach dem Essen aufstand und mir (und den drei anderen für diese Einladung ausgesuchten Jungen) sein preisgekröntes Dinosaurier-Ei zeigte, überkam mich echte Verwunderung: Wer hätte auch gedacht, ich würde jemals ein Milliarden Jahre altes Ei im Hause eines alten distinguierten Dekans zu sehen bekommen? Ich sage «Haus», obwohl es eher eine üppige Wohnung war. Er schrieb daraufhin meiner Mutter und sagte: «Ihr Sohn, John L. Duluoz, und ich sage das voller Stolz, Frau Duluoz, hat die absolut besten und charmantesten Tischmanieren, die ich je an meiner Tafel zu genießen das Vergnügen hatte.» (Oder so ähnlich.) Sie vergaß das nie. Sie erzählte Pa davon. Er sagte «Guter Junge», doch wenn Pa und ich oft spät abends in Lowell irgendwo zum Essen einkehrten, dann hieß es schwupp die Eier, schwapp die Butter, wen juckt's, zum Teufel, FRISS!

Aber ich hatte Dekan Hawkes gern, alle hatten ihn gern, er war ein alter kleiner Zittergreis mit Brille und lustigen Augen. Er und sein Ei ...

VI

Zum ersten Spiel der Saison reiste die Mannschaft der Erstsemestrigen nach New Brunswick (New Jersey), wo es gegen die Erstsemestrigen von Rutgers ging. Es war am Samstag, dem 12. Oktober 1940, und während unsere Uni-Auswahl Dartmouth 26 : 0 schlug, fuhren wir dorthin, und ich saß auf der Reservebank, und wir verloren 18 : 7. Die kleine Zeitung, die täglich im College herauskam, schrieb: ERSTSEMESTRIGE VERLIEREN FOOTBALL-AUFTAKT GEGEN DIE FOHLEN VON RUTGERS MIT 18 : 7. Kein Wort davon, daß ich erst in der zweiten Halbzeit ins Spiel genommen wurde, genau wie in der Lowell High School, und der Artikel schloß: «Bei den *morningsiders* klappte das Laufen mit dem Ball zeitweise ganz gut, wobei sich Jack Duluoz hervortat. [...] Herausragend in der Hintermannschaft der Columbia-Fohlen waren Marsden [Sohn des Polizeichefs], Runstedt und Duluoz, der wahrscheinlich der beste Back auf dem Platz war.»

Na ja, im nächsten Spiel, gegen St. Benedict's Prep School, spielte ich dann von Anfang an.

Du erinnerst dich vielleicht daran, daß ich behauptete, man könne St. John's nur schlagen, wenn man St. John in der Mannschaft habe. Nun hängt bei mir aber, wie du weißt, über der Tür zum Hof eine Medaille. Es ist eine St. Benedikt-Medaille. Ein irisches Mädchen sagte mir einmal: «Immer wenn du in ein neues Haus ziehst, mußt du aus Treue zu deinem altgälischen Blut zweierlei tun: einen neuen Besen kaufen und eine St. Benedikt-Medaille über die Küchentür hängen.» Das ist zwar nicht der Grund, weshalb ich jetzt diese Medaille habe, doch so ging's weiter:

Nach dem Spiel gegen Rutgers, als Trainer Libble von meinen Fähigkeiten als *runner* gehört hatte und sein Assistent Cliff Battles (Trainer der Hintermannschaft) sich für mich zu interessieren begann, kamen alle hinunter zum Baker Sportpark, um den neuen Spinner laufen zu sehen. Cliff war einer der größten Footballspieler, die es je gab, von der Klasse eines Red Grange und anderer, jedenfalls einer der größten *runner*. Ich erinnere mich daran, ich war damals ein Kind von neun Jahren, daß mein Pa an einem Sonntag plötzlich sagte: «Auf, kommt, Angie, Ti Nin, Ti Jean, steigt alle ins Auto, wir wollen nach Boston fahren und den Football-Profis zuschauen, bei den Boston Redskins spielt heute der große Cliff Battles.» Wir kamen nie bis dorthin, wegen des Verkehrs, oder Eiscreme und Äpfel hielten uns in Chelmsford, Dunstable oder sonstwo auf, und wir beendeten unseren Ausflug mit einem Besuch bei Grandmère Jean in New Hampshire. Zu dieser Zeit schnitt ich auch alle Sportnachrichten aus der Zeitung aus und klebte sie sorgfältig – zusammen mit meinen eigenen Sporttexten – in meine Notizbücher, und ich wußte sehr gut über Cliff Battles Bescheid. Und jetzt also, am Vorabend des Spiels gegen St. Benedict, während wir Erstsemestrigen trainieren, jetzt kommt plötzlich Cliff Battles auf mich zu und sagt: «Du bist also der große Dulouse, der in Rutgers so gut lief, zeig doch mal, wie schnell du losziehen kannst.»

«Wie meinen Sie das?»

«Ich laufe mit dir bis zu den Duschräumen um die Wette; das Training ist zu Ende.» Er stand da, 1,90 Meter groß, lächelnd, mit Trainingshose, Stollenschuhen und Trainingsjacke.

«Okay», sage ich und lege los wie ein kleiner Vogel. Bei Gott, ich habe fünf Yards Vorsprung, als wir am Ende des Platzes auf die Seitenlinie zulaufen, aber jetzt holt er mit seinen langen Antilopen-Beinen auf und läuft auf Höhe der Torpfosten an mir vorbei und hat im Nu fünf Yards Vorsprung und hält bei der Tür zu den Duschräumen, Arme verschränkt, und sagt:

«Warum läufst du denn nicht?»

«Ach was, Ihre Beine sind länger als meine.»

«Du bist in Ordnung, Junge», sagt er, klopft mir auf die Schulter und geht lachend weg. «Bis morgen», ruft er mir noch nach.

Das machte mich glücklicher als irgend etwas anderes, was bis dahin in Columbia passiert war, denn ich war ganz bestimmt nicht glücklich darüber, daß ich weder die *Illias* noch die *Odyssee* gelesen hatte, noch John Stuart Mill, Äschylus, Plato, Horaz und all das andere Zeug, das sie uns hinwarfen wie schmutziges Geschirr.

VII

Jetzt kommt also das Spiel gegen St. Benedict, eine solche Bande von großen Elefantenbabies hat die Welt noch nicht gesehen, sie erinnerten mich an jenes fürchterliche Team von Blair im letzten Jahr und an das Team von Malden in der High School, große, boshaft aussehende Kerls, mit Wagenschmiere unter den Augen, als Schirm gegen das grelle Sonnenlicht, mit boshaft aussehenden braunroten Jerseys, dagegen unsere irgendwie blöd aussehenden (wenn du mich fragst) hellblauen Jerseys mit den dunkelblauen Nummern. (*Sans Souci* heißt das Alma-Mater-Lied Columbias, das bedeutet «ohne Sorge», hmm.) (Und das Football-Kampflied heißt *Brüll, Löwe, brüll*, das laß ich mir schon eher gefallen.) Es geht los, wir stellen uns auf, und drüben an der Seitenlinie sehe ich Trainer Libble, der also endlich gekommen ist, um mich einmal beim Spielen zu beobachten. Er hat natürlich von dem Spiel in Rutgers gehört, und er muß allmählich an die Hintermannschaft für das nächste Jahr denken. Ich nehme an, er hatte gehört, ich sei irgendein spinniger kleiner Franzose aus Massachusetts, ohne den sechsten Sinn für Football, den seine italienischen Lieblinge aus Manhattan besaßen, die jetzt in seiner Uni-Mannschaft spielten (Lu Libbles wahrer Name ist Guido Pistola, er kommt aus Massachusetts).

St. Benedict hatte Anstoß. Sie stellten sich auf, ich wurde weit zurück bis fast an unsere Torlinie beordert und sagte mir: «Leckt mich doch, ich werde euch Armleuchtern schon zeigen, wie ein französischer Junge aus Lowell laufen kann, Cliff Battles und der ganzen Bande, und wer ist der alte Armleuchter, der neben ihm steht? Heh, Runstedt, wer ist der Kerl im Mantel neben Cliff Battles, gleich neben dem Wassertank?»

«Ich habe gehört, das sei der Trainer der Army-Mannschaft, Earl Blaik, er schlägt sich hier den Nachmittag um die Ohren.»

Das Spiel wird angepfiffen, und St. Benedict führt den Anstoß aus. Der Ball torkelt durch die Luft und fliegt direkt in meine Arme. Ich packe ihn ganz fest und renne, wie von einer Sehne geschnellt, geradeaus über den Platz, ohne Haken zu schlagen und ohne mich umzusehen und auch ohne mich zu ducken, einfach geradeaus, direkt auf die ganze Meute zu. Sie laufen alle in der Mitte des Platzes zusammen, rammen und schieben, um auf irgendeine Weise dort durchzukommen. Ein paar der roten Benedict-Spieler kommen durch und greifen mich direkt an, aus drei Richtungen, aber sie kommen alle in sehr spitzem Winkel auf mich zu, dafür hatte ich gesorgt, da ich wie ein Pfeil schnurgerade entlang der Mittelachse des Platzes gerannt war. Ich komme bis zur Mittellinie, bevor ich von den elf Riesen überwältigt und unter ihnen begraben zu werden drohe, aber ich kümmere mich überhaupt nicht um sie, sondern stürze mich direkt in ihre Mitte: Sie breiten die Arme aus, um sich über mich zu stürzen, das ist psychologisch bedingt. Sie lassen es sich nicht träumen, daß ich in Wirklichkeit einen ganz anderen Plan habe: Ich werde mich plötzlich (das kann ich) abschnellen, mich abstoßen, nach rechts ausbrechen und sie nach Luft schnappend hinter mir lassen. Ich laufe so schnell ich kann, trotz der schweren Football-Montur war ich schnell, wie ich schon sagte, wegen meiner kräftigen Beine und meiner Erfahrung als Leichtathlet, und bevor die wieder zu sich kommen, laufe ich ganz allein die Seitenlinie entlang, während alle einundzwanzig Spieler sich in der Mitte des Platzes wieder aufrappeln und sich anschicken, mir zu folgen. Ich höre das Gebrüll der Menge und laufe und laufe. Noch 30 Yards, noch 20, noch 10, hinter mir schnauft's und schnaubt's, ich drehe mich um, und da holt mich, wie gehabt, ein langbeiniger Bursche ein, so wie Cliff Battles, wie der Bursche im letzten Jahr, wie der Bursche im Nashua-Spiel, und als mir noch ganze 5 Yards fehlen, packt mich eine Hand im Genick und wirft mich zu Boden. Ein Lauf von 90 Yards.

Ich sehe, wie Lu Libble und Cliff Battles und Rolfe Firney, unser Trainer, sich begeistert die Hände reiben und an der Seitenlinie kleine Hitler-Tänzchen aufführen. Aber St. John hat keine Chance gegen St. Benedict, wie sich herausstellt, denn ich bin jetzt natürlich völlig außer Atem, und trotzdem möchte dieser dämliche *quarterback*, daß ich meinen Lauf eigenhändig mit einem *touchdown* abschließe. Ich schaffe es einfach nicht. Ich möchte am liebsten seiner Anweisung widersprechen, aber das tut man nicht. Ich hechte mich in den Abwehr-Riegel und werde auf der 5-Yard-Linie gestoppt. Dann versucht es Runstedt selbst, und die großen Abwehrspieler von St. Ben begraben auch ihn unter sich. Und dann mißlingt auch unser letzter Versuch, und wir müssen zurückgehen und uns für den Abstoß St. Benedicts aufstellen.

Inzwischen habe ich mich erholt und bin zu einem neuen Ablauf bereit. Doch der Abstoß, den ich auffangen soll, kommt so hoch, perfekt wie eine Spirale, eine Stunde wird vergehen, bis ich den Ball zu fassen bekommen werde, eigentlich sollte ich die Hand heben und eine unbehinderte Ballannahme verlangen und anschließend den Ball auf den Boden legen, dann müßte unsere Mannschaft von da aus ihren neuen Angriff starten. Aber nein, Jack ist verblendet, und obwohl die beiden vordersten Leute von St. Benedict schnaufend und schnaubend mir schon fast auf den Füßen stehen, fange ich den Ball glatt und sage: «Auf geht's», während ich schon vier Hände spüre, die meine Knöchel wie Schraubstöcke umfassen, an jedem Bein zwei; prustend vor Stolz versuche ich, mit einer grimmigen Drehung meines ganzen Körpers aus ihrer Umklammerung freizukommen und loszurennen. Aber der eiserne St. Benedict-Griff hält, und es kommt mir so vor, als sei ich festgewachsen wie ein Baum oder ein in die Erde gerammter eiserner Pfosten; ich drehe mich noch einmal um die eigene Achse, höre einen lauten Knacks und weiß, daß mein Bein gebrochen ist. Sie lassen mich langsam zu Boden gleiten, schauen mich an und sagen zu sich: «Nur so läßt *er* sich stoppen, man muß *zupacken*.» (Dem Sinn nach jedenfalls.)

Humpelnd werde ich vom Platz geführt.

Ich gehe zu den Duschräumen und ziehe mich aus, und der Trainer massiert meine rechte Wade und sagt: «Nur eine kleine Verstauchung, das spürst du doch kaum, nächste Woche geht's gegen Princeton, mit denen werden wir kurzen Prozeß machen, Jacky, mein Junge.»

VIII

Doch das Bein war gebrochen, mein Weibchen, eine Unterschenkel-Fraktur, genauso wie wenn du einen Knochen von der Größe eines Bleistifts abbrichst, und der Bleistift klebt noch immer zusammen, hat aber einen Knacks, so daß er sofort zerbricht, wenn du ihn leicht zwischen zwei Fingern drehst. Aber das wußte niemand. Die ganze Woche warfen sie mir vor, ich sei ein Waschlappen, und forderten mich auf, wieder zu laufen und mit dem Humpeln aufzuhören. Sie kamen mit den verschiedensten Einreibemitteln, ich versuchte zu rennen, ich rannte und trainierte und rannte, aber das Humpeln wurde schlimmer. Schließlich schickten sie mich zur Columbia-Poliklinik, und die Röntgenbilder bewiesen, daß ich mir den rechten Unterschenkel gebrochen hatte und daß ich eine ganze Woche lang mit einem gebrochenen Bein herumgerannt war.

Ich bin nicht verbittert deswegen, mein Weibchen, es war ja hauptsächlich Trainer Lu Libble, der dauernd behauptete, ich simuliere, und der den Trainern der Erstsemestrigen sagte, sie sollten meinem «Geplärre» kein Gehör schenken und mich lieber ein wenig herumhetzen, dann werde alles «von selbst» heilen. Ein gebrochenes Bein heilt nun mal nicht von selbst. Damals wurde mir klar, daß ich aus irgendeinem Grund, den ich nie verstehen werde, Lu gegen den Strich ging. Er machte stets Andeutungen, daß ich wertlos sei und daß er mich mit solch kräftigen Beinen eigentlich in die Abwehrkette stellen müsse, um mich zu einem «Verteidiger-Juwel» zu machen.

Und doch (ich glaube, ich weiß jetzt auch warum) war es erst in diesem Sommer, ich habe bisher vergessen, das zu erwähnen, daß Francis Fahey mich bat, ins Stadion des Boston College zu kommen; er wollte sich ein für allemal von meinen Fähigkeiten überzeugen. Er sagte: «Du solltest wirklich zum BC kommen, wir haben ein System hier, das Notre Dame-System, wo wir einen *back* wie dich nehmen und ihm mit einem guten Spielzeug entlang der Seitenlinie die Chance geben, loszumarschieren. Drüben bei Columbia unter Lu Libble werden sie dich auf dem Flügel einsetzen, so daß du erst mal 20 Yards laufen mußt, bevor du überhaupt zum Ausgangspunkt zurückkommst, der mit seinem blöden umgekehrten KT-79-Trick, wenn du Glück hast, kommst du vielleicht um den Flügelmann herum, aber die zweite Linie wird dich auf jeden Fall erwischen. Bei uns heißt's bums geradeaus durch *tackle* und *guard* und im Bogen um die rechte oder linke Flanke.» Dann steckte er mich in Spielkleidung, holte MacLuhan, seinen Trainer für die Hintermannschaft, und sagte: «Stell fest, was er kann.» Jetzt bin ich allein auf dem Platz mit Mac, der mir gegenübersteht. Er nimmt den Ball und sagt:

«So, Jack, ich werde dir jetzt den Ball zuwerfen, genau wie ein *center*; wenn du ihn fängst, läufst du los wie ein *halfback*, die Richtung kannst du dir aussuchen. Wenn ich dich berühre, scheidest du aus, sozusagen, und du kannst verdammt sicher sein, daß ich dich berühren werde, ich war nämlich einmal einer der schnellsten *backs* im ganzen Osten.»

«Mach dich bloß nicht lächerlich», denke ich und sage: «Okay, werfen Sie.» Der Ball kam kerzengerade auf mich zu, und ich legte los, bevor er sich auch nur von der Stelle rühren konnte, und er mußte den Kopf nach mir drehen, um zu sehen, wie ich links um ihn herumflitzte, und das ist keine Harvardsche Lüge.

«Nun ja, du bist nicht schneller als ich, aber wo zum Teufel hast du diesen schnellen Start her? Leichtathletik?»

«Richtig.» Unter der Dusche anschließend höre ich, wie sich Fahey und Mac unter der Trainer-Dusche nebenan über mich unterhalten, und ich höre, wie Mac zu Fahey sagt:

«Fran, das ist der beste *halfback*, den ich je sah. Du mußt ihn überreden, zum BC zu kommen.»

Aber ich entschied mich für Columbia, weil ich auf New York stand und im Rhythmus der Großstadt Journalist werden wollte. Aber wer gab Lu Libble das Recht zu behaupten, ich sei kein guter *runner*. Und hör gut zu, mein Weibchen, was hatte es denn mit jenem Abend im Winter zuvor an der HM auf sich, als mich Francis Fahey zum Times Square bestellte und mit mir ins Theater ging, zu William Saroyans Schauspiel *My Heart's in the Highlands*, und ich könnte schwören, ich sah Rolfe Firney von Columbia, wie er uns nachschaute, als wir während der Pause die Toiletten aufsuchten. Doch damit nicht genug: Jetzt schickten sie auch noch Joe Callahan nach New York, der auch mit mir ausgehen sollte, um mich vollends fürs Boston College zu gewinnen, und danach dann Notre Dame; und jetzt war ich hier an der Columbia, Pa hatte seine Stellung verloren, und der Trainer hielt so wenig von mir, daß er nicht mal im Ernst glaubte, ich hätte mir das Bein gebrochen.

Jahre danach veröffentlichte ich ein Gedicht darüber, auf der Sportseite der *Newsday*, der Zeitung Long Islands. Ziemlich zutreffend, denn es beschäftigt sich auch mit dem Streit, den mein Vater später mit Lu austrug, weil dieser mich nicht oft genug einsetzte, und wegen irgendeiner Vereinbarung, nach der Lu meinem Vater eine Stelle als Linotypist in New York besorgen sollte, es aber nie tat:

Lu, mein Vater glaubte, du hättest ihn hereingelegt,
  und er sagte, er könne dich nicht leiden
Er glaubte, er sei zu schäbig für dein
  Büro; sein Mantel war so
Und er kämmte sich die Haare und ging
  mit mir zur Arbeitsvermittlung
Und ließ mich allein mit dem Mann reden
  für uns beide, dann seufzte er
Und wir pilgerten heim, nach Lowell; dort
  servierte unsere liebe Mutter feine Eiscreme, trotz alledem
In meinem ersten Spiel lief ich wie verrückt
  in Rutgers, Cliff war nicht dabei;
Er glaubte nicht, was er las
  im *Spectator* «Wer ist dieser Jack»
Also spiele ich von Anfang an gegen St. Benedict
  will mich von den Armleuchtern nicht aufhalten lassen
Ich fing den Anstoß und lief direkt
  auf die Bande zu, und laluhste herum
Bis zur pastafasuhlten Fünf-Yard-Linie,
  du warst dabei, du erinnerst dich
Es gelang uns kein *touchdown*; und ich
  fing den Abstoß und brach mein Bein
Und ich sagte überhaupt nichts, und aß
  Eisbomben & Steaks in der Löwengrube.

Denn das war das einzig Positive an der Sache: das gebrochene Bein im Gips und mit zwei Krücken in den Achselhöhlen, so hoppelte ich jeden Abend in die Löwengrube, das Columbia-Restaurant, so ein Lokal mit offenem Kamin und Mahagoni, setzte mich auf den Ehrenplatz vor das Feuer, sah den Jungen und Mädchen beim Tanzen zu, bestellte jeden gesegneten Abend dasselbe Filet Mignon, englische Art, aß es mit Genuß, meine Krücken quer über dem Tisch, dann zwei Eisbomben zum Nachtisch, den ganzen gesegneten süßen Herbst durch.

Und ich verlor nie ein Wort darüber, will sagen: ich verlangte von niemandem Schadenersatz, klagte niemanden an; ich fand Gefallen am Nichtstun, den Steaks, den Eisbomben, der Ehre, und zum erstenmal seit meiner Ankunft in Columbia fing ich an, mich aus eigenem Antrieb mit der kompletten, ehrfürchtigen, großäugigen Welt des Thomas Wolfe zu beschäftigen (ganz zu schweigen von den normalen Hausarbeiten).

Noch jahrelang danach schickte mir jedoch Columbia immer wieder die Rechnung für alles, was ich am Trainingstisch gegessen hatte.

Bezahlt habe ich nie.

Warum sollte ich? Mein Bein tut an feuchten Tagen noch immer weh. Die können mich.

Von wegen Ivy League.

Wenn du nicht sagst, was du auf dem Herzen hast, wozu dann überhaupt schreiben?

IX

Aber o dieser herrliche Herbst, ich sitze an meinem Schreibtisch, mit jener wohlriechenden Pfeife, die jetzt umwickelt ist wie mein Bein, und höre die schöne Finnische Sinfonie von Sibelius an, die mich bis auf den heutigen Tag an wohlriechenden alten Tabakrauch erinnert, obwohl ich weiß, daß es dabei eher um Schnee geht; vor mir im matten Schein meiner Lampe die unsterblichen Worte Tom Wolfes, wo er über «die Wetter» Amerikas spricht, über den blaßgrünen, schuppigen Anblick alter Gebäude hinter Lagerhäusern, über die Eisenbahnschienen, die nach Westen führen, Indianerlaute auf den Schienen, die Pelzmütze in seinen Bergen im alten North Carolina, die flimmernde Luft überm Fluß, Mississippi, Shenandoah, Rio Grande . . . ich brauche gar nicht erst versuchen, ihn nachzuahmen, er hat mir einfach die Augen dazu geöffnet, daß ich Amerika als Gedicht sah und nicht mehr nur als einen Ort, an dem man sich herumboxt und schwitzt. Es war hauptsächlich dieser dunkeläugige amerikanische Dichter, der in mir den Wunsch weckte, umherzustreichen und umherzustreifen, um das wahre Amerika zu sehen, das da war und das «nie offenbart worden ist». Man hört heute oft, nur junge Leute wüßten etwas mit Thomas Wolfe anzufangen, aber das ist hinterher leicht gesagt, wenn man ihn mal gelesen hat, denn er ist ein Schriftsteller, dessen Prosagedichte man im Grunde genommen höchstens einmal lesen kann, und das gründlich und langsam, Entdekkungen machend; und wenn man diese Entdeckungen gemacht hat, soll man ihn liegen lassen. Seine dramatischen Abschnitte lassen sich immer wieder lesen. Wo bleibt heute das Seminar über Tom Wolfe? Wieso diese Geringschätzung Thomas Wolfes in seiner eigenen Zeit? Herr Schwartz könnte nämlich warten.

Doch hier sitze ich an meinem Schreibtisch, das Buch aufgeschlagen, und sage mir: «Jetzt ist es fast halb acht, wohlan: laßt uns hinunter zur alten Löwengrube hoppeln, zu Filet Mignon, Eisbomben und Kaffee, dann wollen wir zur U-Bahn-Station an der 116. Straße hoppeln (in Erinnerung an Professor Kerwick und seine mathematische Zahlenreihe) und zum Times Square hinunterfahren, um einen französischen Film anzuschauen, Jean Gabin, der mit zusammengekniffenen Lippen ‹*Ça me narve*› sagt, Louis Jouvet, der seinen Hängehintern die Treppe hinaufschleppt, Michele Morgan mit ihrem sauren Zitronenlächeln in einem Schlafzimmer am Meer, Harry Bauer als Händel, der auf den Knien den Segen für seine Arbeit erbittet, oder Raimu, der beim Nachmittags-Picknick des Bürgermeisters Radau macht; im Anschluß daran eine Doppelveranstaltung mit zwei amerikanischen Filmen, vielleicht Joel McRae in *Union Pacific* oder die tränenüberströmte süße Barbara Stanwyck, die ihn umklammert, oder vielleicht Sherlock Holmes, der eine Pfeife qualmt, mit seinem langgezogenen Cornwall-Profil, während Dr. Watson beim offenen Kamin in einen medizinischen Wälzer vertieft ist und Madame Cavendish, oder wie sie heißt, die Treppe heraufkommt und kalten Braten und Bier bringt, damit Sherlock die neueste Missetat des infamen Dr. Moriarty analysieren kann . . .»

Die Lichter auf dem Campus, Liebespaare Arm in Arm, eifrig dahineilende Studenten im fallenden Laub der letzten Oktobertage, die Bibliothek in der hereinbrechenden Dämmerung, all die Bücher und das Vergnügen und die große Weltstadt zu meinen gebrochenen Füßen . . .

Und stell dir heute, im Jahre 1967, das hier vor: Ich nahm tatsächlich manchmal meine Krücken, um nach Harlem zu gehen und zu sehen, was dort los war, in der Gegend der 125. Straße, ich sah oft zu, wie sich die Rippenstückchen im Fenster der Grillstube drehten oder wie sich Neger an Straßenecken unterhielten; für mich waren sie exotische Leute, von denen ich bis dahin überhaupt nichts gewußt hatte. Ich habe bisher vergessen zu erwähnen, daß ich in meiner ersten Woche an der HM, 1939, tatsächlich an einem warmen Nachmittag und Abend, die Hände auf dem Rücken verschränkt, durch ganz Harlem spazierte und diese ganze neue Welt inspizierte. Warum hat sich mir keiner in den Weg gestellt, um mir vielleicht Rauschgift zu verkaufen, mich zu verprügeln oder mir das Geld abzunehmen? Was sahen sie in mir? Sie sehen einen nett angezogenen College-Jungen, der sich ein bißchen umschaut. Die Leute haben Achtung vor solchen Dingen. Aber ich muß schon äußerst seltsam ausgesehen haben.

Ich gehe also in die Löwengrube, setze mich auf meinen Stammplatz am Kamin, die Kellner (Studenten) bringen mir mein Abendessen, ich esse, sehe den Tänzern zu (es war besonders eine Schönheit, Vicki Evans, die mich interessierte, ein Mädchen aus Wales), und dann ging ich hinunter zum Times Square ins Kino. Niemand belästigte mich. Natürlich hatte ich ohnehin nie mehr als 60 Cents bei mir, und das muß man meinem unschuldigen Gesicht angesehen haben.

Jetzt hatte ich auch Zeit, in meinem Zimmer lange «Wolfesche» Geschichten und Journals zu schreiben; aus meiner heutigen Sicht sind sie entsetzlich langweilig, aber damals glaubte ich, sie seien recht gut. Ich hatte einen Neger-Studenten zum Freund, der immer zu mir kam und mit mir Chemie paukte, mein schwacher Punkt. In Französisch hatte ich eine Eins. In Physik eine Zwei oder Drei plus. Ich humpelte stolz über den ganzen Campus, wie ein heroischer Skilehrer. Mit meinem Tweed-Jackett und den Krücken wurde ich bald so bekannt (auch wegen meines

Rufs als Footballspieler), daß irgendein Kerl von der Van-Am-Gesellschaft eine Kampagne aufzog, um mich für das kommende Jahr zum Vizepräsidenten meines Jahrgangs wählen zu lassen. Eins stand fest, mit Footballspielen war es bis zum kommenden Jahr, 1941, aus. Um Zeit totzuschlagen, schrieb ich in diesem Winter Sportberichte für die College-Zeitung, machte Interviews mit den Leichtathletik-Trainern, schrieb ein paar Jahresaufsätze für Schüler der Horace Mann, die mich immer wieder besuchten. War, wie gesagt, viel mit Mike Hennessey zusammen, an jener Ecke der 115. Straße und Broadway, vor dem Süßwarenladen, gelegentlich war William F. Buckley jr. dabei. Humpelte zum Hudson River hinunter und setzte mich auf eine Bank am Riverside Drive, um eine Zigarre zu rauchen, und dachte an Nebelschleier, die über Flüssen hängen; manchmal fuhr ich mit der U-Bahn nach Brooklyn, um Oma Ti Ma und Yvonne und Onkel Nick zu besuchen, an Weihnachten fuhr ich nach Hause, die Krücken waren abgelegt und das Bein praktisch geheilt.

Wurde sentimental und ließ mich mit Portwein vollaufen, vor dem Weihnachtsbaum meiner Mutter, zusammen mit G. J., mußte ihn anschließend im Schnee der Gershom Avenue nach Hause tragen. Schaute nach Maggie Cassidy im Commodore-Tanzsaal, fand sie, bat sie um einen Tanz, verliebte mich erneut. Lange Gespräche mit meinem Vater in der überhitzten Küche.

Das Leben ist komisch.

Und wie gefällt dir dieses Relief: Eines Abends war ich im Verbindungshaus der Phi Gamma Delta, bei denen ich «Kandidat» war, mich aber weigerte, das blaue Käppchen zu tragen und ihnen ins Gesicht sagte, sie könnten es sich in den Allerwertesten stecken; statt dessen bestand ich darauf, daß sie mir das Bierfaß gaben, das fast leer war, und im Morgengrauen stemmte ich es hoch über meinen Kopf und leerte es bis auf den letzten Tropfen ... eines Abends, das Verbindungshaus ist völlig verlassen, bis auf einen oder zwei Burschen, die im Obergeschoß schlafen, im ganzen Haus brennt kein Licht, da sitze ich allein in einem Klubsessel im Gemeinschaftsraum des Verbindungshauses und lasse Platten von Glenn Miller laufen, so laut wie nur möglich. Glenn Miller und Frank Sinatra mit Tommy Dorsey, *The One I Love Belongs to Somebody Else* und *Everything Happens to Me*, oder Charlie Barnets *Cherokee. This Love of Mine.* Half dem paralytischen oder spastisch gelähmten Dr. Philippe Claire über den Campus, wir haben gerade seine Kreuzworträtsel gelöst, die er für das New Yorker *Journal American* schreibt, er mag mich, weil ich Franzose bin. Der alte Joe Hatter kommt an einem nassen Abend in mein Zimmer im Wohnheim, der verbeulte Hut vom Regen ganz aufgelöst, triefäugig, und sagt: «Jesus Christus pißt heute abend auf die Erde.» In der West End Bar schaut Johnny, der Barkeeper, über alle Köpfe hinweg, seine großen Hände liegen auf der

Theke. In der Leihbibliothek beschäftige ich mich mit Jan Valtins *Out of the Night*, auch heute noch ein lesenswertes Buch. Ich gehe um die Untere Bibliothek herum, denke über Bibliotheken oder was-weiß-ich nach. Ich sagte ja, das Leben ist komisch. Mädchen mit Galoschen im Schnee. Barnard-Mädchen gedeihen und platzen bald auf, wie reife Kirschen im April. Wer zum Teufel kann sich mit französischen Büchern befassen? Ein großer Schwuler spricht mich auf einer Bank im Riverside Park an: «Woran hängen Sie?» Und ich antworte: «An einem Strick vermutlich.» Turk Tadzic, *end* in der Unimannschaft des kommenden Jahres, betritt mein Zimmer, besoffen, und heult mir vor, wie er einmal in einer Stadt in Pennsylvania mitten auf der Hauptstraße die Hosen runterzog und vor allen Leuten auf die Straße schiß, schämt sich deswegen. Vor der West End Bar pissen manche direkt auf den Gehweg. Die «Klubraum-Eidechsen», Typen, die im Klubraum des Wohnheims herumlungern, ihre Beine auf anderen Stühlen. Große Bekanntmachungen am schwarzen Brett, auf denen steht, wo man ein Hemd kaufen oder ein Radio umtauschen kann, wo es eine Mitfahrgelegenheit nach Arkansas gibt, oder genau betrachtet: Rutscht mir den Buckel herunter. Da mein Bein geheilt ist, spiele ich jetzt Kellner im John Jay-Speisesaal, das heißt ich bin Kaffee-Kellner: Das Tablett mit dem Kaffee in der linken Hand balancierend gehe ich herum, fragend, die Herren und Damen nicken mit dem Kopf, ich gehe auf ihre linke Seite und gieße den köstlichen Kaffee in ihre Tassen; einer sagt zu mir: «Wissen Sie, wer der alte Knacker ist, dem Sie gerade Kaffee eingeschenkt haben? Thomas Mann.» Da mein Bein geheilt ist, bummle ich über die Brooklyn-Brücke und denke dabei an jenen wilden Schneesturm im Jahre 1936, als ich vierzehn Jahre alt war und Ma mich mit nach Brooklyn genommen hatte, zu einem Besuch bei Oma Ti Ma; ich hatte damals meine Überschuhe aus Lowell mitgebracht und gesagt: «Ich gehe ein bißchen spazieren, über die Brooklyn-Brücke und zurück.» «Okay.» Ich gehe im heulenden Sturm über die Brücke, Schnee und Eis peitschen mir ins gerötete Gesicht, natürlich keine Menschenseele unterwegs, doch, da kommt ein Mann auf mich zu, fast zwei Meter lang, mit kleinem Kopf auf großem Körper, mit riesigen Schritten geht er in Richtung Brooklyn, schaut mich überhaupt nicht an, riesige Schritte, Meditieren. Weißt du, wer der alte Knacker war?

Thomas Wolfe.

Weiter, zum Fünften Buch.

Fünftes Buch

I

Später in jenem Frühjahr, gegen Ende meines ersten Studentenjahres und vor Beginn des zweiten, hatten Pa und ich gerade am Times Square einen französischen Film gesehen und kamen jetzt durch das Drehkreuz einer U-Bahn-Station, als uns auf einmal Chad Stone mit einer Clique von Columbia-Footballern entgegenkam. Chad war dazu ausersehen, Mannschaftskapitän der Uni-Auswahl zu werden und später als Arzt im Alter von achtunddreißig Jahren wegen eines überarbeiteten Herzens zu sterben, übrigens ein gutaussehender großer Bursche aus Leominster (Massachusetts), und er sagt zu mir: «Ich habe gehört, Jack, du wurdest von deinem Jahrgang zum Vizepräsidenten gewählt.»

«Was? Ich?»

«Mit einer Stimme Vorsprung, du Gauner, mit einer Stimme Vorsprung vor MIR!» Und es stimmte. Mein Vater machte sofort ein Bild von mir, in einer jämmerlichen Kabine am Times Square, aber er konnte ja nicht ahnen, was demnächst aus meinem verflixten zweiten Studentenjahr werden würde, es war jetzt Mai 1941, und es braute sich in der Tat etwas zusammen in der Welt. Aber dieser ganze Jahrgangs-Vizepräsidenten-Quatsch machte auf meinen Chemieprofessor, Dr. Soundso, keinen großen Eindruck, der mir, an seiner Pfeife paffend, mitteilte, daß ich in Chemie durchgefallen war und dieses Fach zu Hause in Lowell während des Sommers nachzuholen habe, andernfalls ich mein Stipendium verlieren würde.

Das mit Chemie war so eine Sache: Als ich am ersten Tag in den Unterricht oder ins Labor gekommen war und all diese gottverdammten Reagenzgläser und stinkenden Röhren sah, diese Verrückten in ihren Schürzen, die mit Schwefel und Sirup herumspielten, da sagte ich mir: «Brrr, ich werde nie wieder hierherkommen.» Weiß nicht warum, konnte es nicht ausstehen. Eigentlich komisch, denn in späteren Jahren, als ich ein regelrechter Experte in «Drogen» wurde, lernte ich eine Menge über Chemie und chemische Zusammensetzungen, die man herstellen muß, um gewisse vorteilhafte Bewußtseins-Erweiterungen zu erreichen. Aber nein, eine Sechs in Chemie, das erste Mal in meinem Leben, daß ich eine Prüfung nicht bestand, und dem Professor war es ernst. Ich hatte gar nicht die Absicht, ihn anzuflehen. Er erklärte mir, wo ich die nötigen Bücher und Reagenzgläser und sonstiges faustisches Handwerkszeug abholen sollte, um es im Sommer zu Hause bei mir zu haben.

Es war daher ein verrückter Sommer zu Hause, da ich mich resolut weigerte, Chemie zu lernen. Mein Negerfreund Joey James fehlte mir, der das ganze Jahr versucht hatte, mit mir zu pauken, wie ich schon erwähnte.

Ich fuhr also in jenem Sommer nach Hause und vertrieb mir die Zeit mit Schwimmen, Biertrinken und dem Zubereiten riesiger Hamburger-Sandwiches für mich und Lousy («Zaggos Spezialität des Hauses» nannte er sie, denn sie waren nichts als Hackfleisch, in einer Menge echter Butter gebraten und auf frischem Brot mit Ketchup serviert), und als der August fast vorbei war, hatte ich praktisch noch immer nichts nachgeholt. Jetzt waren sie gewillt, mich den Kurs wiederholen zu lassen, da hatten Lu Libble und andere Freunde die Hand im Spiel, denn wir mußten eine schlagkräftige Footballmannschaft aufstellen, und überhaupt sei ich ja wohl gescheit genug, alles nachzuholen. Seltsamerweise hatte ich keine Lust dazu.

In jenem Sommer schloß sich Sabbas ganz der alten Clique aus meiner Schulzeit an, G. J., Lousy, Scotcho und andere, und wir machten sogar einen irren Ausflug nach Vermont, in einer alten Klapperkiste, und betranken uns draußen im Wald zum erstenmal mit Whisky, bei einem künstlichen See in einem Granit-Steinbruch. Ich holte tief Luft, betrunken, und tauchte in diesem kleinen See tief unter, etwa 6 Meter, und blieb drunten und grinste mit meinen Glotzaugen in die Dunkelheit. Der arme Sabbas dachte, ich sei ertrunken, riß sich alle Kleider vom Leib und tauchte nach mir. Lachend kam ich wieder hoch. Er heulte, am Ufer. (St. Sabbas war der Gründer eines Klosters im sechsten Jahrhundert, griechisch orthodox, und liegt jetzt in der Kirche des Heiligen Grabes in Jerusalem begraben, seit einer Amtshandlung des Patriarchen Benediktos, 1965.) Ich trank noch einen Schluck Whisky und packte einen kleinen Baum, etwa anderthalb Meter groß, und wickelte ihn um meinen bloßen Rücken und versuchte ihn mit den Wurzeln aus der Erde zu reißen. G. J. sagt, er werde das nie vergessen: er sagt, ich versuchte ganz Vermont mit den Wurzeln herauszureißen. Seither nennt er mich «Rasende Kraft». Als wir noch mehr Whisky tranken, sah ich die Grünen Berge wandern, um Hemingway in seinem Schlafsack zu paraphrasieren. Betrunken fuhren wir nach Lowell zurück, und uns war elend zumute, und ich schlief in Sabbys Schoß, die ganze Fahrt, während er weinte, dann döste, die ganze Nacht.

Später fuhren Sabby und ich öfters per Anhalter nach Boston, um ins Kino zu gehen oder im Boston Common herumzulungern und die Passanten zu beobachten; Sabby sprang gelegentlich auf und hielt große leninistische Ansprachen, auf der Seifenkisten-Plattform, wo sich immer Tauben aufhielten und den langen Streitgesprächen zuschauten. Da steht Sabby in seinem strahlend weißen Hemd, mit seinem wilden schwarzen Lockenhaar, und richtet an jeden, der es hören will, seine Tiraden von der Brüderlichkeit aller Menschen. Es war großartig. Zu jener Zeit waren wir alle Kommunisten, pro-Lenin oder pro-Sonst wer; erst später fanden wir heraus, daß Henry Fonda in *Blockade* überhaupt gar nicht der große antifaschistische Idealist war, er zeigte lediglich die Kehrseite des Faschismus, das hießt, was zum Teufel ist der Unterschied zwischen dem Faschisten Hitler und dem Antifaschisten Stalin oder in unseren Tagen, zwischen dem Faschisten Lincoln Rockwell und dem Antifaschisten Ernesto Guevaro, oder such dir dein eigenes Beispiel. Außerdem, darf ich hier ganz nüchtern feststellen, was mir das Columbia College zum Studium anbot, in einem Kurs, der sich Kulturgeschichte der Gegenwart nannte? Nichts anderes als die Werke von Marx, Engels, Lenin, Russell und andere diverse Lichtpausen, die sich auf blauem Papier gut ausmachen, während in Wirklichkeit jenes unsichtbare Monstrum, bekannt als «das menschliche Wesen», als Architekt dahintersteht.

Auch mit Dicky Hampshire fuhr ich ein paarmal per Anhalter nach Boston, um in der Hafengegend umherzustreifen und uns vielleicht auf ein Schiff nach Hongkong zu schleichen und große Abenteurer à la Victor McLaglen zu werden. Am 4. Juli gingen wir alle nach Boston und schauten uns am Scollay Square nach Bienen um, die gar nicht da waren. Die meisten Freitagabende brachte ich damit zu, unter einem Apfelbaum in Centreville (Lowell) mit Moe Cole sämtliche verfügbaren Broadwaymelodien zu singen: und Mann, waren wir gut! Und später sang sie eine Zeitlang mit Benny Goodmans Band. Einmal während des Sommers kam sie am hellen Nachmittag zu mir, in einem eng anliegenden Kleid, so rot wie ein Feuerwehrauto, und mit hohen Absätzen, huii. (Liebesgeschichten erwähne ich kaum in diesem Buch, denn ich glaube, meine Verblendung bestand nur zum kleinsten Teil darin, mich den Launen verliebter Mädchen zu fügen.)

Aber der Sommer ging vorüber, und ich kümmerte mich überhaupt nicht um meine Chemie, und dann kam der Zeitpunkt, zu dem mein Vater, der bis dahin als Linotypist auswärts gearbeitet hatte, manchmal in Andover (Massachusetts), manchmal in Boston, manchmal in Meriden (Connecticut), endlich eine feste Anstellung fand, und zwar in New Haven (Connecticut), und die Familie beschloß, dorthin zu ziehen. Meine Schwester war inzwischen verheiratet. Als wir packten, ging ich umher und betrachtete die Bäume Pawtucketvilles in der sternklaren Nacht und schrieb traurige Gedichte, «ich breche ab meine Zelte und wandre weiter», aber darum ging's ja nicht.

Eines Abends kam meine Cousine Blanche und unterhielt sich mit Ma in der Küche, zwischen Kisten und Schachteln. Ich saß draußen auf der Veranda und lehnte mich weit zurück, mit den Füßen auf dem Geländer, und schaute zum erstenmal in meinem Leben hinauf zu den Sternen. Eine klare Augustnacht, die Sterne, die Milchstraße, der ganze Zauber klar. Ich starrte und starrte, bis sie zurückstarrten. Wo zum Teufel war ich, und was sollte das alles?

Ich ging ins Wohnzimmer und setzte mich in den alten, tiefen Lehnstuhl meines Vaters und träumte den wildesten Tagtraum meines Lebens. Das ist wichtig, es ist der Schlüssel zur ganzen Geschichte, mein liebstes Weibchen:

Während sich Ma und meine Cousine in der Küche unterhalten, träume ich mit offenen Augen, daß ich jetzt für mein zweites Jahr aufs Columbia College zurückgehe, mein Zuhause ist in New Haven, vielleicht nicht weit vom Yale Campus, mit gedämpftem Licht im Zimmer und Regen auf dem Sims und Nebel vor den Fenstern, und ich bin ganz groß im Football und beim Studium. Ich bin ein solch sensationeller *runner*, daß wir jedes Spiel gewinnen, gegen Dartmouth, Yale, Princeton, Harvard, Georgia U., Michigan U., Cornell, die ganze verdammte Liga, so daß wir im Rose Bowl-Endspiel sind. Im Rose Bowl renne ich sogar noch toller als Cliff Montgomery. Onkel Lu Libble wirft zum erstenmal in seinem Leben die Arme um mich und weint, genau wie seine Frau. Die Jungen in der Mannschaft heben mich im Rose Bowl-Stadion im Pasadena hoch und tragen mich singend zu den Kabinen. Nach meiner Rückkehr auf den Columbia Campus im Januar – Chemie habe ich inzwischen mit einer Eins bestanden – beschließe ich gelangweilt, im Winter Hallen-Leichtathletik zu treiben. Ich entscheide mich für die Meile und laufe sie glatt unter 4 Minuten (das war damals noch schnell). So schnell sogar, daß ich zu den großen Veranstaltungen im Madison Square Garden eingeladen werde und die derzeit größten Meilenläufer jeweils im phantastischen Endspurt schlage und meine Bestzeit allmählich auf 3:50 herunterdrücke. Jetzt schreit die ganze Welt Duluoz! Duluoz! Aber, ich bin noch immer nicht zufrieden und beschließe im Frühjahr gelangweilt, mich für das Baseball-Team Columbias zu bewerben. Ich schlage *homeruns* glatt über den Harlem River, pro Spiel einen oder zwei, spurte blitzschnell von einem Mal zum anderen, vom ersten zum zweiten, vom zweiten zum dritten, und schließlich, im entscheidenden Spiel, stehle ich mich vom dritten Mal ins Ziel, flitzen, rutschen, Staub, bums! Jetzt interessieren sich die New York Yankees von der Profiliga für mich. Ich soll ihr neuer Joe DiMaggio werden. Ich lehne gelangweilt ab, denn ich möchte, daß Columbia auch 1943 wieder im Rose Bowl dabei ist. (Hah!) Doch dann, in irren mitternächtlichen Meditationen über einem faustischen Totenkopf, nachdem ich Kreise auf die Erde gezeichnet habe, nachdem ich hoch oben im Turm der gotischen Riverside-Kirche mit Gott gesprochen habe, nachdem ich Jesus auf der Brooklyn-Brücke begegnet bin, nachdem ich Sabby die Rolle des Hamlet am Broadway verschafft habe (und selbst im Theater gegenüber den König Lear gespielt habe), nach alldem werde ich zum größten Schriftsteller, der je gelebt hat, und schreibe ein Buch, so golden und mit solch magischer Anziehungskraft auf die Käufer, daß man auf der Madison Avenue die Hände über dem Kopf zusammenschlägt. Selbst Professor Claire verfolgt mich auf seinen Krücken über den Columbia Campus. Mike Hennessey, Hand in Hand mit seinem Vater, stürmt die Treppen zu meinem Wohnheim herauf, auf der Suche nach mir. All die Schüler von HM singen in den Feldern. Bravo, bravo Autor! rufen die Menschen im Theater, wo ich mein neuestes, aus Langeweile geschriebenes Stück zur Aufführung bringe, ein Schauspiel, das Eugene O'Neill und Maxwell Anderson Konkurrenz macht und Strindberg aussticht. Schließlich kommt eine Delegation von Zigarren kauenden Typen zu mir und fragt, ob ich daran interessiert bin, für einen Kampf um die Weltmeisterschaft im Schwergewichtsboxen mit Joe Louis zu trainieren. Okay, gelangweilt trainiere ich in den Catskill-Bergen, komme an einem Juniabend zurück, stehe dem starken und großen Joe gegenüber, der Ringrichter gibt seine Anweisungen, und sobald der Gong ertönt, stürze ich blitzartig aus meiner Ecke und bombardiere Joe dermaßen, daß er tatsächlich im Bogen über die Seile fliegt und in der dritten Zuschauerreihe landet und k. o. liegen bleibt.

Ich bin der Boxweltmeister aller Klassen, der größte Schriftsteller, der Weltrekordler im Lauf über eine Meile, spielte um den Rose Bowl (und könnte jederzeit anfangen, bei den New York Giants Football zu spielen), ich kann mir jede beliebige Stellung bei jeder beliebigen Zeitung in New York aussuchen, was noch? Jemand an Tennis interessiert?

Ich erwachte plötzlich aus diesem Tagtraum und wußte, daß ich nur auf die Veranda zurückgehen und zu den Sternen aufschauen mußte, doch als ich das tat, starrten sie immer noch so leer auf mich herab.

Mit anderen Worten: es wurde mir plötzlich klar, daß alle meine Ambitionen, gleich wie sie ausfallen, und sie fallen ziemlich durchschnittlich aus, wie du obigen Ausführungen entnehmen kannst, daß es also ohnehin nicht darauf ankommt, denkt man an die Entfernung, die zwischen menschlichem Streben und dem «Seufzen der glücklichen Sterne» liegt, wie ich es mal mit Thoreau nennen möchte.

Es kam einfach nicht darauf an, was ich tat, irgendwo, irgendwann, mit irgendwem; wie gesagt: Das Leben ist komisch.

Es wurde mir plötzlich klar, daß wir alle verrückt waren und daß wir uns um nichts zu kümmern hatten, außer um die nächste Mahlzeit und das nächste Schläfchen.

Gott im Himmel, was ist das bloß für eine täppische, schwerfällige, alberne Welt, wo die Leute tatsächlich glauben, sie könnten durch dieses und jenes, auf die eine oder die andere Weise etwas erreichen, und besudeln damit doch nur ihre heiligen Gräber, im Namen der Besudelung heiliger Gräber.

Chemie, Schlemie ... Football, Schmootball ... Der Krieg muß mir in die Knochen gefahren sein.

Als ich nach dieser verrückten Träumerei wieder zu den Sternen hochschaute, als ich meine Mutter und Cousine noch immer in der Küche quasseln hörte, jetzt über Teeblätter, als ich gar meinen Vater in der Kegelbahn gegenüber schreien hörte, da wurde mir klar, daß entweder ich verrückt war oder die Welt. Und ich tippte auf die Wel^

Und natürlich hatte ich recht.

II

Wie dem auch sei, mein Vater war jedenfalls schon nach New Haven vorausgefahren, das heißt er trat seinen Job in West Haven an, und er hatte, ohne sich anzustrengen, im Neger-Getto New Havens eine «Wohnung» für uns gefunden, und wenn's euch nicht paßt, dann sucht selber was. Nicht daß meine Mutter oder mein Vater oder ich selbst etwas gegen Neger hatte, Gott segne sie, aber Glasscherben und Scheißhaufen auf dem Boden, zerschlagene Fensterscheiben, Flaschen, abbröckelnder Verputz, die ganze Bescherung. Ma und ich folgten dem Möbelwagen mit der Eisenbahn nach, kamen bei Morgengrauen in New Haven an, ein muffig und moderig riechender Nebelschleier hängt jetzt kurz vor Sonnenaufgang über den Lagerschuppen, und auf den wärmer werdenden Straßen gehen wir zu dieser beschissenen «Wohnung» im zweiten Geschoß. «Der Mann spinnt wohl», sagt Ma. Sie, die all das Packen und Planen besorgt hatte, die auch noch die Treppe hinuntergefallen war und sich an der Hüfte und am Bein verletzt hatte, als sie unserer armen Katze Ti Gris nachgerannt war (in der Gershom Avenue), sie steht jetzt da, hoffnungsvoll in ihrer Parfumwolke, doch erschöpft von der nächtlichen Bahnfahrt mit ihren unendlich lächerlichen Aufenthalten in Worcester und ähnlich unmöglichen Orten, und sie findet eine Wohnung vor, die nicht einmal der schäbigste Hausbesitzer in Lowell oder Taschkent an einen kleinen kurdischen Kuhbauer oder einen räudigen Roßhändler von der Äußeren Twangolei vermieten würde, ganz zu schweigen von Frankokanadiern, die an Wohnungen mit blitzblanken Fußböden ebenso gewöhnt sind wie an Weihnachtsfreude, geboren aus «Armschmalz» und Hoffnung.

Wir rufen also Pa an, er sagt, er habe nichts Besseres gefunden, er werde aber einen frankokanadischen Makler und Fuhrunternehmer anrufen und sehen, ob sich nicht doch was anderes finden läßt. Es stellt sich heraus, daß Fromage, der frankokanadische Fuhrunternehmer, in West Haven nicht weit vom Savin Rock-Park eine kleine Hütte am Meer hat. Unsere Möbel stehen inzwischen im Lagerhaus in New Haven. Ti Gris, mein kleines Kätzchen, ist irgendwo unterwegs aus seiner kleinen Schachtel gesprungen, als die Fahrer des Möbelwagens eine Pause für eine Mahlzeit einlegten, und ist auf Nimmerwiedersehen in den Wäldern New Englands verschwunden. Während sie die Möbel im

Lagerhaus umherschieben, sehe ich, wie sich eine von Mas Kommoden öffnet, und in ihr liegen Mas lange Unterhosen, Kruzifixe, Rosenkränze, Gummibänder, Spielzeug; plötzlich sehe ich, wie verlassen Leute sind, die von zu Hause wegziehen und sich auf Gedeih und Verderb irgendwelchen Straßenräubern anvertrauen. Aber dieser Frankokanadier, ein alter Kerl von vielleicht sechzig Jahren, hat jenen wunderbaren, Hoffnung weckenden frankokanadischen Tonfall und sagt: «Vorwärts, nehmt's nicht so schwer, *là bas* [ihr da], rauf mit dem Zeug, Regen hin, Regen her –» es goß in Strömen – «damit Sie endlich in Ihre neue Hütte am Meer kommen. Ich überlasse sie Ihnen für sechzig Dollar den Monat, das ist doch nicht schlecht?» Wir kaufen uns sogar eine Flasche für unterwegs, und alle steigen in den Lastwagen, der Mann, dann Pa, dann ich, in die Ecke gegen die Tür gedrückt, und Ma zwischen Pa und mir. Los geht die Fahrt, im Regen. Wir fahren hinaus an die Küste der Long Island-Bucht, und da steht die Hütte.

Sie parken den Möbelwagen, die anderen frankokanadischen Möbelpacker kommen, und rums, alles wird abgeladen und im Eiltempo in die Hütte getragen. Das Gebäude hat zwei Stockwerke, drei Schlafzimmer im ersten Stock, Küche, Wohnzimmer, Heizung, was willst du mehr? Voller Freude über die neue Lage und etwas beschwipst von der Flasche ziehe ich meine Badehose an und laufe durch den Schlamm zum Strand, während von der Bucht her ein peitschender Wind weht. Oh, diese heranrollenden Wellen, diese drohenden Ungeheuer aus grauem Wasser und Gischt, doch mir steht der Sinn nach Vergangenem und Zukünftigem.

Du mußt nämlich wissen, mein Weibchen, wie das war, als ich zum erstenmal das Meer sah. Ich war drei Jahre alt, und irgend jemand nahm mich zum Salisbury-Strand mit, oder vielleicht war's der Hampton-Strand, ich erinnere mich, daß mir jemand fünf Dollar versprach, wenn ich meine Badehose anzöge, und ich weigerte mich. Ich schloß mich damals immer auf der Toilette ein. Niemand durfte mich damals auch nur teilweise nackt sehen. Doch ich stand da und schirmte meine Augen mit meinen kleinen, drei Jahre alten Händen und schaute weit über das Meer hinaus, zum Horizont, und ich glaube, ich sah damals, wie es wirklich war, das eigentliche wogende Grau, auf dem naturgemäß die Arche Noah treibt, auftauchend und dann wieder verschwindend, ihr Ächzen und Knarren, das Flattern der Segel im peitschenden Wind, das Spritzen und Lecken des Kielwassers: Da sagte ich zu mir: «O du, der da Selbstgespräche führt, welch königliche Woge dort draußen, welch Seegang, welch Dröhnen und Klatschen . . . usw. Welche Mühe in Salz und Luke?»

Meine Mutter kauerte im Wohnzimmer ihrer neuen Hütte und schaute zu, wie ich geradeaus ins Meer hineinlief und zu schwimmen begann. Ich ließ mich von einer Welle hinauf zu ihrem Kamm tragen und sank im nächsten Augenblick wieder in ein Wellental, ich schmeckte die salzige Gischt, ich ließ mein Gesicht und meine Augen vorwärts ins große Meer klatschen, ich sah es auf mich zukommen und lachte, laut, durchfurchte das Wasser, mich auf und ab bewegend, bis mir vom Steigen und Fallen schwindlig wurde, sah den Horizont in der grauen verregneten Ferne, verlor ihn gleich wieder in einer riesigen Welle und griff nach einem Boot, das hier vor Anker lag, und sagte: «Wir haben es geschafft.»

Bei Gott und allen Heiligen, wir hatten es geschafft! Ich stieg in das Boot und ließ mich eine Weile darin schaukeln, Seite, Seite, achtern, achtern, sah zurück, meine Ma winkte, ich lachte und sprang wieder ins Meer. Unter Wasser schaute ich absichtlich senkrecht nach unten, um das dunklere Grau dort zu sehen ... Mach das nie am Morgen eines großen Tags, tauche nie zum Meeresgrund während eines Regensturms, um zu sehen, wie es tiefer drin in Neptuns unglückseligen *clous* [Klauen] aussieht.

Drei silberne Klauen auf blauem Grund.

III

Und am nächsten Tag scheint die Sonne, wie um den Kummer meiner Eltern noch zu vergrößern, die sich bemühen, beim Auspacken einen mehr oder weniger glücklichen Eindruck zu machen, und ich ziehe wieder die Badehose an und schwimme schnurgerade hinaus, eine Meile weit, bis zur nächsten Sandbank. Ich klettere auf die Sandbank (ich bin schon oft zur Übung den Merimack hinauf und herunter geschwommen, parallel zum Boulevard), und an einem Nachmittag bin ich vielleicht hundertmal den Pine Brook auf und ab geschwommen, ein paar Meilen oder so, komme also zu dieser Sandbank und mache ein Schläfchen in der frühen Septembersonne. Als es anfängt, dunkler zu werden, spült das Wasser um meine Zehen. Ich stehe auf und schwimme zu unserer Hütte zurück, die ich in einer Meile Entfernung sehen kann. Langsam, langsam, immer langsam schwimmen, der Kopf liegt auf den Wellen wie auf einem Kissen. Da ist mein armer Pa, draußen an der Ufermauer, die Hände über den Augen, und sucht nach seinem ertrunkenen Sohn. Er sieht mich kommen. «Juchhe!» ruft er Angie, meiner Ma, zu. «Da kommt er!»

«Was?»

«Da ist er! Er ist's. Er kommt ganz langsam!» Und ich bin zurück und gehe ins Haus und frage mich, warum sie wohl solche Angst gehabt haben, «Morgen mußt du wieder zurück nach Columbia für dein zweites Jahr, hör also endlich mit deinen Mätzchen auf. Lauf hinunter zur Ecke, es ist nur eine Meile, kauf die Abendzeitung, Eiscreme, Zigaretten, Zigarren, hier hast du Geld ...»

«Es wird uns hier prima gefallen», sagt Ma.

«Bei Unwettern wird das Meer deinem Wohnzimmer einen Besuch abstatten», hätte ich sie warnen sollen.

Es war nur ein Ausflugsziel im Sommer, verlassen im Herbst und Winter, und diese Bucht kann von Dezember bis März gewaltig aufmucken. In einer großen Villa auf den Felsen, etwa eine halbe Meile weiter drunten am Strand wohnte Helen Twelvetrees, die alte Schauspielerin. Meine Ma hat später sogar einmal mit ihr gesprochen.

Bill Keresky von der HM, du wirst dich erinnern, und Gene Mackstoll und noch ein Junge kamen in einem Sportwagen, um mich für das neue Jahr nach New York mitzunehmen. Um meinen Koffer zu packen, ging ich auf den Boden und wollte bestimmte Dinge herunterholen, und ich krachte mit beiden Füßen durch die trügerisch dünne Decke und schlug hart auf, mit einem Balken genau zwischen den Beinen, und ich heulte. Nach einer halben Stunde hatte ich's vergessen. Wir stiegen ins Auto, ich gab meinen Eltern den Abschiedskuß, und los ging's, nach New York.

Sie fuhren mich ohne Umwege direkt zum Baker-Sportpark, zu der Trainingshalle der Columbia University, und da stand Lu Libble im Speisesaal und erklärte seine Strategie an der Wandtafel; die Footballer saßen um ihn herum und schauten und hörten zu, und alle schauten mich vorwurfsvoll an, weil ich einen Tag Verspätung hatte. Nach oben, in die Falle. Am Morgen Frühstück und Salpeter, damit wir nicht auf dumme Gedanken kamen, Duschen, Bandagen, Muskelkater, unter der heißen Septembersonne Anrennen gegen blöde Puppen, die von den Hilfstrainern gehalten wurden, Idioten mit Kameras, die uns filmen, während wir unsere Haken schlagen. Wie standen Columbias Chancen dieses Jahr? Schlecht, soweit ich das sehen konnte, denn der einzige echte Footballspieler unserer Mannschaft, der *quarterback* Hank Full, war ins Marine-Corps eingetreten, erst gestern, und war dabei, uns zu verlassen. Thackeray Carr war nicht schlecht. Der große Turk Tadzic aus Pennsylvania brannte darauf zu spielen, aber sie mußten ihm erst Haftschalen anpassen, er spielte *end*. Der große Ben Kurowsky war wütend auf mich, weil ich im Training seinem Angriff ausgewichen war, und im Duschraum hob er mich mit ausgestreckten Armen hoch in die Luft und sagte: «Du kleines Schwein.» Dann fauchte er Chad Stone an, den er wegen seiner Größe nicht hochheben konnte. Chad und ich hatten die Aufgabe, Kurowsky mit dem sogenannten «oben-unten» zu stoppen, das heißt «du triffst ihn oben, ich treffe ihn unten», ich traf Kurowsky unten, und Chad traf ihn oben. Chad 1,90 Meter groß, ich 1,74. Wir konnten Kurowsky manchmal stoppen. Er war 1,93 Meter groß und wog 230 Pfund.

Vielleicht war die Mannschaft ganz gut, aber der Krieg kam.

Im Training wurde mir dann allmählich klar, daß mich der gute alte Lu Libble wieder nicht in die Mannschaft nehmen würde; ich mußte auf der Reservebank sitzen, während mir Liam McDiarmid und Spider Barth, beide in ihrem letzten Jahr an der Uni, wegen ihrer «Erfahrung» vorgezogen wurden. Sicher, sie waren gewandte und flinke *runners*, aber weder so schnell noch so stark wie ich. Lu Libble war das gleichgültig. Er beleidigte mich wieder einmal, als er vor allen anderen sagte: «So 'n toller *runner* bist du gar nicht; du beherrscht nicht mal das umgekehrte KT-79-Täuschmanöver.» Als ob ich der Täuschmanöver wegen Footballspieler geworden wäre, Herr Gott noch mal. «Ehe du dich versiehst, du mit deinen kräftigen Beinen», so kräftig waren sie gar nicht, «stelle ich dich in die Abwehrkette.»

«Und jetzt lauf und zeig mir das umgekehrte KT-79.»

Mit meinen Augen sagte ich: «Ich kann an den ersten zwei Tagen nicht schneller laufen, ich habe Muskelkater in den Beinen.»

«Na wennschon», sagte er mit seinen Augen und erinnerte mich daran, daß er mich einmal eine Woche lang mit einem gebrochenen Bein laufen ließ.

Nachts, nach dem sinnlosen großen Abendessen mit Steak und Milch und trockenem Toast, begann ich meine Lage zu begreifen: «Lu Libble wird dich in diesem Jahr nicht in die Mannschaft nehmen, nicht mal für das Army-Spiel gegen deinen großen Gegner Art Janur [der mich einmal aus dem Duschraum warf, als ich noch ein kleiner Junge an der Lowell High School war, doch Orestes Gringas verpaßte ihm die wohlverdiente Strafe], und möglicherweise nicht mal im nächsten, meinem dritten Jahr; er will aus seinem Italiener Mike Romanino einen großen Helden machen, Mike ist zwar ein großartiger Werfer, aber er läuft wie Pietryka, wie eine alte Kuh. Und Hank Full geht weg. Zum Teufel mit dem ganzen Kram. Was soll ich tun?»

Ich starrte in die Dunkelheit des Schlafsaals und dachte darüber nach, was ich tun könnte.

«Ach Pfeifendeckel, geh in die amerikanische Nacht, die Thomas Wolfe-Finsternis, zum Teufel mit diesen hochtrabenden Gangstern, sprich Football-Trainern, werde ein amerikanischer Schriftsteller, sag die Wahrheit, laß dich von ihnen und ihren Helfershelfern nicht mehr herumschubsen . . . Die Ivy League ist doch nur ein Vorwand, Footballspieler umsonst zu bekommen und amerikanische Hanswurste aus ihnen zu machen, an denen Amerika tausend Jahre lang kranken wird. Du hättest dich an Francis Fahey halten sollen . . .»

Nun, genau weiß ich nicht mehr, was mir damals alles durch den Kopf ging, ich weiß nur, daß ich am nächsten Abend, nach dem Essen, meine Sachen in meinen Koffer packte und die Treppen hinunterging, genau an Lu Libbles Tisch vorbei, wo er mit seinen Hilfstrainern saß und neue Spielzüge ausdachte. Meine Knochen rieben sich an meinen Muskeln, eine Folge des übertriebenen Trainings. Ich hinkte. «Wo geht's hin, Dulouse?»

«Hinüber nach Brooklyn zu meiner Großmutter, ich will ihr diese Klamotten bringen.»

«Es ist Samstag abend. Morgen um acht bist du wieder zurück. Pennst du dort?»

«Ja-ah.»

«Um acht bist du zurück. Wir wollen etwas Gymnastik treiben, du kennst ja die Übung, wo du dich auf den Rücken legst, den Schädel im Gras, und dich umherrollst, damit du nicht in einem Spiel dein verdammtes Genick brichst.»

«Jawohl.»

«Um acht bist du zurück. Was hast du denn da drin?»

«Wertloses Zeug. Geschenke von zu Hause, schmutzige Wäsche . . .»

«Wir haben doch Waschmaschinen hier.»

«Ich hab auch Geschenke, Briefe und ähnliches Zeug drin, Trainer.»

«Okay, um acht bist du zurück.»

Und ich ging hinaus und fuhr mit der U-Bahn nach Brooklyn, mit all meinen Habseligkeiten, holte ein paar Dollar aus dem Koffer, verabschiedete mich von Onkel Nick und sagte ihm, ich gehe zurück zum Baker-Sportpark, ging statt dessen die heißen Septemberstraßen Brooklyns hinunter, und aus jedem Friseurladen drang Franklin Delano Roosevelts Ansprache über «Ich hasse den Krieg», fuhr mit der U-Bahn zum Greyhound-Busbahnhof an der Eighth Avenue und kaufte mir eine Fahrkarte in den Süden.

Ich wollte die Südstaaten sehen und meine Laufbahn als amerikanischer Nomade beginnen.

IV

Dies war die wichtigste Entscheidung meines bisherigen Lebens. Ich sagte damit allen Leuten, springt doch in den großen fetten Ozean eurer eigenen Torheit, und ich sagte zu mir selbst, spring doch in den großen fetten Ozean deiner eigenen Torheit. Was für ein Bad!

Es war herrlich, ich war reingewaschen. Der Bus fuhr hinunter nach Maryland, und ich freute mich wie ein Wahnsinniger über die «echten Blätter des Südens». Ein Neger aus Newark saß neben mir und redete dauernd auf mich ein, er habe in der Lotterie in Newark gewonnen und beim Poker einiges verloren, jetzt sei er unterwegs zu seinem sterbenden Pa in Virginia. Ich wünschte, ich hätte genug Geld, um nach Virginia zu fahren, aber meine Fahrkarte reichte nur bis Washington, D. C. Dort fand ich ein Zimmer, in einer trostlosen Straße voller Briefkästen und Neger, die sich dagegen lehnten, ein Zimmer voller Wanzen, Hitze, konnte nicht schlafen, ging umher, und am nächsten Morgen nahm ich einen Bus zurück nach New York, wo ich umstieg und heim nach New Haven fuhr, um Pa zu besuchen. Ich war unterwegs, zum erstenmal.

Es gab ein böses Donnerwetter, aber ich erklärte ihm, daß ich fürs Eröffnungsspiel nicht aufgestellt wurde und daß es bei den anderen Spielen nicht anders sein werde, soweit ich das überblicken konnte. «Ach», sagte er, «ich hab das gleich gewußt. Genau wie auf der Lowell High School. Du hättest ein großer Footballspieler werden können, Jakky, aber niemand wollte dir eine Chance geben. Wenn ich Geld hätte und denen ein paar Dollar zuschieben könnte ...»

«Ach laß mal, der Krieg kommt, wen kümmert's?»

«Mich kümmert's!»

«Mich nicht ... wenn all die Burschen, mit denen ich groß wurde, dabei sind, wie Dicky Hampshire, zum Kuckuck, da komme ich mir ja vor wie ein Häufchen Scheiße.» (Im Französischen ist dieses Wort, *merde*, niemals unanständig, es gibt lediglich die Wahrheit wieder.) (Das mußt du mir schon glauben.)

«Und was willst du jetzt tun?» sagt Pa.

«In einer hiesigen Gummifabrik soll eine Stelle für einen Reifen-Säumer oder wie das heißt frei sein ...» An jenem Abend, als Ma und Pa zu Bett gegangen waren, saß ich in meinem Zimmer und hörte Richard Wagner, während ich auf die im Mondlicht liegende Bucht hinausschaute. Ich hätte mir nicht träumen lassen, daß ich in naher Zukunft diese Bucht auf einem Schiff befahren würde. Es war der Feuerzauber aus der *Walküre*, aber ich hatte Stirnhöhlen-Katarrh und eine Art Virus und erstickte fast.

Am nächsten Morgen erschien ich in der Gummifabrik, bekam die Stelle, verbrachte den ganzen Morgen in diesem lauten Laden voller Gummistaub damit, Reifen heranzufahren und sie mit einem Spezial-Klebstoff einzuschmieren, hatte zur Mittagspause die Nase voll und haute ab, ohne jemals Bezahlung für den Vormittag zu verlangen. Am Nachmittag, als die Schatten an der Long Island-Bucht länger wurden, ging ich hinunter, sah Hütten auf kleinen Anhöhen, mit Blick auf weitere Buchten, und kam zu einem zauberhaften Spielplatz, wo Kinder zwischen Herbstblättern zu der Musik von *In the Good Old Summertime* auf Holzpferdchen ritten. Tränen kamen mir in die Augen. Der große amerikanische heroische Footballspieler, der heroische Meilenläufer, der heroische Boxweltmeister, der Schriftsteller und Dramatiker – er war auch nur ein trauriger junger Mann, wie Saroyan mit seinem Kraushaar, der im Zwielicht der Abendsonne Kinderwonnen mitbekommt ...

Ach, wie poetisch. Ich ging nach Hause und erzählte Pa, ich könne die Stelle nicht antreten. Er sagte: «Eine Postkarte ist für dich gekommen, aus Hartford (Connecticut), von deinem kleinen Freund Joe Fortier, darauf steht, er könne dir einen Job als Schmiermaxe besorgen.»

«Okay, ich geh gleich morgen.»

«Nicht daß wir dich aus dem Haus haben wollen ... aber ich muß jeden Morgen die Meile zu der Druckerei zu Fuß gehen, deine Mutter hat letzte Woche in der Waldorf-Cafeteria die Tische abgeräumt, wie du weißt, und du hättest dich inzwischen für die Footballmannschaft qualifizieren sollen. Doch wir sitzen weiterhin in der Patsche. Warum macht ihr Kerle immer alles falsch?»

«Warte mal ab. Ich werde diesen Job als Schmiermaxe in Hartford annehmen, du wirst schon sehen.»

«Was werde ich sehen, du Rotznase?»

«Du wirst sehen, daß ich ein großer Schriftsteller sein werde.»

«Kein Duluoz war jemals ein großer Schriftsteller ... dieser Name existiert nicht im Literaturbetrieb.»

«Es ist kein Betrieb ...»

«Es gibt einen Hugo, einen Balzac ... nicht dein Modepüppchen Saroyan mit seinen neumodischen Titeln.»

Doch tags darauf war Pa schon vor dem Frühstück draußen am Strand, sammelte Muscheln und genoß die frische bretonische Luft. Ma war gut aufgelegt und briet Schinken und Eier. Ich hatte bereits gepackt; ich mußte nur etwa eine Meile weit gehen und dann mit der Straßenbahn ins Stadtzentrum von New Haven fahren, von wo es dann mit der Eisenbahn weiter nach Hartford ging. Die Sonne schien auf die Ufermauer.

Nachdem ich ihnen gezeigt hatte, wie man schwimmt, sollte man meinen, ich hätte ihnen auch zeigen können, wie man besser schwimmt als die anderen.

V

Ich bekam die Stelle in Hartford, es ist kein wichtiger Abschnitt in diesem Buch, höchstens die Tatsache, daß ich jetzt zum erstenmal ein eigenes Zimmer hatte, in einer billigen Pension in der Hauptstraße, und ich mietete eine Kofferschreibmaschine, Marke Underwood, und wenn ich abends müde von der Arbeit nach Hause kam, nachdem ich vorher in einer Kneipe nebenan mein allabendliches billiges Steak gegessen hatte, setzte ich mich hin und schrieb zwei oder drei neue Erzählungen, jeden Abend; die ganze Sammlung dieser Erzählungen nannte ich *Atop an Underwood*, es lohnt nicht, sie heute zu lesen oder gar hier abzudrucken, aber für den Anfang waren sie nicht schlecht. Wenn ich aus dem Fenster sah, war da nichts als eine nackte Mauer, so daß ich mir mit der Zeit wie Melvilles *Bartleby the Scrivener* vorkam, dessen Fenster eine ähnliche Aussicht bot und der immer sagte: «Ich weiß, wo ich bin.» Auch Kakerlaken waren da, aber wenigstens keine Wanzen.

Ich hatte praktisch kein Geld, bis ich am Fünfzehnten bezahlt wurde. Infolgedessen fiel ich eines schönen Tages vor lauter Hunger in Ohnmacht, in der Atlantic Whiteflash-Tankstelle, wo ich zusammen mit ei-

Wenn ich Geld hätte . . .

... wenn und hätte. Wenn vom Geld die Rede ist, hat der konditionale Konjunktiv Dienst. Wenn ich Geld hätte, dann ... Wenn ich früher gespart hätte ... Wenn ich weniger verbraucht hätte, könnte ich ...

Die Grammatiker sprechen in solchen Fällen von «potentialer, hypothetischer, irrealer oder diplomatischer Bedeutung des Konjunktivs». Aber es gibt feine Unterschiede: Der Satz «Wenn ich ein Vöglein wär' und auch zwei Flüglein hätt'» enthält eine nicht mögliche Bedingung für die zweite Aussage «flög ich zu dir». Der Gliedsatz «Wenn ich Geld hätte» stellt dagegen keine unmögliche Bedingung, sondern nur eine, die nicht oder noch nicht eingetreten ist, aber durchaus im Bereich des Möglichen liegt. Man hätte eben nur ... – schon wieder Konjunktiv. Geld scheint nicht auf Befehl zu kommen.

nem Burschen namens Buck Shotwell Schmiermaxe war. Er fand mich auf dem Boden der Werkstatt. «Was ist denn los, zum Teufel? Wach doch auf.»

Ich sagte: «Ich habe seit zwei Tagen nichts mehr gegessen.»

«Ach du lieber Gott, komm mit mir nach Hause, meine Mutter wird dir was kochen.» Er fährt mich zum Haus seiner Mutter in Hartford, und sie, krummbeinig, fett und bei Tisch höflich, gibt mir einen Liter Milch, Bohnen, Toast, Hackbraten, Tomaten, Kartoffeln, die ganze Chose. Buck leiht mir bis zum Fünfzehnten zwei Dollar. Wir tragen beide einen schmierigen Overall.

Als die Geschäftsleitung der Tankstellen herausfindet, daß ich kein Super-Schmiermaxe bin und von Autos herzlich wenig verstehe, stellen sie mich an die Benzinpumpe, und ich muß Benzin pumpen und Scheiben waschen und Öldosen öffnen, und eine Schnauze aufstecken und Öl in die Öllöcher gießen. Zu der Zeit mußte man als Tankwart nur ein Deckelchen von der Ölbüchse abnehmen und das Öl hineingießen, aber man mußte wissen, wo sich all die kleinen Ölbüchsen befanden. Inzwischen war es Herbst geworden, «alter, melancholischer Oktober», und ich schrieb: «Es ist etwas Altes und Goldenes und Verlorenes / in dem seltsamen, uralten Licht. / Es ist etwas Zartes und Liebendes und Trauriges / in des Oktobers kupferner Kraft . . . Es fehlt etwas . . . traurig, traurig, traurig. / Es geht etwas zu Ende . . . alt, alt, alt./», es war wunderschön, der Schmerz des fallenden roten Laubes, und dann zog der alte silberne November auf, er brachte mattere Gerüche und grauere Himmel, den Geruch von Schnee.

Ich war glücklich, abends in meinem Zimmer, und schrieb meine *Atop an Underwood*-Erzählungen im Saroyan-Hemingway-Wolfe-Stil, so gut mir das eben mit meinen neunzehn Jahren gelang . . . Doch manchmal sehnte ich mich nach einem Mädchen. Einmal ruhte ich mich im Gras vor unserer Tankstelle in East Hartford aus und sah ein sechzehnjähriges Mädchen vorbeigehen, mit Grübchen hinter den Knien, im Fleisch der Kniebeuge, hinten, und ich folgte ihr in eine Schnellgaststätte und machte mit ihr einen Treffpunkt aus, im Wald hinter dem Fabrikgebäude von Pratt & Whitney. Wir unterhielten uns einfach und schauten den Flugzeugen nach, die über uns wegflogen. Aber wir machten den Fehler, genau um fünf Uhr zusammen den Wald zu verlassen, als all die Fabrikarbeiter in ihren Autos Pratt & Whitney verließen, tut tut, wuh wuh, jippiiih, und all das, und wir wurden beide rot. Doch ein paar Tage später sorgte ich in der Wohnung ihrer Tante dafür, daß dieses Erröten nicht umsonst gewesen war. Dann wurden Shotwell und ich (ohne besonderen Grund) in einer anderen Tankstelle in Farmington eingesetzt; zwei Mädchen kamen über die Straße, er sagte: «Komm mit, Jack», stürzte in den Wagen, wir folgten ihnen, luden sie ein, fuhren hinaus auf eine rostbraune Novemberwiese und ließen den ganzen

Nachmittag den Wagen hüpfen: die lächerlichen Interessen von Schmiermaxen, würde ich meinen.

VI

Ziellos in die amerikanische Nacht. Dann kommt Thanksgiving, und ich sehne mich nach meinem Zuhause, nach Puter und Küchentisch, doch ich muß fünf Stunden arbeiten, und dann klopft es an meine Kakerlaken-Tür mit der Aussicht auf die Mauer. Ich öffne: Es ist der große idealistische Sabbas Savakis mit dem Kraushaar.

«Ich dachte, ich komm heute zu dir, an diesem Tag, der eine gewisse Bedeutung haben soll in Sachen Dankbarkeit.»

«Sehr gut, Sab.»

«Warum hast du Columbia verlassen?»

«Weiß auch nicht, ich hatte einfach keine Lust mehr, herumgeschubst zu werden ... Es ist schön und gut, Sportler zu sein, wenn du glaubst, das College gibt dir etwas, aber ich kann mir einfach nicht vorstellen, daß mir das College etwas geben kann ... Ich stellte dort einen neuen Rekord im Unterricht-Schwänzen auf, wie ich dir geschrieben habe ... Ach Mann, ich weiß auch nicht ... Ich möchte ein Schriftsteller sein ... Sieh dir diese Erzählungen an, die ich geschrieben habe.»

«Es ist wie in einem traurigen Burgess Meredith-Film», sagte Sabby, «du und ich allein an *Thanksgiving* in diesem Zimmer. Sollen wir ins Kino gehen?»

«Okay. Im Cameo läuft ein guter Film.»

«Ach, den kenn ich schon.»

«Ich aber nicht.»

«Welchen hast du noch nicht gesehen?»

«Den im Olympia.»

«Du gehst also ins Olympia und ich ins Cameo. So willst du den alten Sabby an *Thanksgiving* im Stich lassen?»

«Das habe ich nicht gesagt, gehen wir doch erst essen ... Du gehst in deinen Film und ich in meinen.»

«O Zagg, das Leben ist traurig, das Leben ist ...»

«‹Das Leben ist wirklich, das Leben ist ernst›, so sagte dein Wordsworth, glaube ich.»

«Stell dir vor: Meine Schwester Stavroula hat einen neuen Job, mein Bruder Elia wuchs sieben Zentimeter in diesem Sommer, mein Bruder Pete ist Feldwebel bei der Versorgungstruppe, meine Schwester Sophia hat einen neuen Freund, meine Schwester Xanthi bekam von meiner Schwägerin einen neuen handgestrickten Pullover, einen *wunderschönen* Pullover, meinem Vater geht es gut, meine Mutter kocht heute einen großen Puter und machte Krach, weil ich hierher zu dir nach Hartford wollte, und mein Bruder Marty will Soldat werden, und mein Bruder Georgie bekommt einen Preis in der High School, und mein Bruder Chris will seinen Job an der *Lowell Sun* aufgeben und Soldat werden. Warum kommst du nicht nach Lowell zurück, um Sportberichte für die *Lowell Sun* zu schreiben?»

«Ich will *Atop an Underwood* schreiben. Hast du den von der alten Hure gehört, der aus dem ganzen Leib tausend Stacheln wachsen, wie einem Igel? Genauso viele Erzählungen kommen mir aus den Ohren heraus.»

«Aber du mußt eine Auswahl treffen.»

«Wo sollen wir essen?»

«Gehen wir doch in eine traurige Schnellgaststätte und essen die Spezialität des Tages: Puter, und du nimmst Bleistift und Papier und schreibst darüber eine Geschichte à la Saroyan.»

«Ach, Sabby, du großer alter Sabby, ich bin froh, daß du mich heute an *Thanksgiving* besuchst . . .»

«Es wird sich etwas ändern», sagt er und weint beinahe dabei, «Jakky, du solltest an der Columbia ein großer Footballstar werden oder ein Gelehrter oder weiß-ich-was; was trieb dich in dieses traurige Zimmer, mit dieser traurigen Schreibmaschine, deinem zerwühlten Kissen, deinem Hunger, deinem schmierigen Overall . . . bist du ganz sicher, daß du all das so gewollt hast?»

«Das ist doch nicht wichtig, Sab, warum hast du mir keine Zigarre gebracht? Es ist nicht wichtig, weil ich dir zeigen werde, daß ich weiß, was ich tue. Eltern kommen, Eltern gehen, Schulen kommen, Schulen gehen, aber was kann eine brennende junge Seele gegen die Mauer der ‹Wirklichkeit›, wie sie sie nennen, tun? Verdanken wir den Himmel den Entscheidungen alt gewordener Narren? Sagten die Kirchenältesten dem Lamm, wen es zu taufen habe?» (So gut habe ich mich natürlich nicht ausgedrückt, aber es entsprach dem.) «Wessen Augen sagen ‹Ja› in der Volksversammlung? Wer sagt dem blutenden Baron, was mit dem beschissenen Amerika zu geschehen hat? Wann akzeptiert die Jugend ein ‹Nein› als Antwort? Und was ist Jugend? Eine Rose, ein Schwan, ein Ballett, ein Wal, ein schillernder, kleiner, fauler Kinderkreuzzug? Ein Färberbaum neben den Schienen der Eisenbahngesellschaft Boston & Maine? Eine zarte weiße Hand im Mondschein-Kind? Ein Verlust der Almosen gewährenden Zeit? Ein Hafen voll Bockmist? Wenn Dank zu sagen uns die Ahnen ermahnen, der Puter liegt im Sterben, die Maiskolben riechen und rauchen, o Sabby, schreibe mir ein Gedicht.»

«Ich habe zufällig eines hier, hör zu: ‹Denk daran, Jack, wir dürfen nicht / verlieren / Denk daran Jack, Sonnenuntergänge / die weiterglühten / zwei lachende, schwimmende / Burschen / Ach! lang ist's her / Denk an die Nebelschleier des / frühen New England / die durchbrechende Sonne / die Bäume und Räume / voll Schönheit.› Was hältst du davon? Und dann: ‹Die Dämmerung, die Blumen, die du / nach Hause brachtest für deine / Mutter und dann zurück / zurück zur Wirklichkeit› . . .»

In Hochstimmung verließen wir die Pension und liefen die Hauptstraße von Hartford hinunter zu einer «traurigen Schnellgaststätte» und aßen die Spezialität des Tages, Puter. Und doch, bei Gott und allen Heiligen, wir trennten uns am Denkmal im Stadtzentrum, er nach rechts, ich nach links, weil wir uns verschiedene Filme anschauen wollten.

Nach dem Kino, die ersten Lichter brannten schon in der Dämmerung, trafen wir uns an derselben Ecke wieder.

«Wie war der Film?»

«Na ja, okay.»

«Ich sah Victor Mature in *I Wake Up Screaming*.»

«Und?»

«*Er* ist sehr gut; die Handlung war schwach . . .»

«Gehen wir und trinken in der Hauptstraße unser Bier . . .»

Dort versuchte einer, eine Schlägerei anzufangen, und zwar mit meinem alten Kumpel aus Lowell, Joe Fortier, der jetzt Schmiermaxe war wie ich. Ich ging auf die Toilette, gab der Tür ein paar Hiebe mit der Faust, kam heraus, ging auf den Kerl zu und sagte: «Laß Joe in Ruhe, oder du fliegst quer über die Straße», und er verschwand. Inzwischen hatte Joe mit irgend jemandem an der Bar eine lange Unterhaltung angefangen. Und zwei Wochen später schrieb mein Vater und sagte: «Komm zurück nach New Haven, wir packen und ziehen nach Lowell, ich habe eine neue Stelle bei Rolfe in Lowell.»

Damals (wie heute) war ich stolz darauf, endlich etwas geschrieben zu haben. Das Leben eines Schriftstellers basiert auf solchen Dingen. Ich werde den Leser nicht mit der Geschichte meiner Entwicklung als Schriftsteller langweilen, kann das später tun, dies ist vielmehr die Geschichte der Methoden, mit denen sich die Welt der Arbeit, einschließlich Football und Krieg, ertragen läßt.

Sechstes Buch

I

Es war die herrlichste Fahrt mit einem Lastwagen in meinem ganzen Leben: Die Möbelpacker hatten alle Möbel aufgeladen, meine Mutter war mit Schwester Nin im Auto vorausgefahren, die Möbelpacker stellten den Lehnstuhl meines Vaters ganz hinten auf die Ladefläche, direkt an die Wagenklappe, und ich konnte mich hineinsetzen, mich zurücklehnen, rauchen, singen und zusehen, wie sich die Straße im 80-km-Tempo von mir fortbewegte, wie sie sich in Schlangenlinie in den Wäldern Connecticuts verlor, wie sich das Aussehen der Wälder änderte und reizvoller wurde, je näher wir dem alten Lowell in Nordost-Massachusetts kamen. Bei Einbruch der Dunkelheit fahren wir durch Westford, oder jedenfalls nähern wir uns der Gegend, und als meine alte Birke wieder auftaucht, trauernd vor der Silhouette der Berge, da kamen mir die Tränen in die Augen, ich kehrte heim ins alte Lowell. Es war November, es war kalt, Rauch von verbranntem Holz, rasch dahinfließendes Gewässer im Flimmern des silbernen Glanzes, mit seinem rosaroten Stirnband dort drüben, wo der Abendstern (von den einen Luzifer, von den andern Venus genannt) seine Löcher stopfte, um nicht zu verbluten, und versuchte, sich mit einem begrenzten Pochen kochenden Lichts zu begnügen.

Ach, wie poetisch. Ich sage immer wieder «ach, wie poetisch», da ich mit diesem Buch keinen poetischen Freudengesang verfassen wollte; kann ich denn überhaupt im Jahre 1967, während ich dies schreibe, noch irgend etwas für dieses «Amerika» empfinden, wo allenthalben für einen Judaslohn Überzeugungen aufgegeben werden, auf den Straßen ein Durcheinander von Tumulten und Kämpfen, Gangstertum, zynisches Regieren in Städten und Staaten, Anzug und Krawatte der einzig mögliche Gegenstand, alle Würde ist im mosaikartigen Netz des Fernsehens aufgegangen (mosaikartig bzw. mosaisch), wo die Leute wegen all dieser Pünktchen die Augen verdrehen und sie zu Halluzinationen zusammensetzen, die ihre eigene Verzerrung widerspiegeln, wo sie mit ACHTUNG! ATTENTION! ATENCIÓN! gefüttert werden, anstatt mit «Oh träumerisch wirklichen feuchten Lippen unter einem alten Apfelbaum». Oder jenes Bild in der *Time* vor einem Jahr, tausend Autos, die in einem Sequoien-Wald in Kalifornien parkten, alle neben gleichartigen Zelten, mit Markisen und Primuskochern, und all die gleich angezogenen Leute schauen sich ständig um, man mustert sich gegenseitig mit jenen neuen, neugierigen Augen der zweiten Hälfte unseres Jahrhunderts, nur gelegentlich schaut einer zu den Bäumen auf, und wahrscheinlich denkt er dann dabei: «Ach, wie gut würde sich dieses Sequoien-Holz für meine Gartenmöbel eignen!» Na ja, genug davon ... vorläufig.

Die Hauptsache bei dieser Heimkehr war, daß mein «Abschiedslied Süß von Meinen Bäumen» aus dem letzten August durch die Novemberfreuden weggespült wurde.

Aber es war schon immer so in meinem Leben, daß ich vor einer großen Katastrophe diese unerklärlichen Zustände bekomme, ich bin dann trübsinnig, faul, schläfrig, krank, deprimiert; meine Seele ist schwarz, und ich lasse die Flügel hängen. Diese erste Woche in Lowell, in einer schönen, neuen, sauberen kleinen Wohnung im ersten Geschoß eines Zweifamilienhauses in der Crawford Street, nachdem alles ausgepackt war und ich den alten Schreibtisch aus meiner Kindheit zwischen Fenster und Heizkörper aufgestellt hatte und mich dann hinsetzte, mit meiner Pfeife, und mit Tinte ein neues Journal zu schreiben begann, da konnte ich nichts anderes tun, als über die Worte und Gedanken Feodor Dostojewskis zu brüten. Zufällig befaßte ich mich zuerst mit einem seiner düstersten Werke, den *Aufzeichnungen aus einem Totenhause*. Um Mitternacht, bei hellem Mondlicht, ging ich auf knirschendem Schnee die Moody Street entlang und spürte etwas Furchtbares, das es früher in Lowell nicht gegeben hatte. Einmal war ich «der heimgekehrte Versager», zum andern hatte ich den Zauber New Yorks und Columbias eingebüßt, hatte die Euphorie des jungen Studenten ebenso verloren wie den Glanz Manhattans, ich schleppte mich wieder zwischen den Ziegelmauern der Fabriken dahin. Mein Pa schlief neben mir in seinem Doppelbett, und sein Schnarchen klang wie das hohle Dröhnen des Windes. Ma und Nin schliefen zusammen im anderen Doppelbett. Das Wohnzimmer, mit seinen alten, überladenen Möbelstücken und dem alten Tafelklavier, war während des Winters abgeschlossen. Und ich mußte mir einen Job suchen.

An einem Sonntagabend kam ich aus dem Royal-Kino, ganz erregt, denn ich hatte eben Orson Welles' *Citizen Kane* gesehen – Herr Gott, was für ein Film! Ich wollte ein Genie des poetischen Films sein, wie Welles. Ich rannte nach Hause, um ein Film-Drehbuch auszudenken. Es schneite und war kalt. Ich hörte, wie ein vorbeirennender kleiner Zeitungsjunge rief: «Die Japsen bombardieren Pearl Harbour!» Und am nächsten Tag: «Kriegserklärung an Japan und Deutschland!» Es war, als ob ich gespürt hätte, daß das kommen würde, genauso wie ich Jahre danach, am Abend vor dem Tod meines Vaters, versucht hatte, oder versuchen würde, um den Häuserblock zu gehen, und statt dessen den Kopf hängenließ und kaum die Füße vom Boden brachte ... doch davon mehr gegen Ende dieses Buches.

Jetzt hatte ich also nichts anderes zu tun, als darauf zu warten, daß mich die Kriegsmarine im Rahmen ihres V-2-Programms einer Prüfung unterzog, um zu sehen, ob ich für die Marine-Luftwaffe geeignet war. Um in der Zwischenzeit einen Job zu haben, ging ich zum Gebäude der *Lowell Sun* und fragte nach dem Besitzer der Zeitung, Jim Mayo, vielleicht brauchte er einen Beifahrer für den Lieferwagen, der die Stöße von Zeitungen zu den Händlern brachte; er sagte: «Bist du nicht der Jack Duluoz, der vor ein paar Jahren ein Footballstar an der Lowell High School war? Und in New York, war es nicht bei Yale?»

«Columbia.»

«Und du wolltest Journalist werden? Warum solltest du jetzt Laufbursche spielen? Hier, bring diesen Bericht zur Sportredaktion und sage denen, daß du ab Montag morgen dort als Sportreporter arbeitest. Ist doch klar, Junge!» – Klaps auf die Schulter – «Wir sind nicht alles Hinterwäldler hier. Fünfzehn Dollar die Woche sind okay für den Anfang.»

Er fragte nicht, damals fragten Arbeitgeber nicht, doch einen Moment lang stellte ich mir begeistert vor, wie ich meinen College-Sportsakko nebst Hemd hervorholte und mich täglich mit frischem Hemd und Krawatte an meinen Schreibtisch setzte, im Zauber der geschäftigen Morgenstunden.

II

Den ganzen Januar und Februar hindurch war ich also ein Sportreporter-Küken bei der *Lowell Sun*. Mein Pa war sehr stolz. Er hatte in der Tat ein paarmal einen Tag lang an der Setzmaschine in unserer Drukkerei zu tun, und ich brachte ihm dann stolz einen meiner maschinegeschriebenen Artikel (etwa über ein Basketballspiel der Lowell High School) und gab ihn ihm, während er an seinem Setzregal stand, und wir lächelten beide. «Standhaft, mein Junge, *découragez ons nous pas, ça va venir, ça va venir.*» (Das heißt: Wir dürfen uns nicht entmutigen lassen, es wird kommen, es wird kommen.)

Zu der Zeit fiel mir der Ausdruck «die Verblendung des Duluoz» ein, und er wurde zum Titel eines Romans, an dem ich nun jeden Tag an meinem Schreibtisch in der Redaktion schrieb; ich begann damit immer um die Mittagszeit, denn ich brauchte nur die drei Stunden von neun bis zwölf, um die Arbeit des ganzen Tages zu erledigen; ich schrieb schnell, war gut auf der Schreibmaschine und trug ohne große Anstrengung das Material für mein Manuskript zusammen. Sobald sich um die Mittagszeit das unruhige Redaktionsbüro leerte und ich allein war, holte ich das Manuskript meines geheimen Romans aus seinem Versteck und schrieb weiter daran. Ich hatte nie in meinem Leben mehr Spaß am Schreiben als damals, da ich gerade James Joyce entdeckt hatte und glaubte, *Ulysses* nachzuahmen (in Wirklichkeit ahmte ich *Stephen Hero* nach, wie ich später entdeckte, recht unreife, aber nichtsdestoweniger aufrichtige Anstrengungen, «kraftvoll» und «vielversprechend», wie sich Arch MacDougald, der örtliche Kulturpapst, später ausdrückte). Ich hatte James Joyce entdeckt, den Bewußtseinsstrom, der ganze Roman liegt vor mir. Es waren einfach die tagtäglichen, nichtssagenden Begebenheiten um «Bob» (mich), Pater (meinen Pa) usw. usw., all die anderen Sportreporter, all meine Kumpel, wie sie abends drunten im Kino oder in Kneipen sitzen, all die Studien, die ich in der Stadtbibliothek von Lowell wiederaufgenommen hatte (in großem Stil, meine nachmittäglichen Trainingsstunden im YMCA, die Mädchen, mit denen ich ausging, die Filme, die ich sah, meine Unterhaltungen mit Sabbas, meiner Mutter und Schwester, einfach ein Versuch, ganz Lowell so darzustellen, wie das Joyce mit Dublin gemacht hatte.

So lautete zum Beispiel die erste Seite so: «Bob Duluoz wachte plötzlich auf, überraschte sich selbst damit, schwang seine Beine gewandt unter der warmen Decke hervor. Seit zwei Wochen jetzt, Tag für Tag, was soll das, zum Teufel, bin ich doch eines der größten Faultiere dieser Erde. Stand auf ohne zu zittern, im kalten grauen Morgen.

In der Küche brummte Pater.

‹Beeil dich, es ist schon nach neun.›

Duluoz, der verrückte Galgenvogel. Er setzte sich auf sein Bett und dachte nur für einen Moment nach. Wie mach ich's? Trübe Augen.

Ein Morgen in Amerika.

‹Wann kommt die Post?› fragte Pater und brummt.

Duluoz der Scheißer sagt: ‹So gegen neun.› Uuuaaagäähn. Er las seine weißen Socken auf, die nicht mehr sehr weiß waren. Er zog sie an. Sollte Schuhe putzen. Alte Socken unter der Kommode, verstauben langsam; nimm sie. Er rieb seine Schuhe, bis sie glänzten. Dann mit Schwung in die Hosen, Klirren, Klirren, Klirren, Klirr. Schlüsselkette und etwas Geld und zwei Schlüssel, einer für die Haustür, einer für den Umkleideraum der Berufstätigen im hiesigen YMCA. Hiesig . . . dieser Saustall von Zeitungswelt. Freie Mitgliedschaft zu $ 21 . . . Duschen, Trockenrudern, Basketball, Laufbahn, Schwimmen usw., auch Radio. In mei-Händen das Schicksal des Presse-Erfolgs des ‹Y›. In meinen Händen das. Presseerfolg. Bob Duluoz, der rasende Reporter. Wie ihn Socko nennt.

Ein Morgen in Amerika.»

(Und so fort.)

Kapiert?

So fängt man als Schriftsteller an, mit dem Nachahmen der Meister (ohne wie besagte Meister zu leiden), bis man seinen eigenen Stil findet, und wenn du deinen eigenen Stil gefunden hast, macht es keinen Spaß mehr, denn jetzt kannst du nicht mehr die Leiden irgendeines anderen Meisters nachahmen, sondern nur noch deine eigenen.

Das absolut Schönste in jenen Winternächten war für mich, meinen schnarchenden Vater in seinem Zimmer zurückzulassen, mich in die Küche zu schleichen, das Licht anzumachen, den Teekessel aufzusetzen, meine Füße in das Backfach des Ölofens zu stecken, mich zurückzulehnen und in meinem Schaukelstuhl das Buch Hiobs zu lesen, bis in die kleinsten Details, von vorne bis hinten, und Goethes *Faust*, und Joyces *Ulysses*, bis zum Morgengrauen. Nach zwei Stunden Schlaf dann zur *Lowell Sun*. Erledigte die Zeitungsarbeit bis Mittag, schrieb ein Kapitel an dem «Roman». Aß zwei Hamburgers im Weißen Turm am Kearney Square. Ging zum Y, trainierte, boxte sogar den Sandsack und lief die 300 auf der Bahn im Obergeschoß ziemlich schnell; dann mit dem Notizbuch in die Bibliothek, wo ich H. G. Wells las und mir ausführlich Notizen machte, von Anfang an, mit den Reptilien aus dem Mesozoikum, und ich hoffte, noch vor dem Frühjahr bei Alexander dem Großen angelangt zu sein, und ich schlug tatsächlich alle Anspielungen Wells', die mich stutzig machten oder interessierten, in der *Encyclopaedia Britannica* (11. Aufl.) nach, die in den alten halbkreisförmigen Regalen stets griffbereit stand. «Wenn ich fertig bin», so schwor ich mir, «werde ich alles, was je auf dieser Erde geschehen ist, bis ins letzte Detail wissen.» Doch damit nicht genug: in der Abenddämmerung nach Hause, Abendessen, bei Tisch Streit mit meinem Vater, ein Nickerchen, und dann zurück zur Bibliothek, zur zweiten Runde meines Vorhabens, «alles auf der Erde zu lernen». Wenn dann die Bibliothek um neun Uhr schloß, war ich erschöpft von diesem Mammutprogramm, und am Eingang wartete immer der alte, traurige Sabbas auf mich, mit seinem melancholischen Lächeln, er hatte Lust auf eine Eisbombe oder ein Bier, egal was, wenn er nur irgendwelche unterwürfigen Komplimente mit mir tauschen konnte.

Dies ist nicht eigentlich ein Buch über Sabby, drum eile ich weiter ...

III

Und wer würde heute auch nur das Schmalz in seinen Ohren für das geben, was Superintendent Orrenberger sagte, wenn etwas schon *The* Commonwealth heißt, so wie Massachusetts, dann ist das normalerweise eine Bruthöhle von Dieben.

Wie gesagt, von Sabby und meiner Familie einmal abgesehen: wenn das Porzellan des alten Winters im Märzwind zu schmelzen begann, dann ging es mir durch den Kopf, daß ich bei der Zeitung kündigen sollte, um mich auf den Weg zu machen, nach Süden. Nur gut, daß mich Jeb Stuart 1862 nicht traf, wir hätten ein sauberes Rebellengespann abgegeben. Ich liebe den Süden, ich weiß nicht warum, es sind die Leute, die Vornehmheit, die Achtung deiner eigenen Vornehmheit, die Mißachtung deines *beau regard*, das aufrichtig empfundene «Wie du mir, so ich dir», vor allem aber die Sprache: «*Boy Ah'm a-gonna tell you naow, I'm going South.*» An einem Nachmittag habe ich den Auftrag von der *Lowell Sun*, den Trainer der Baseballmannschaft des Lowell Textile Institute, Yard Parnell, zu interviewen, doch als ich nach Hause komme, um mich für das Interview, nur ein paar Straßenblöcke entfernt, vorzubereiten, setze ich mich einfach in mein Zimmer und starre die Wand an; ich rebellierte und sagte: «Scheiß die Wand an, ich gehe nirgendwohin, und niemand wird interviewt.» Sie riefen an, ich ging nicht ans Telefon. Ich blieb einfach zu Hause und starrte gegen die Decke. Moe Cole kam ein paarmal herüber und setzte sich auf die Couch, und das am hellen Werktag. Ob nun Ariadne von einem Schafbock bestiegen wurde oder einen Schafbock besteigen wollte: wo liegt da der Unterschied für einen neunzehnjährigen Jungen?

Ich bin der Nachkomme des Jean-Baptiste LeBri de Duluoz, eines Zimmermeisters aus St. Hubert im Distrikt Temiscouata in Quebec, der sein eigenes Haus in Nashua (New Hampshire) baute, der bei Gewittern seine Erdöllampe hin und her schwenkte und Flüche auf Gott ausstieß: «*Varge!* [Schlag zu!], *frappe!* [triff!], *vas y!* [mach schon!]», und «ich dulde keine Widerrede», und wenn er Frauen auf der Straße begegnete, dann sagte er ihnen, wohin sie gehen könnten, mit all ihrem Getue und Gehabe und Gelüste nach Schmuck, jawohl. Die Duluoz-Familie war immer wütend. Zeugt das von bösem Blut? Duluoz, meine väterliche Ahnenreihe, es ist nicht Französisch, es ist Kornisch, es ist Kornischkeltisch (die Bezeichnung für die Sprache ist «Kernouak»), und sie sind immer wütend und streiten sich immer wegen irgend etwas, in ihnen liegt nichts vom «zornigen jungen Mann», sondern vom «erbosten alten Mann» des Meeres. Mein Vater sagt an jenem Abend: «Hast du den Baseballtrainer im Textile Institute interviewt?»

«Nein.»

«Warum nicht?» Keine Antwort. «Hat dieser Mike Hennessey in seinem Brief aus New York irgend etwas davon erwähnt, daß dich Lu Libble wieder in seiner Mannschaft haben will?»

«Alles mögliche, er überlegt sich, ob er in die Marine-Reserve gehen soll, er sagt, es gebe einen Vorbereitungskurs für Studenten im zweiten Jahr, ich glaube, da mache ich mit.» Aber Pas Gesicht (Paters Gesicht) sagte irgend etwas Sarkastisches, und ich sage: «Warum machst du so ein Gesicht? Du glaubst nicht, daß ich jemals aufs College zurückgehe, nicht wahr? Du traust mir überhaupt nie etwas zu.»

Ma seufzte. «Jetzt geht's wieder los.»

«Das habe ich nicht behauptet!» rief Pa wütend. «Aber mit offenen Armen werden sie dich nicht gerade aufnehmen, so wie du sie im letzten Herbst im Stich gelassen hast . . .»

«Ich ging damals weg, weil ich der Familie helfen wollte, das war jedenfalls einer der Gründe, doch es gab noch andere . . . ich sollte nicht meine Zeit damit verschwenden, sie einem alten Arschloch zu erklären, selbst wenn du das sein solltest, verdammt noch mal, der Trainer kotzt mich an, ich hatte die Nase voll, es ekelte mich an, ich wußte, der Krieg kam, ich machte mich aus dem Staub, ich wollte eine Weile raus und Amerika kennenlernen.»

«Die Promenadenmischung Amerika? Das fromme Schmu York? Glaubst du, du kannst dein ganzes Leben das tun, was dir gerade Spaß macht?»

«Allerdings.»

Er lachte: «Armes Bürschchen, hahaha, du hast ja keine Ahnung, gegen was du da anrennst, du bist ein Duluoz, wir kommen aus der Bretagne und aus Cornwall, wir kommen mit anderen Leuten nicht aus, vielleicht stammen wir von Piraten ab oder von Feiglingen, wer weiß, wir können nämlich Ratten nicht ausstehen, jener Trainer war eine Ratte. Du hättest ihm eine auf die Bananen-Nase hauen sollen, anstatt dich wie ein Feigling davonzuschleichen.»

«Sicher, sicher, angenommen, ich hätte ihm eine gewischt . . . könnte ich dann dorthin zurückgehen?»

«Wer sagt denn, daß du zurückgehst? DU wirst Columbia nicht mehr von innen sehen, bestimmt nicht.»

«Das wird sich noch zeigen, verdammt, auch wenn's dir nicht paßt! Stell mir doch ein Ultimatum! Hätte ich mein ganzes Leben auf deine aufmunternden weisen Sprüche gehört, wäre ich längst in Lowell verfault!»

«Du weißt es vielleicht nicht, aber du bist in diesem Augenblick dabei, in Lowell zu verfaulen.»

«Ach der Gedanke gefällt dir wohl, was? Du hättest wohl gern meine Gesellschaft, während du in Lowell verfaulst.»

«Aaach, du bist nichts weiter als eine kleine Rotznase, du warst einmal vor Jahren das feinste, süßeste, unschuldigste Kind, und jetzt – schau ihn mal einer heute an.»

«Jawohl, schau mich an, sag mir, Pa, ist die Welt unschuldig?»

Ma warf ein: «Warum hört ihr zwei nicht auf, euch dauernd zu streiten? Ich habe in meinem ganzen Leben noch nie einen solchen Tumult in einem Haus erlebt, *eh maudit* warum läßt du ihn nicht in Ruhe, Emil, er weiß schon, was er will, er ist alt genug zu wissen, was er will.»

Pa stand schnell vom Tisch auf und ging zur Tür: «Freilich, freilich –» das halbe Abendessen stand noch auf dem Tisch – «halte nur zu ihm, er ist dein ein und alles, meinetwegen, glaub ihm doch, aber das eine will ich dir sagen: Du wirst oft genug hungern müssen, wenn du ihm glaubst, laß ihn doch tun, was er will, aber komm dann nicht zu mir und heul mir was vor, wenn du Hunger hast. Verdammt!» schrie Pa weiter.

«Verdammt!» schrie ich. «Sie wird nicht hungern, ich kann es ihr vielleicht im Moment nicht vergelten, aber eines Tages werde ich es ihr vergelten, millionenfach . . .»

«Sicher», sagte Pa, während er aus dem Zimmer ging, um seiner letzten Bemerkung die gewünschte Dramatik zu verleihen, «du wirst es ihr vergelten, wenn sie im Grab liegt.» Und draußen war er, im eiskalten Wohnzimmer, vor Wut kochend und aufstampfend, ein Duluoz in Rage. Ma schaut mich ernst an und schüttelt den Kopf:

«Ich habe noch nie einen solchen Mann gesehen. Ich weiß nicht, wie ich fünfundzwanzig Jahre mit ihm leben konnte, wenn du etwas wissen willst, komm zu mir, hör nicht auf ihn, sonst wirst du wie er, er hat noch nie etwas auf eigene Faust getan . . . er ist eifersüchtig darauf, daß du fortgehen und etwas aus deinem Leben machen wirst, hör nicht auf ihn, sprich nicht mit ihm, er macht dich nur wütend . . .

Er war schon immer so», fügt Ma hinzu, «seine ganze Familie ist verrückt, seine Brüder sind noch schlimmer als er, verrückte Spinner, die ganze Bande, in Kanada wußte das jeder . . .»

Okay, ich auch.

Krruuuuaaauuu! tönte draußen die Eisenbahn, okay, morgen packe ich meine Sachen und fahre nach Süden, ich bin wieder unterwegs.

IV

Ich schickte mein Kündigungsschreiben an die Zeitung, packte meine Tasche, kaufte eine Fahrkarte für den Bus und fuhr geradewegs nach Washington, D. C., wo mein griechischer Kumpel aus alten Lowell-Tagen, G. J., ein Bett für mich hatte. Ich teilte es mit ihm, während im anderen Doppelbett Bone schlief, ein alter Bauarbeiter aus dem Süden, der morgens aufstand, sich mit einem chinesischen Rückenkratzer den Rükken kratzte, stöhnte und sagte: «Ach Scheiße, muß wieder zur Arbeit.» Für mich verkörperten die verschnörkelten Fassaden, von denen es in Washington, D. C., nur wenige gibt, droben in der Gegend der New Hampshire Avenue, eine Art New Orleans-Romantik, nach der ich mich allmählich sehnte, und G. J. und ich gingen am ersten Abend aus und zogen durch die Bars, und hier sitzt diese große Brünette an einem Tisch mit ihrer Freundin und sagt zu mir: «Kommste mit auf einen Spaziergang?»

«Klar», sag ich, «und besorg zwei Zeitungen.»

Wir breiten die zwei Zeitungen auf dem Gras unter einer Eiche im U.S. Soldiers' Home Park aus und sorgen dafür, daß sich die Zeitungen bezahlt machen.

Als mich dann am ersten Morgen der rückenkratzende Bauarbeiter, ein Südstaatler, mit trüben Augen zum Pentagon-Bauprojekt fährt, sieht er in der Ninth Street einen armen Neger auf einem Fahrrad und sagt:

«Heh, Kleiner, willst 'n Nigger?» Noch nie in meinem Leben hatte ich solche Worte gehört. Ich sagte:

«Was soll 'n das heißen, fahr ihn nicht um.» Er fuhr so nahe heran, daß er beinahe das Rad des Arbeiters getroffen hätte. Ich mochte den alten Bone nicht besonders. Beim Pentagon mußte ich zehn Dollar zahlen, um in die Gewerkschaft aufgenommen zu werden, und dann, ein paar Tage später, bekam ich einen Job als Blecharbeitergehilfe. Hui! Gleich am ersten Tag arbeite ich mit diesem betrunkenen Blechner zusammen, der nicht mal weiß, wohin das Blech eigentlich kommt, er geht zum Mittagessen oder sonstwohin, kommt nicht zurück, und ich finde ein Loch in all dem Holz und Dreck und schlafe mich bis fünf Uhr aus. Am nächsten Morgen sehe ich, daß mein Blechner-«Meister» nicht wieder da ist, und krieche wieder in mein Loch, um zu schlafen, da liegen schon drei dicklippige Neger drin und schnarchen, doch es gelingt mir, zu ihnen hineinzuschlüpfen und auch bis fünf Uhr zu schlafen.

Bin ich deswegen ein henkelohriger Kanuck?

Ein Neger mit einer Schaufel über der Schulter singt am nächsten Nachmittag *St. James' Infirmary*, so schön, daß ich ihm 8 km quer über die Baustelle folge, nur um jedes Wort und jede Note zu hören. (Vergaß zu erwähnen, daß ich auf meinem Weg nach Washington in jenem Frühjahr, 1942, in New York Station machte, nur um Frank Sinatra hören zu können und ihn zu sehen, Frank Sinatra, der im Paramount-Kino sang, ich stehe in der Schlange mit zweitausend kreischenden jüdischen und italienischen Mädchen aus Brooklyn, ich bin so ziemlich, nein ich *bin* tatsächlich der einzige Junge in der Schlange, und dann sind wir drin, und der alte Frank kommt auf die Bühne und nimmt das Mikrofon in die Hände, faszinierende Ringe an seinen Fingern, graues sportliches Jackett, schwarze Krawatte, graues Hemd, und er singt *Mighty Like a Rose* und *Without a song . . . the road would never end* und andere.) Und jetzt folge ich also dem alten St. James über den ganzen Platz, und tags darauf hält mich nichts mehr zurück, und ich gehe in die Wälder Virginias und sitze den ganzen Tag dort, soviel ich weiß ist es der nördliche Teil der seit dem Bürgerkrieg berühmten Wildnis, und singe *Carr-y Me Back to Old Virginny.*

Doch es kommt noch schlimmer: Eines Tages habe ich in meiner Gesäßtasche einen halben Liter Gin, und ich fahre per Anhalter vom Pentagon-Bauprojekt über die Potomac-Brücke, und der Bursche läßt mich in der Pennsylvania Avenue aussteigen, direkt vor dem Kapitol; im Laufe des Tages habe ich mir bei irgendeiner Arbeit die Vorderseite meiner Hose zerrissen, ich muß sie zusammenhalten, sonst flattert mein Ding in der Brise. Als ich das Kapitol, die amerikanische Flagge, Pennsylvania Avenue sehe, greife ich nach der Flasche in meiner Gesäßtasche, um einen Schluck zu nehmen, und mein Ding kommt raus und salutiert die amerikanische Flagge und das Kapitol. Mann, wenn Jefferson, Jackson oder Washington das gesehen hätten, uiii!

Bestimmt der wunderlichste Schluck Gin, den je einer im alten Washington, D. C., zu sich genommen hat.

V

Darüber hinaus gab ich meinen Job als Bauarbeiter auf und bekam eine Stelle hinter der Theke einer Schnellgaststätte im Nordwesten Washingtons, und eines Abends sollen mein Kumpel aus West Virginia und ich einen Sack Kartoffeln aus dem Keller holen und stolpern und fallen die Treppe hinunter und brechen uns nicht das Genick. «Bist du verletzt?» frage ich ihn.

«Nein, alles okay. Es ist nur», sagt er, mit einem träumerischen Blick nach Westen, «es ist nur, ich kann keine Treppen mehr steigen, ich fall dauernd hinunter, mich hat's so richtig erwischt.»

«Hmm?»

«Mich hat's erwischt, Junge, ich bin verliebt.» Ich gehe wieder nach oben, mit den Kartoffeln und da steh ich nun, mit dieser riesigen Kochmütze auf dem Kopf, und zwei Mädchen sind an der Theke, und eine von ihnen, die hübsche Brünette, gibt mir einen Stoß pornographischer Spielkarten:

«Ich wette, du kannst mir nicht sagen, wo diese Hand ist. Gefallen dir die Bilder?»

«Klar.»

«Weißt du was, gib doch diese Hungerleider-Stelle auf und zieh zu mir, ich sorge für dich, das einzige, was ich verlange, ist, daß du nicht mit Neger-Schicksen herumspielst, sonst steck ich dir 'n Messer zwischen die Rippen.» Ich zog also zu Annie aus Columbus (Georgia). Eines Abends, als sie gerade unter mir stöhnt «Jack, du bringst mich nnnoch uhuhum», klopft es an die Tür, und eine wunderbar wehmütige Stimme singt schmachtend:

«Annie, es ist Bing. Es ist nur dein alter Bing.»

«Geh nicht an die Tür», flüstert sie, «es ist nur der alte Bing.»

«Bing Crosby?»

«Nein, doch nicht Bing Crosby.»

«Hört sich so an.»

«Psst. Er wird schon gehen.»

«Und eines schönen Tages läßt du mich so vor der Tür stehen, was, Annie aus Georgia?»

In der Zwischenzeit streiften G. J. und ich auf der Suche nach weiteren Bienen in den Parks umher, in der Abenddämmerung sprechen wir von Vögeln in den Zweigen über unseren Häuptern, über Lowell, aber im Laufe des Abends betrinkt er sich und wird zornig und zieht seine

Schere heraus und sagt, er werde einer Hure die Brüste abschneiden. Ich und Bone halten ihn zurück.

Annie fand einen neuen Freund, nahm uns in ihrem Wagen in ein Autokino mit, wir sahen, wie sich Henry Fonda während des großen Footballspiels in *The Human Animal* in seiner Hängematte vollaufen ließ, und ich wurde so ausgelassen und fröhlich, daß ich eine leere Ginflasche glatt über die Bäume Virginias schleuderte und dem Vollmond, der auch dabei war, ein «Wa-huuuuu» entgegenrief. Virginia lag hinter mir.

Ich nahm den Bus zurück nach Lowell und dachte speichelleckend an Moe Cole.

VI

So ist das, wenn man zwanzig ist, Krieg hin, Krieg her, aber der Krieg war da . . .

Nun gut, Moe Cole und was damit zusammenhängt und andere, Marleine usw., doch jetzt fuhr ich mit Timmy Clancy nach Boston, per Anhalter, um in die Marine der Vereinigten Staaten einzutreten. Wenigstens offiziell, inoffiziell hatte ich mir inzwischen den Paß des Coast Guard besorgt, mit dem ich Boston verlassen konnte, mit Fingerabdrücken und Paßbild, und ich trieb mich in der Halle der National Maritime Union herum und wartete auf ein Schiff, und nachdem ich und Clancy jetzt designierte Marineinfanteristen waren, fuhr er per Anhalter die vierundzwanzig Meilen nach Lowell zurück, um sich auszuruhen und John Adams zu lesen, ich ging jedoch zum Scollay Square hinunter, um mich zu betrinken und mich mit Matrosen zusammenzusetzen; am nächsten Morgen wachte ich auf, und wir torkelten zur Matrosenhalle, und zu meiner Überraschung sagte der Ausrufer der Gewerkschaft in sein Mikrofon: «Küchenjunge für die S.S. *Dorchester*.»

«Was hat ein Küchenjunge zu tun?»

«Pfannen und Töpfe waschen.»

«Und wohin fährt das Schiff?»

«Nach Murmansk, mein Junge.»

«In Ordnung, ich mach den Küchenjungen.» Ich warf meine Karte hin, und sie nahmen mich und einige dieser anderen Burschen, und am selben Nachmittag ging ich an Deck der S.S. *Dorchester*, mit meinem Seesack; wir betranken uns an dem Abend und sangen in Nachtklubs in South Boston und Charleston und blödelten herum, verfolgt von Polypen, und im Morgengrauen kamen Truppen an Bord, dann eine Menge Leute, und bevor ich wußte, wie mir geschah, dampfte diese große Badewanne, genannt S.S. *Dorchester*, aus dem Bostoner Hafen in Richtung Nordpol, begleitet von Zerstörern der US-Marine auf der Steuerbordseite und von Beibooten des Coast Guard auf der Backbordseite, leb wohl Boston, leb wohl Amerika, leb wohl US-Marine.

Es war nicht absichtlich. Die Marine verfolgte mich nie deswegen. Weil nämlich die *Dorchester* zu einem international bekannten Denkmal für den Mut der Handelsmarine wurde, wenn wir das auch zu dem Zeitpunkt nicht ahnen konnten, mit all den Schmortöpfen, den speziellen Schmortöpfen, die in ihren Kojen ächzten, und den gewöhnlichen Schmortöpfen.

VII

Während Timmy Clancy in Lowell darauf wartete, von der Marine einberufen zu werden, war ich also tatsächlich mit der S.S. *Dorchester* unterwegs zum Nordpol, mit einem Haufen Besoffener: Indianer, Polacken, Spaghetti, Juden, Iren, Promenadenmischungen (Franzmänner wie ich), Schweden, Norweger, Krauts und alle möglichen Schwachköpfe, wie mongoloide Idioten und säbelrasselnde Moros und Filipinos und einfach alles, was man sich vorstellen kann, die phantastischste Mannschaft. Aber an Bord war auch die Bemannung der Schiffskanonen, mit ihren orangefarbenen Schwimmwesten, sie bedienten die Oerlikon-Schiffsabwehrkanonen. Um in dieses Testament aufgenommen zu werden: die besten Grüße aus dem Himmel (geschrieben mit einem großen Hah).

Autsch. Laß mich nochmals ein wenig zurückgehen, Sabby Savakis war auch ein paarmal mit mir nach Boston gefahren, auch mit Clancy, er wollte der gleichen Einheit beitreten wie ich. Sagte: «Ich möchte mit dir auf diesem Schiff fahren.»

«Besorg dir die Papiere.» Ging hinunter zum Coast Guard, bekam aber seine Papiere nicht so schnell wie ich. Das Dumme war, er sah nicht wie ein Matrose aus, sondern eher wie ein kraushaariger Ziegenhirte aus Sparta. Seefahrer kommen aus Cornwall, sag ich dir.

So war es zu spät, und er weinte, als er mich gehen sah, doch ich sagte: «Ich sehe die Blumen des Todes in den Augen meine Schiffskameraden, es ist vielleicht besser, wenn du auf dieser Fahrt nicht dabei bist.»

«Aber siehst du nicht die Blumen des Todes in *meinen* Augen?»

«Doch, aber ich kenne ihren Ursprung nicht ... Sabby, ich möchte nur für längere Zeit von dir und Lowell und New York und Columbia weg sein, allein sein und über das Meer nachdenken ... Laß mich bitte eine Weile allein fahren.» (Du lieber Kerl, hätte ich natürlich hinzufügen sollen.) Bevor wir ausliefen, am letzten Morgen (ich habe das schon in meinem Buch *On the Road* beschrieben), betrank ich mich dermaßen, daß ich mich im Scollay-Square-Café um das Klosettbecken schlang und die ganze Nacht durch von tausend Matrosen und Seeleuten angepißt und angespien wurde, und als ich am anderen Morgen aufwachte und sah, wie beschmiert und bekleckert und unaussprechlich schmutzig ich war, ging ich einfach wie ein guter alter Bostoner hinunter zu den

Docks an der Atlantic Avenue und sprang ins Wasser, wusch mich, griff nach einem Stück Treibholz, kam heraus und ging zu meinem Schiff, einigermaßen sauber.

Du hältst nichts von Matrosen in Kriegszeiten? Gegen Denkmäler kommst du nicht an, meine Liebe.

Siebtes Buch

I

Wenn ich heute zurückblicke, dann meine ich: Hätte Sabby seine Coast Guard-Papiere rechtzeitig bekommen und wäre mit mir auf diesem Schiff gefahren, dann hätte er vielleicht den Krieg überlebt. Es war im Juni 1942, als ich mit einer kleinen schwarzen Tasche voller Lumpen und einer Sammlung klassischer Literatur im Kleindruck, nur ein paar hundert Gramm schwer, in der Nähe des Hauses meiner Mutter an einem weißen Zaun vorbeiging; es war auf dem Weg zum Nordpol, als ich mit Timmy Clancy per Anhalter nach Boston fuhr (er wurde später Staatsanwalt in Essex County, Massachusetts). Ich kam mir wirklich vor wie Melville, der seine kleine schwarze Tasche packt und sich auf den Weg nach New Bedford macht, um Walfänger zu werden. Wäre Sabby mit mir an Bord gekommen, hätte er vielleicht nach dieser, ihrer zweitletzten Fahrt die *Dorchester* verlassen können, um anschließend mit mir nach Liverpool zu gehen usw. Aber genauso wie ich die Blumen des Todes in den Augen der meisten meiner Schiffskameraden sah, so hatte ich die Blumen des Todes auch in seinen Augen gesehen. Er trat ein paar Monate später in die Armee ein. Blumen des Todes, wie Baudelaire auf seinem schiefen Balkon im seufzenden Barri genau wußte, sind überall und jederzeit und für jedermann.

Weit vorausspähende Zerstörer begleiten uns, als wir den Bostoner Hafen und diese Gewässer in Richtung Norden verlassen und in die Gewässer Maines vorstoßen, und weiter zu den Ufern Neufundlands, wo wir vom Nebel verschluckt werden, und das Wasser in den Speigatten, aus dem Meer geschöpft, damit wir unsere Eimer darin waschen können, wird immer kälter. Wir befinden uns nicht in einem Geleitzug, es ist erst 1942, keine Vereinbarung der Alliierten und Briten, nur die S.S. *Dorchester* und ihr Schwesterschiff, die S.S. *Chatham*, auf dem Weg in den Norden, mit einem Frachter, der sich U.S. *Alcoa Pilot* nennt, und umgeben von Korvetten und Beibooten und Zerstörern und Geleitzerstörern und angeführt von – du solltest mir jetzt gut zuhören – dem alten hölzernen Eisbrecher des Admirals Byrd (*North Star*). Fünfhundert Zivilisten, Bauarbeiter: Zimmerleute, Elektriker, Planierraupenfahrer, Hilfsarbeiter, alle in Wollhemden einer rasch wachsenden Alaska-Siedlung, und obwohl das ganze Leben nichts als Totenkopf und Rippengestell, durch die wir Brot und Brennstoff schieben, nur damit wir so unbändig (wenn auch nicht gerade schön) brennen können, fuhren wir jetzt per Schiff nach Grönland, «des Lebens zarte Kinder» auf einer

See, Samstag, den 18. Juli, Ölfeuerung-Transport, aus dem Pier der Merchant Miners in Boston, ein Teil der Mannschaft trägt feststehende Messer und Säbel bei sich, eher aus halbromantischer Neigung als aus Notwendigkeit, erhöhte Achterdecks, dort lese ich immer die Comic Strips, Pulver und Munition in der Achterdeck-Kabine, keine zehn Fuß vom Vorderdeck, wo unsereiner seine Koje hatte, vor uns schäumend hohe See und Wolken ...

Doch ich will mich um echte Seemannsart bemühen. Eine Prämie, wenn du auf dem Pulvermagazin schläfst, klingt das eher nach Kapitän Blah? Die Belegschaft der AGWI-Linie, Besitzer des Schiffes, glanzvolle und rebendunkle See. Der Anker ist befestigt, und wir laufen aus, zwischen den beiden Leuchttürmen des Bostoner Hafens durch, nur die *Chatham* folgt uns, eine Stunde später entdecken wir in der Ferne einen Zerstörer auf unserer Backbordseite und einen leichten Kreuzer (tatsächlich) auf der Steuerbordseite. Ein Flugzeug. Ruhige See. Juli. Morgens, eine lebhafte See. Vor der Küste Maines. Dichter Nebel in der Frühe, dunstig am Nachmittag. Baumstamm. Alle Augen spähen nach dem Periskop. Herrlicher Abend zuvor mit den Kanonieren der Armee (nicht Marine, ich bitte um Verzeihung) neben der großen Kanone, auf dem Grammophon liefen Schlagerplatten, die Boys von der Armee scheinen viel aufrichtiger als die gefühllosen, zynischen Hafenarbeiter. Hier einige Notizen aus meinem persönlichen Logbuch: «Hie und da gibt es ein paar annehmbare Leute, etwa Don Gary, der neue Küchenjunge, ein vernünftiger und freundlicher Bursche. Er hat eine Frau in Schottland, trat in die Handelsflotte ein, um nach Schottland zurückzukommen. Ich sprach mit einem der Passagiere oder Bauarbeiter, einem gewissen Arnold Gershon, einem ernsten jungen Mann aus Brooklyn. Und mit einem anderen Burschen, der in der Schlächterei beschäftigt ist. Abgesehen davon waren meine Annäherungsversuche bisher vergeblich, fast lächerlich. Ich bemühe mich sehr, aufrichtig zu sein, aber anscheinend ist der Mannschaft verbittertes Fluchen und unflätiges Geschwätz lieber. Nun, wenigstens bin ich als Unverstandener dem Helden eines Films näher.» (Kannst du dir einen solchen Mist im Tagebuch eines Küchenjungen vorstellen?) «Sonntag, 26. Juli: Ein herrlicher Tag! Klar und windig, mit bewegter See, die aussieht wie ein Ölgemälde . . . lange, gefleckte Wellenberge aus blauem Wasser, das Kielwasser unseres Schiffs wie eine leichtende grüne Straße . . . Backbord Neuschottland. Die Cabot-Straße liegt hinter uns.» (Wer ist Cabot? Ein Bretone?) (Sprich Ca-boh.) «Und weiter hinauf in nördliche Gewässer. Ah, dort wirst du die verborgene Arktis finden.» (Dieses Gewäsch von ausgeprägtem Meerespalaver, diese schwangere, schneeverrückte Eisberg-Ebene, diese verdammte Dschingis Khan-Ebene von Meerespflanzenpalaver, gebrochen nur von hochspritzendem Schaum.)

Klarer Fall, mein Junge, für die Erde sind die Indianer zuständig, doch das Meer gehört den Chinesen. Weiß du, was das heißt? Frag mal die Burschen, die jene alten Karten zeichneten, oder frag den alten Fischer von Cathay, und welcher Indianer hätte es je gewagt, von den lachsreichen Flüssen Nordamerikas nach Europa oder Hawaii zu segeln? Wenn ich Indianer sage, meine ich Ogallag.

«Heute abend, während ich dies schreibe, befinden wir uns im gefährlichsten Abschnitt unserer Reise zu jenem geheimnisvollen Land im Norden ... in bewegter See dampfen wir voran, an der Einmündung des St. Lorenz-Stromes vorbei, in kristallklarem Mondenschein.» (Gut genug für einen Duluoz, Abkömmling des Gaspé und des Cape Breton.) «Dies ist das Gebiet, wo in jüngster Zeit so manches Schiff versank.» (Stets auf dem laufenden durch die Nachrichten der New Yorker Abendzeitung.) «Der Tod schwebt über meinem Bleistift. Was ich empfinde? Ich empfinde nichts als düsteres Mich-fügen.» (Oh Eugene O'Neill!) «Eine Art Geduld, eher traumhaft als wirklich. Die großen Kartenspiele, die gewaltigen Kartenspiele und Würfelspiele finden im Speiseraum statt, Pop ist dabei mit seiner Zigarettenspitze, mit der Mütze des Küchenchefs, irres, breites, wüstes Lachen, einige einfache Arbeiter geben sich dem Spiel hin, das Bild wird von unmöglichen Charakteren bestimmt, schweinische Reden werden geführt, kräftiges, warmes Licht, alle möglichen Männer gehen im Neptune aufs Ganze und verspielen ihre Heuer ... Geldsummen wechseln den Besitzer, und der Tod ist ganz in der Nähe. Welch ungeheures Spielkasino dieses Schiff doch ist ... und unser Schwesterschiff, die *Chatham*, in unserem Heck, da sieht's natürlich genauso aus. Man riskiert sein Geld, und man riskiert sein Leben. Als die Dunkelheit hereinbrach und lavendelfarbene Schleier über dem fernen Neuschottland aufzogen, leitete ein Neger, der als Bäcker arbeitete, auf dem Achterdeck einen Gottesdienst. Er hieß uns niederknien, während er ein Gebet sprach. Er sprach von Gott (‹Wir heulten›) und er betete zu Gott und erbat eine sichere Reise. Dann ging ich zum Bug und verbrachte wie gewöhnlich eine Stunde damit, der aufkommenden steifen Brise aus dem Norden ins Gesicht zu starren. Morgen müßten wir in Höhe der Küste von Labrador sein. Während ich das gerade schrieb, hörte ich vor meinem Bullauge ein Zischen, die See ist schwer, das Schiff schaukelt gewaltig auf und ab, und ich dachte: ‹Torpedo!› Ich wartete eine lange Sekunde. Tod! Tod!» (Denkt an eure Todesszenen und Todes-Trips, LSD-Benützer!) «Ich sage dir», sagt der zuversichtliche junge Jack London in seiner Koje, «ich sage dir, es ist *nicht* schwer, dem Tod ins Gesicht zu sehen.» Nein, bestimmt nicht. «Ich habe Geduld, ich werde mich jetzt umdrehen und schlafen. Und das Meer brandet weiter, gewaltig, endlos, auf immer und ewig, mein süßer Bruder [?] und Urteilssprecher [!]. Im Mondschein heute abend, in diesen gefährlichen Gewässern, sieht man die beiden Schiffe der Kriegsmarine, die uns begleiten, zwei braungelbe Seekatzen, wachsam und tief gedruckt» (O je) . . .

Heimatlose Gewässer des Nordens, das Arisch-Nordische im Kampf mit seinen rissigen netzartigen Händen.

II

Aber meine Hände waren nicht netzartig und rissig von Tau und Draht, wie dann später im nächsten Jahr als gemeiner Matrose, im Moment war ich Küchenjunge. Ich hatte eine vage Erinnerung daran, daß einst Shakespeare deswegen zeterte, wer da Töpfe wäscht und riesige Pfannen putzt, mit schmieriger Schürze, das Gesicht mit Spülwasser vollgespritzt, und das Putzen geschieht nicht mit einem Putzmittel, wie du es kennst, sondern mit einer gottverdammten Sklavenkette, in der Faust zu einer Kette geformt, *kratz, putz,* und die ganze Kombüse hebt und senkt sich träge.

O die Töpfe und Pfannen, der Spektakel ihrer Furcht, die Küche des Meeres, die Neptune hier drunten, die Herden von Seekühen, sie wollen uns melken, das Meeresgedicht, das noch nicht fertig ist, die Furcht vor dem schottischen Gutsherrn, der mit dem Pelz vom Nacken eines anderen Fuchses hinausrudert im windgepeitschten Zischen SHAOW der Irischen See dort drüben! Das Meer ihrer Lippe! Das Krachen ihrer Knochen! Das Bersten der hölzernen Arche Noahs, gebaut einst von mosaischen Schwarzen in der bedingungslosen Nacht des allumfassenden Todes.

Kurzes Kapitel.

III

All die kindlichen Kritzeleien in meinen Journals aus jener Zeit genügen uns heute nicht.

Hier kommt ein Brecher und überspült den Bugspriet, «Oh Nacht dich meidet Mann und Hund», und welcher Hund, oh Burns, oh Hardy, oh Hawkins, geht zur See, es sei denn für einen fetten Knochen?

In unserem Fall waren es fünfhundert Dollar, falls wir sicher und frei zurückkamen, und das war 1942 eine Menge Geld.

Der barfüßige Indianermatrose ging bei Dämmerung durch jedes Vorderdeck und versicherte sich, daß alle Bullaugen geschlossen waren.

Er hatte einen Säbel im Gürtel.

Zwei Negerköche bekamen wegen eines Glücksspiels, das ich nicht sah, um Mitternacht in der Kombüse ernsthaft Streit, wobei sie mit riesigen Metzgermessern herumfuchtelten.

Ein kleiner Moro-Häuptling war dritter Koch; mit seinem kleinen Nacken drehte und wand er sich, als er zuschaute.

Er hatte das längste Messer von ihnen allen in seinem Gürtel, eine erstklassige Swami-Machete aus dem alten Mindanao.

Der Kuchenbäcker galt als Schwuler, und sie sagten, er feuere immer seine Kanone in den Teig, damit wir alle etwas davon hätten.

In der Wäscherei des Stewards versuchte ein Veteran des Spanischen Bürgerkriegs und Mitglied der linken, antifaschistischen Abraham Lincoln-Brigade einen Kommunisten aus mir zu machen.

Der Chefsteward hatte so wenig für mich übrig, wie ein Stück Meerschaum für ihn oder mich oder irgend jemanden übrig hat.

Der Kapitän, Kendrick, war kaum einmal zu sehen, da er hoch oben auf der Brücke stand, und es war ein großes Schiff.

Der Chefkoch meiner Kombüse war «Prachtkerl».

Er war ein Prachtkerl von einem Neger, 1,98 Meter und fast drei Zentner.

Er sagte: «Niemand kann einen Hypo leiden.» Er war es, der immer bei Dämmerung auf dem erhöhten Achterdeck Gebete sprach . . . echte Gebete.

Er konnte mich gut leiden.

Frankie Fay der Furzer schlief bei mir im Vorderdeck und furzte dauernd. Ein anderes kleines Bürschchen mit Kraushaar aus Charlestown (Massachusetts) versuchte sich über mich lustig zu machen, weil ich die ganze Zeit Bücher las. Der dritte Mann in unserem Vorderdeck redete nicht, er war groß und hoffnungslos süchtig, glaub ich.

Was für ein Schiff.

Nach einiger Zeit gingen die Getränke aus, und die echten Trinker gingen hinunter zum Friseur, um sich die Haare schneiden zu lassen, doch in Wirklichkeit wollten sie nur eine Flasche spiritushaltiges Rasierwasser.

Die verschlagenen Bürschchen in der Kombüse schickten mich in den Maschinenraum hinunter, wo ich mir vom Ersten Maschinisten einen Schraubenschlüssel für Linkshänder geben lassen sollte. Doch über dem Dröhnen der Kolben, die die Welle zur Heckschraube antrieben, schrie mich der an: «Es gibt keinen Schraubenschlüssel für Linkshänder, du Blödmann!»

Dann gaben sie mir zu Ehren ein besonderes Essen und servierten mir das Arschloch einer Ente, mit Bataten und Kartoffeln und Spargelgras. Ich aß alles und fand es köstlich.

Sie sagten, ich sei vielleicht ein verwöhnter Footballer und College-Knabe, aber ich wisse nicht mal, daß es keinen Schraubenschlüssel für Linkshänder gibt und daß ein Entenarsch ein Entenarsch ist. Meinetwegen, ich verdiente beides.

Ich war nett zum Kuchenbäcker, und er gab mir eine braune Lederjacke, deren Ärmel mir bis übers Handgelenk reichten. Er war der Prediger auf dem Achterdeck.

Ich beschrieb Eisberge in meinem Tagebuch; das Tagebuch ist wirklich sehr gut, und ich sollte es hier zitieren, wenn da etwa steht: «Übrigens, eines unserer zwei neuen Geleitschiffe, ein kleiner Frachter, der in eine Art U-Bootjäger umgebaut worden war, steht im Mittelpunkt einer heroischen Legende. Er hat jedes U-Boot, das er in diesen kalten Gewässern aufspürte, versenkt. Ein frecher Hund: ist flink auf dem Wasser und trägt sowohl ein Minen-Wasserflugzeug als auch eine Ladung Wasserbomben und Granaten.» Und der alte Arier klagt wieder (bevor wir zu den Eisbergen kamen): «Nebel, achtern die verschwommenen Umrisse der *Chatham*, muhend wie eine trauervolle Kuh . . .»

IV

Eisberge sind ungeheure Berge aus Eis, die im nördlichen Atlantik treiben und nur ein Zehntel ihrer ganzen Masse sehen lassen, die unter Wellen verborgen, den Rumpf eines Schiffes schneller leck schlagen kann als ein schwarzäugiger Spartaner, den du provoziert hast, fähig ist, dich umzulegen, nur daß dieser Eisberg weiß und eisig und kalt ist, sich nichts draus macht, und er ist größer als die fünf Polizeiwachen und Feuerwehrgebäude in West St. Louis zusammen. Oh Budweiser, sei demütig und aufmerksam.

Und du kannst sie aus einer Meile Entfernung sehen, weiße Eiswürfel, Wellen krachen gegen ihren Bugspriet, wie ein Dinosaurier-Film in Zeitlupe. *Platsch,* langsam, der gigantische Anblick einer von gewaltigen Wogen umspülten Klippe, in diesem Fall Eis, kein «Kern», *Plauuu.* Kennst du die Bezeichnung für die kornisch-keltische Sprache? Kernuak.

Was bedeutet also Kerouac? «Kern» ist ein Steinhaufen, und «uak» heißt «Sprache von»; weiter: Ker, das Haus, ouac, Sprache von, DIES IST DIE SPRACHE DES HAUSES, DIE IN REINEN SEEMANNSTÖNEN ZU EUCH SPRICHT.

Niemand auf meinem Schiff wird mit einem Eisberg zusammenstoßen, im Leben nicht, nicht mit Kapitän Kendrick, und außerdem gibt's Schweinekotelett zum Abendessen.

V

Haste mal die Augen des Kapitäns im Ruderhaus gesehen? Beugte sich irgend jemand so oft über die Karte wie der Erste Steuermann? Dieser Zweite Steuermann, hatte er blaue Augen? Und der Dritte, war er auf Draht? Kein Schiff von der Größe der *Dorchester* kann in eine Katastrophe geraten, wenn es nicht gerade einem Genie in die Quere kommt.

Das Genie, von Dönitz, lag unter den Wellen der Belle-Isle-Straße versteckt, und wir hielten nach Schaumspuren von ihm Ausschau, oder nach Anzeichen eines Periskops, wir hielten Ausschau, in der Tat. Obwohl Hitler seinen Marine-Jünglingen empfahl, aufgeweckt und athletisch zu sein, gab es nie bessere Matrosen als die im Dienste der Vereinigten Staaten. Kein Dönitz entkommt den Fängen eines Kanadiers.

Normalerweise hat der echte Kanadier blaue Augen und ein Auge für das Meer, und auch für die Schlupfwinkel, ein echter Pirat, sag das mal dem Oberbefehlshaber irgendeiner Marine. Er leckt sich die Lippen in der Erwartung, etwas aus den Wellen auftauchen zu sehen, sei das nun ein Football, ein Scheißhaufen, eine tote Möwe, ein glücklich dahinschwimmender Albatros (falls in der Nähe des Pols) oder eine kleine Welle oder ein Seespatz oder, tatsächlich der Fischadler, jener do-do-Vogel, jener nicht-so-go-go-Vogel, jener Vogel, der auf den Wogen treibt und also spricht, zu dir und mir: «Geh hin und segle, ich bin Vogel, was auf Wasser schwimmt.» Okay. Immer in Küstennähe zu finden.

Was für eine Küste haben wir hier? Irische See? Ich seh nichts.

VI

Ich brate also den Speck für eintausend Leute, das heißt zweitausend Streifen Speck, auf einem riesigen schwarzen Herd, während Prachtkerl und die anderen Küchenhelfer sich um das Rührei kümmern. Ich trage eine Schwimmweste, o Baldwin-Äpfel. Ich höre «Bum bum» von draußen. Prachtkerl trägt auch eine Schwimmweste. Bum bum. Der Speck brutzelt. Prachtkerl schaut mich an und sagt: «Da wird einer ausgehoben.»

«Ach so.»

«Sieh zu, daß der Speck knusprig wird, und leg ihn in die Pfanne, mein Junge.»

«Klarer Fall», sag ich. «Boss.» War ja mein Boss, du verstehst das. «Was ist da draußen los, Prachtkerl?»

«Da ist 'n Haufen kanadischer Korvetten und amerikanische Geleitzerstörer, die werfen Wasserbomben auf ein angreifendes deutsches U-Boot.»

«Die greifen uns an?»

«Das kannst du laut sagen.»

«S-n--ack--w--sss», ich mußte niesen, «wieviel Uhr ist es?»

«Was willste denn mit deiner Schwimmweste?»

«Ihr habt mir doch gesagt, ich soll sie tragen, du und der Chefsteward.»

«Ja schon, aber jetzt kochst du Speck.»

«Ja schon, sicher koch ich jetzt Speck», sagte ich, «aber ich stell mir den Knaben in diesem deutschen U-Boot vor, der jetzt auch gerade Speck kocht. Und der jetzt ertrinkt und erstickt. Vergiß das nicht, Prachtkerl.»

«Ich heb niemand nicht aus, da hast du recht», sagte Prachtkerl, der groß und stark war und außerdem Blues-Sänger, aber ich hätte ihn in

jeder Schlägerei aufs Kreuz gelegt, weil er sich nicht gewehrt hätte.
Da hast du deinen amerikanischen Neger, ich will nichts mehr hören.

VII

Die See, sie spricht. Weißt du noch, warum ich eine Welle bin? Drei silberne Klauen auf blauem Grund, durch die See ergraut. Mein Gott, es ist eine polnische See. Was, Djansk? Jeder Edelmann in Rußland trug Pelz und kastrierte alles, was ihm unter die Augen kam. Djanks, Skoll, Arier.

Sklaven wagten sie uns zu nennen.

VIII

Sklaven, gewiß: Du brauchtest nur die Leibwächter Chruschtschows oder sonst irgendeinen gewöhnlich aussehenden Russen betrachten, und du erkanntest in ihm so einen Typ, der um neun Uhr morgens in den Feldern North Carolinas Kühe verkauft ... Arier ... So wie die aussehen, da glaubst du, daß dir Gott im Himmel vergeben wird ... Bei dem Anblick fangen die Huren in Amsterdam nicht nur an zu zittern, sie hören sogar auf zu stricken ... Ach ihr hochdeutschen nordischen Arier, Rohlinge meines Herzens ... Tötet mich! ... Kreuzigt mich! ... Kommt ruhig, ich hab persische Freunde.

Und was werden meine persischen Freunde tun, sich einen Schnurrbart wachsen lassen und in Jets fliegen? ... Weißt du, was Jesus meinte, als er vom Kreuz herunterrief: «Mein Gott, mein Gott, warum hast du mich verlassen?» ... Er zitierte nur einen Psalm Davids, auswendig, wie ein Poet: Er leugnete sein eigenes Königreich nicht, es wäre vermessen, das zu glauben; wirf den Schild Davids in die Mülltonne, zusammen mit dem Kreuz Jesu, wenn du so was glaubst; ich will es dir beweisen: Jesus zitierte nur die erste Zeile von Davids 22. Psalm, mit dem er schon als Kind vertraut war (ganz zu schweigen davon, daß der Anblick der römischen Soldaten, die um seine Kleider würfelten, ihn an einen Vers aus demselben Psalm erinnerte: «Sie werfen das Los um mein Gewand», und auch das: «Sie haben meine Hände und Füße durchgraben.»). 22. Psalm Davids (auszugsweise): *«Mein Gott, mein Gott, warum hast du mich verlassen? Mein Gott, des Tages rufe ich, so antwortest du nicht; und des Nachts schweige ich auch nicht [...] Ich aber bin [...] ein Spott der Leute und Verachtung des Volks. Alle, die mich sehen, spotten mein, sperren das Maul auf und schütteln den Kopf: ‹Er klage es dem Herrn; der helfe ihm aus und errette ihn, hat er Lust zu ihm.› [...] Ich bin ausgeschüttet wie Wasser, alle meine Gebeine haben sich zertrennet [...] Meine Kräfte sind vertrocknet wie eine Scherbe, und meine Zunge klebt an meinem Gaumen [...] Sie haben meine Hände und Füße durchgraben [...] Sie aber schauen und se-*

hen ihre Lust an mir [. . .] Sie teilen meine Kleider unter sich und werfen das Los um mein Gewand . . .»

Er war genau wie ein Poet, der sich an die Prophezeiungen Davids erinnerte.

Deshalb glaube ich an Jesus. Will dir sagen warum, falls du's noch nicht weißt: Jakob rang mit dem Engel, weil er seinen eigenen Schutzengel herausforderte. Typisch.

Michael steht in meiner Ecke. 2,10 Meter groß.

Sieh.

Da gehen wir.

Achtes Buch

I

Blaise Pascal sagt, wir sollen die Hilfe in der Not nicht bei uns selbst suchen, sondern bei Gott, dessen Vorsehung in Ewigkeit vorherbestimmt ist; daß die Vorausbestimmung darin besteht, daß unser Leben nichts sein soll als Verzicht, der uns für das Leben nach dem Tode im Himmel rein macht, als Seelen, befreit von diesem räuberischen, verfaulten, sinnlichen Körper – o die süßen geliebten Körper, so seit Millionen Jahren überall auf diesem seltsamen Planeten beleidigt. *Lacrimae rerum.* Ich verstehe das nicht, da ich in mir selbst nach der Antwort suche. Und mein Körper ist so dick und sinnlich, daß ich in die Seelen anderer, genauso im zitternd schwachen Fleisch gefangen, nicht eindringen kann; wie soll ich da zu dem Verständnis hinfinden, WIE ich mich mit Erfolg an Gott wenden kann. Die Lage selbst in den Blutgefäßen unserer Hände ist als hoffnungslos anzusehen, und unsere Hände sind unnütz angesichts der Ewigkeit, da nichts, das sie tun, sogar das Greifen, von Dauer sein kann.

Ich dachte also an den kleinen deutschen blonden Jungen, der in jenem Schiff unter Wasser Speck kocht, und während er so da steht, zitternd und schwitzend in seiner Schwimmweste, und trotzdem für Mannschaft und Offiziere brav das Frühstück zubereitet, hört er, wie der Rumpf des U-Boots in allen Fugen kracht und knarrt, bald sickert Wasser herein, sein Speck wird gleich naß werden, wie die sprichwörtlichen Schweine, denen Jesus die Entlassungspapiere von Satan gab und sie ins Meer springen hieß. Dann dicht dran die mächtige Explosion einer Wasserbombe, und der ganze Ozean überflutet seine Küche und spült hin und seinen Herd und sein bescheidenes Frühstück hinweg, und er ein Kind in Mannerheim, die Eiszapfen waren rein in der Wintermorgensonne, und Haydn war in der Konzerthalle am Ende der engen, mit Kopfstein gepflasterten Gassen zu hören, ach, jetzt steht ihm das Wasser bis zum Hals, und er erstickt ohnehin, wenn er an all das denkt: er erinnert sich an sein ganzes Leben. Der süße blonde deutsche Billy Budd erstickt und ertrinkt im Wasser einer versunkenen Kapsel. Seine Augen blickten mich wild an, während ich mit meiner Schwimmweste an dem schwarzen Herd der S.S. *Dorchester* stehe. Ich halte das nicht aus.

Seit jenem Moment bin ich der einzige echte Pazifist in der Welt.

Ich sehe das nicht ein, ich verstehe das nicht, ich will das nicht. Warum konnten sich unsere beiden Schiffe nicht einfach in einer verschwiegenen Bucht treffen und ein paar Höflichkeitsfloskeln und falsche Gefangene austauschen?

Wer sind diese lächelnden Teufel, die all das Geld daran verdienen? Ob sie nun Russen, Amerikaner, Japaner, Briten, Franzosen oder Chinesen sind? Hatte Tolstoi nicht vollkommen recht, als er in seinem letzten Buch, *Das Königreich Gottes liegt in Euch* (Ein Zitat Jesu), sagte, eines Tages werde das Stundenglas, in dem der Sand des Krieges rieselt, plötzlich voll sein? Oder der Tag, an dem das Wasser-Pendel plötzlich zum Frieden hin kippen wird, weil der Friedenseimer mehr Wasser bekommen hat? Das geschieht in einer einzigen Sekunde.

Außerdem, darauf werde ich später noch eingehen, hätten die Deutschen nicht unsere «Feinde» sein sollen. Ich sage dies und setze mein Leben aufs Spiel.

Und Prachtkerl sagt «Okay, mein Junge, halt den Speck bereit, und ich hab die Rühreier, und dann füttern wir eintausend Mann, auf dem Weg nach Grönland, um dort einen Luftstützpunkt zu errichten, mit schlammigen Straßen und Holzbaracken und doppelt gefütterten Jakken, so ist es, seit ich aus dem St. James-Hospital kam, hab ich mich nicht mehr so jämmerlich und niedergeschlagen gefühlt. Mein Gott, warum hast du mich verlassen?»

Überdies muß ich auch noch die Töpfe und Pfannen spülen, das Deck aufwischen, zu Bett gehen, zu Mittag vom zweiten Koch geweckt werden, einem Neger mit einem langen Stilett, und er sagt: «Steh auf, du fauler Strolch, du kommst fünf Minuten zu spät in die Kombüse.»

«Mit mir kannst du nicht so reden.»

«Ich hab dieses Messer.»

«Was geht das mich an?»

«Ich werd dem Kapitän von deinem frechen Ton in der Kombüse berichten.»

«Du hast zum erstenmal die Chance, auf jemandem herumzuhakken, stimmt's?» sag ich. Mann, wir konnten uns nicht leiden. Ich ging zum Zweiten Steuermann und bat, an Deck versetzt zu werden, aber sie lehnten ab. Ich war in einem Stahlkäfig gefangen, auf den eisigen Ozeanen des nördlichen Polarkreises treibend, nun doch noch ein Sklave.

II

Im Tagebuch steht: «30. Juli 1942: Am Abend kam aus Norden ein peitschender Wind auf und vertrieb den Nebel . . . und es war ein kalter, eisiger Wind. Wir nähern uns langsam wirklich dem Norden. Dies ist der achte Tag seit Boston, und wir sollten drei Viertel der Strecke zwischen dem Norden Neufundlands und dem Süden Grönlands zurückgelegt haben.» (Noch nicht am Polarkreis, aber ein paar Tage später.) «Dieser Wind war ein eigenartiger Wind; er kam aus dem fernen weißen Norden, und er brachte eine Botschaft öder Verlassenheit, er murmelte: ‹Der Mensch darf sich nicht zu mir wagen, denn ich bin unbarmherzig und mache keine Unterschiede, wie das Meer, und werde ihm nicht Freund und wärmendes Licht sein. Ich bin der Norden, und ich existiere nur um meiner selbst willen.› Doch von Backbord kam das Lichtsignal unseres neuen Geleitschiffs (die Schiffe der Kriegsmarine waren inzwischen durch zwei schwerbewaffnete Trawler ersetzt worden), es schickte eine andere Botschaft über die trübe graue See ... und das war eine Botschaft der Wärme und Liebe und des Trostes, die Botschaft des Menschen ... Es war ein wundervolles kleines goldenes Licht, und es signalisierte die Symbole der menschlichen Sprache. Und der Gedanke an die Sprache, hier im Busen des stummen Meeres, das war auch eine goldene warme Sache.»

Und: «Gefängnis-Schiff! schreit es in mir am Morgen, wenn ich zu meinen Töpfen und Pfannen eile. Oh, wo bist du, Prinz von Kreta, Sabbas, und dein vertrauter Ruf: ‹Am Morgen, Brüder, Mitgefühl!› ... ungefähr 1800 Meilen achtern ... aber nur zwei Fuß zu seiner Seele.»

«Doch heute morgen ging ich verschlafen an Deck, um die frische Luft am Bug einzuatmen, und fand mich in einem verzauberten Grönland-Fjord wieder. Ich war für einen Moment buchstäblich betäubt, dann verfiel ich in kindliches Staunen.» – Na klar – «Eskimos glitten in ihren Kajaks an uns vorbei, lächelten ihr seltsames Zahnlücken-Lächeln. Und oh, da fiel mir jener Ausspruch Wolfes ein, in glanzvollem Triumph, in all seiner Wahrheit: *‹Morning and new lands ...›* Denn hier war der schläfrige, betäubte Morgen, frisch und sauber und fremdartig ... und hier war ein neues Land ... das einsame, öde Grönland. Wir kamen an einer Eskimo-Siedlung vorbei, es muß die gewesen sein, die auf der Karte in der Nähe des Kaps Farvel eingezeichnet ist, Julianehåb. Die amerikanischen Matrosen warfen Orangen auf die Eskimos und versuchten sie damit zu treffen, dazu ihr grobes Gelächter – doch die kleinen Mongolen lächelten einfach weiter, dieses idiotische, liebenswerte Willkommens-Lächeln. Das Verhalten meiner Landsleute war mir unendlich peinlich, denn ich weiß, daß diese Eskimos ein großes und abgehärtetes Indianervolk sind, daß sie ihre eigenen Götter und ihre eigene Mythologie haben, daß sie alle Geheimnisse dieses merkwürdigen Landes kennen und daß sie eine Ethik und einen Ehrbegriff haben, der unserem weit überlegen ist. Der Fjord –» ‹Fjord› heißt Wasserkanal zwischen hohen Klippen – «wird auf beiden Ufern von riesigen braunen Klippen flankiert, die von einer Art schwerem Moos überzogen sind oder Gras oder Heidekraut, ich weiß nicht genau. Wahrscheinlich gaben die Nordländer deswegen dem Land den Namen Grönland-Grünland. Und diese Klippen sind vollkommen verzaubert ... wie die Traumklippen eines Kindes oder der Ort, an dem die Seele der Musik Wagners zu Hause ist ... massiv, ähnlich einer Festung, und steil; von abfließendem geschmolzenem Eis beträchtlich ausgewaschene Felsspalten; in gewaltiger Schönheit aufragend aus dem grünen Fjordgewässer in den blaßblauen Himmel . . .»

Und so weiter. Ich will den Leser nicht mit all dem Zeug über Grönland langweilen.

III

Es genügt, wenn ich sage, wir fuhren weiter nach Norden und liefen in einen Fjord ein, etwa hundert Meilen nördlich des Nordzipfels Islands; wir fuhren in den Fjord und kamen zu einem Luftstützpunkt. Die Arbeiter gingen von Bord und machten sich ans Werk, durch die seitlichen Tore wurden Bulldozer aus dem Laderaum der *Dorchester* heruntergelassen, Männer gingen an Land, mit Sägen, Hämmern, Bauholz, elektrischen Kabeln, Generatoren, Whisky, Spiritus, und begannen einen gigantischen Landeplatz zu zimmern, mit gigantischen Baracken für alle. Zwei der Coast Guard-Beiboote, die während der Nacht zu uns vorgestoßen waren, luden uns zu sich an Bord ein, zu Filmvorführungen. Wir gingen zu ihnen und saßen auf dem Deck und sahen – ausgerechnet – Stanley und Livingstone im tiefsten Afrika. Ich erinnere mich, daß meine Schwester meine Mutter sich an Richard Greenes Grübchen in diesem Film begeisterten.

Dann ging ich mit einem Matrosen namens Duke an Land, unter dem Vorwand, wir wollten in der Kantine der Bauarbeiter etwas essen, was wir auch taten, aber dann machten wir uns daran, einen großen felsigen Berg in der Nähe zu besteigen. Wir schafften es. Er hieß Wayne Duke. Er war ein hagerer Bursche, der vor Kap Hatteras unter Torpedo-Beschuß gekommen war und am Hals Schrapnell-Narben aus jener Attacke hatte. Er war ein sympathischer Kerl, aber in seinen Augen standen noch immer Spuren jener wahnsinnigen Tragödie, und ich bezweifle, ob er jemals die zweiundsiebzig Stunden im Rettungsboot wird vergessen können oder den Kameraden, der von Schmerzen überwältigt mit blutigen Stummeln an seinen Schultern aus dem Rettungsboot sprang und so vor der Küste Carolinas Selbstmord beging . . . So stand ich einmal um Mitternacht, in der Dämmerung, auf dem stillen Deck und starrte hinaus und dachte: «Welch wildes, derbes Land.» Frostige Dämmerung stieg zwischen den Klippen auf beiden Seiten auf, Schichten zarter Farbe in perfekt parallelen Linien, von Fels zu überhängendem Fels, und dann hörte ich die Damen Grönlands im weißen Gewand, die drunten im Eisfeld sangen, wie Berlioz oder Sibelius oder gar Schostakowitsch . . . Spukende Hexen, keine Frau im Umkreis von tausend Meilen, ich und Duke sagten uns deshalb, komm, wir klettern auf diese Mißgeburt von einem Berg. Ich schlief etwa bis zwei vor diesem Abenteuer. Als ich aufwachte, sagten mir die Kumpels, man könne mit der

Barkasse an Land gehen, die jede halbe Stunde hin- und herpendelte. Vielleicht vierzig von uns drängten sich in dem Boot, von der Art, wie es eine Kommandotruppe benützt, fährt fünfzehn Knoten. Während wir durch die Wellen pflügen und uns dem Ufer nähern, beginnt die Bemannung der Armeekanone auf den beiden Geschütztürmen vorne vor der Brücke ihre Schießübungen mit der 50-mm-Kanone. Wir hören das WUMM des Schusses, sehen den Geiser von Sand am entfernten Nordufer, kurven flink um den großen Frachter *Alcoa Pilot* (der all das Holz und Aluminium geladen hat) und schlagen sanft gegen die primitive neue Landungsbrücke, errichtet von unseren fünfhundert besoffenen Bauarbeitern, als Notbehelf für den sofortigen Gebrauch hastig erstellt, weißt du, und zum erstenmal seit einem Monat sind wir wieder an Land! Leider kann ich nicht sagen, daß es «fester Boden unter den Füßen» war, es war ein Bett aus nachgebendem, federndem Moos, hauptsächlich Morast und kleine Flüßchen, man mußte von Mooshaufen zu Mooshaufen springen; Büschel wilder Blumen grüßten jedoch meine müden See-Augen, und ich dachte an die Kanadische Alpenrose. Wayne Duke fragte mich, ob ich jetzt damit einverstanden sei, ihn auf der kleinen Bergsteige-Exkursion zu begleiten ... Die anderen gingen alle über die abschüssige Wiese zu dem See dort unten. Gelegentlich gab es Anzeichen dafür, daß die Arbeiter mit einem Graben angefangen hatten, einige Bretter und Fässer, sie machten sich langsam an den Whisky, aber ich kann dir sagen: bevor sie damit fertig waren, war der Flugplatz der Spitzbergen-Luftwaffe zugrunde gerichtet.

Während der Rest zur Eskimo-Siedlung ging, liefen Duke und ich in entgegengesetzter Richtung, und es dauerte nicht lange, bevor wir darüber diskutierten, daß Bergsteigen naheliegender sei als der Versuch, mit einem alten tranbeschmierten Monstrum ins Bett zu steigen, und so beschlossen wir zu klettern, todernst, ein Gipfel von ganz schöner Höhe, überall sah man Hinweise auf Erd- und Schneerutsche in jüngster Zeit, Findlinge, Felsen; wir stiegen also hinauf. Verbissen kämpften wir uns voran, über felsigen Boden, dann wieder eine Zigarettenpause, und dann wurde es steil, und wir brauchten auch unsere Hände, um voranzukommen. Bergsteigen fiel mir an dem Tag schwer, denn ich hatte immer noch meine See-Beine, o Gary Snyder.

Ich will damit sagen: Würde ich in diesem Zustand auf ebener Erde stehen, dann würde ich trotzdem schwanken, so als sei ich immer noch auf See, an Deck eines Schiffs. Aber wir machten Fortschritte. Der Fjord direkt unter uns begann kleiner zu werden. Die beiden Schiffe, die *Dorch* und der Frachter *Alcoa*, sahen aus wie Spielzeugschiffe. Wir kletterten weiter, unter äußerster körperlicher Anstrengung, doch bald kamen wir an einen Felsvorsprung, auf dem riesige Findlinge in wackeligen Stellungen lagerten. Die stießen wir prompt hinunter und schauten zu, wie sie dreihundert Meter weit fielen und weitere dreihundert rollten und donnerten. Dann kletterten wir weiter, hielten einige Male an, um aus einem jungfräulichen Bächlein zu trinken, und inzwischen darf ich nochmals daran erinnern, daß Duke und ich die ersten Weißen waren, die diesen Berg erkletterten. Deswegen heißt der Berg heute auch Mount Duke-Duluoz (Mount Ford-Kerouac). Die *Dorchester* und die *Alcoa Pilot* sind die ersten Schiffe, die in diesem Fjord hier vor Anker gingen, abgesehen von vielleicht ein paar Entdecker-Schiffen, von Erich dem Roten bis zu Captain Knutsen. Hätten sie einen Berg besteigen wollen, dann hätten sie sich einen höheren als den Mount Duke-Duluoz, der fast 1200 Meter hoch ist, ausgesucht. So gehört er uns, denn wir haben ihn bezwungen, und nachdem wir eine halbe Stunde lang auf Felsvorsprüngen umherkrochen und an ihnen baumelten, unter uns ging's tausend Meter senkrecht hinunter, da versuchten wir erst gar nicht mehr, die letzte kleine «Feuerstein-Zacke» des Berges zu ersteigen. Sie war zu schmal und dünn, wie ein sumerischer Turm. Wir hatten überhaupt keine Ausrüstung, außer dem Feuer des Abenteuers in Wayne Dukes Brust.

Da waren wir nun, auf dem Gipfel der Welt, keine achthundert Meilen vom Nordpol der Erdachse, und wir überblickten unsere Herrschaftsgebiete an See, Land und ungeheuer hohem, freiem Himmel. Während wir nun hier oben auf fremdartigen schwarzen Felsen saßen und nur ein paar Zentimeter von dem eine halbe Meile tiefen Abgrund entfernt zwanglos eine Zigarette rauchten, da entdeckten wir, daß es drüben auf der andern Seite ein Tal voller Findlinge gab, mit einem versteckten See, südlich des Fjords, dem Meer zu, mindestens dreihundert Meter über dem Meeresspiegel. Wir wollen ihn den See der Geheimnisse nennen, denn wer kann wissen, was dieser See weiß: Wer wohnte an seinen Ufern, was für eine Legende hat er? Eine ausgestorbene Rasse von Nordländern? Neolithische Seebewohner?

Versprengte Spanier? Nennen wir ihn den See der Geheimnisse. Dann machten wir uns an den Abstieg und hätten fast unser Leben verloren, als ich auf einen losen Stein trat und mit ihm eine abschüssige Felsfläche hinunterzurutschen begann, so daß ein Steinschlag auf den armen Duke unter mir prasselte, wobei mein Stein über seinen Kopf wegdonnerte, während ich mit irrem, zuversichtlichem Lächeln die Rutschpartie tatsächlich mit den Muskeln meiner Hinterbacken abbremste; dicht am Rand kam ich zum Halten, während Duke unter einem überhängenden Felsen kauerte. Auch danach gab es noch Situationen, wo wir beide mit knapper Not davonkamen, es war zweifellos ein Kampf auf Leben und Tod, aber wir schafften es und gingen zurück zur Barkasse und dann hinüber zu unserem Schiff, zu einem ausgiebigen Abendessen: Schweinekotelett, Kartoffeln, Milch und Buttertoffee-Pudding.

IV

Duke war ein Klasse-Kumpel. Auf dem Schiff gab es einen anderen Typ namens Mike Peal, der mir den ersten Eindruck davon verschaffte, wie ein kommunistischer Profiagitator spricht. In meinem Tagebuch steht: «Mike, winzig, intellektuell, schlagfertig, gescheit. Kommunist. Kämpfte für die Republikaner in Spanien, ging nach Rußland, kennt Sheean, Hemingway, Matthews, Shirer. Kämpfte mit John Lardner in Spanien. Abe Lincoln-Brigade. Verwundet. Frau arbeitete in Rußland; in Amerika Fürsorgearbeit. Wohnung in Greenwich Village; wohnte am linken Seine-Ufer in Paris. Kunst ein ‹unterdrücktes Bedürfnis›, sagt er. Flog in seinem ersten Jahr vom CCNY, weil er einen Aufruhr unter den Studenten anstiftete. Jetzt Delegierter der Gewerkschaft NMU, Gewerkschaft der Seeleute, CIO. Haßt Hearst, Henry Ford, Du Pont, alle Faschisten. Haßt Jan Valtin. Arbeitete in der Sowjetunion und im sowjetischen Pavillon bei der Weltausstellung 1939. Mittlere Größe, neunundzwanzig, sandfarbenes Haar und blaue Augen. Bart à la Van Dyck. Läutet die Glocke über der Wäsche in der schwankenden Wäscherei.»

Ich zeigte ihm einen Teil dieses Tagebuchs, aus dem ich laufend zitiere, und er hat es tatsächlich gelesen und begutachtet.

V

Auf der Rückfahrt nach Boston waren wir so leicht wie Kork, ohne die fünfhundert Bauarbeiter und ohne die meisten ihrer Maschinen im Laderaum, mit denen sie die Erdbewegungen durchführten, und das Dynamit für die Sprengungen und all das Zeug. Wir tanzten in einem gewaltigen Oktobersturm, wie ich ihn in dieser Stärke erst wieder fünfzehn Jahre später erlebte. Mein Gott und liebster Heiland, was für Windstöße und Wellen. Wir hatten eigentlich keine Angst, aber ich und einige der Jungen gingen hinauf zu den alten Schlafräumen, wo die Arbeiter geschlafen hatten, und veranstalteten eine große Kissenschlacht, mit allen verfügbaren Kissen auf Hunderten von Fallen. Federn flogen im ganzen Schiff umher, das weiter durch die Nacht donnerte. «O Nacht dich meidet Mensch und Tier.» Es war ein kolossaler Sturm. Ich ging hinaus aufs Deck und übte den Blitzstart eines *halfbacks*, um in der nächsten Woche beim Footballspielen am Columbia College fit zu sein. So ein Spinner, trainiert Football auf einem schwankenden Schiffsdeck, inmitten des heulenden arktischen Sturms. Aber wir erreichten Sydney auf Neuschottland, wo ich keine Erlaubnis bekam, an Land zu gehen, wegen jener Kletter-Episode, die offiziell als «Abwesenheit ohne Urlaub» registriert worden war, weil wir zur mittäglichen Arbeit nicht dagewesen waren, mich störte das wenig, aber im kleinen alten Sydney fuhren alle, einschließlich des Kapitäns, in den Proviantbooten an Land, und ich blieb als «Wache» allein auf dem leeren Schiff zurück, mit einem oder zwei Köchen und einem Lotsen oder so, was weiß ich, ich fand überhaupt niemanden. Also stieg ich auf die Kapitänsbrücke und zerrte an dem gottverdammten Seil, um ein Proviantboot aus dem Hafen von Sydney herbeizurufen. Ein kleines Boot ließ warmes menschliches Licht aufleuchten und kam auf das Schiff zugebraust. Ich rannte von der Kapitänsbrücke hinunter (wo ich wegen des Läutens der Schiffsglocke genauso Gewissensbisse hatte wie später, als ich auf der Eisenbahn in Kalifornien am Seil des Lokomotivführers zog und das Warnsignal für eine Kreuzung gab, BAAA BAAA BUT BAA). Okay, für fünfzig Cents nahmen sie mich an Land. Ich glaube, das Schiff war völlig verlassen. Mann für Mann waren sie voll und ließen sich noch voller laufen.

Es ist eine nette kleine Stadt, mit Zechen und Bergarbeitern, Burschen mit verschmierten Gesichtern wie in Wales, sie gehen unter Tage usw., mit kleinen Leuchten an ihren Mützen, doch es gibt während der Kriegszeit auch kleine Tanzveranstaltungen und ordentlich was zum Saufen und Bars; bei diesem Landausflug war ich wirklich «abwesend ohne Urlaub». Nach etlichen Whiskys sah ich wie durch einen Schleier, daß einige meiner Kumpels vom Schiff sich über Wallingham ärgerten, weil er sich mit einer großen Flasche Whisky in einer Hütte am Pier versteckt hielt und nicht rauskommen und mit uns teilen wollte. «Dieser gemeine Hund», schrie Fugazzy, «dem werden wir mal einen Denkzettel verpassen! Komm raus, Wallingham, oder du wirst gleich baden gehen.» Diese Hütte stand direkt am Pier im Hafen Sydneys. Wallingham kam nicht raus. Da stießen wir mit vereinten Kräften die gottverdammte Hütte in den Teich.

Durch ein Loch in der Decke schwamm er heraus, mit Flasche und allem, erreichte die Jakobsleiter am Pier, stieg rauf und ging stumm davon.

Es gab nichts anderes zu tun, als in die Stadt zu gehen und was Trinkbares zu kaufen. Wir stritten uns in Hintergäßchen über Spielschulden und andere Schulden und ähnliches, und ich zog dann mit zwei meiner jungen Kumpels durch Tanzhallen und Klubs; als wir müde wurden, sahen wir ein schönes Haus und gingen hinein und fanden zwei Indianerinnen, Prostituierte, ich glaube, man nennt sie De Sotos. Von da gingen wir befriedigt zu einem anderen Haus, während der Wind um die alten Fenster pfiff und all das weiche weibliche warme Fleisch bedrohte, und ich sagte: «Gehen wir hinein und schlafen wir, scheint ein verdammt guter Klub zu sein.» Wir gingen hinein, fanden Sofas und bequeme Sessel in einer Art Wohnzimmer und legten uns hin zum Schlafen. Am Morgen höre ich zu meinem Entsetzen, daß eine Familie, bestehend aus Mann, Frau und Kindern, in der Küche überm Gang beim Frühstück sitzt. Der Mann setzt seine Bergarbeitermütze auf, nimmt seine Lunchdose und seine Handschuhe und sagt: «Also bis um fünf, Muttchen», und die Kinder sagen: «Zeit für die Schule, Muttchen», und Muttchen spült das Geschirr, und sie wissen nicht mal, daß wir vier besoffene amerikanischen Matrosen in ihrem Wohnzimmer liegen. Ich mache ein kleines Geräusch, und der Mann kommt, um nachzusehen, und er sieht uns. Er sagt: «Hier pennen ja Yankees. Wie seid ihr hereingekommen?»

«Die Tür war auf, wir dachten, das sei ein Klub.»

«Okay, schlaft weiter, Boys. Ich muß an die Arbeit; macht nicht soviel Krach, wenn ihr geht.»

Das taten wir dann auch nicht, als wir zwei Stunden später das Haus dieses Patrioten verließen.

Frühstück überflüssig.

VI

Nur 'n Whisky in der Stadt. Nach einiger Zeit war ich so voll und eingeweicht, daß ich nicht mehr wußte, wo ich war oder wie unser Schiff hieß, ich weiß nur noch, daß ich einmal, es muß wohl in einem USO-Klub gewesen sein, aus einem Radio direkt aus den USA Dinah Shore singen hörte, *You'll Never Know Just How Much I Love You,* und ich spürte ein mattes Heimweh nach dem guten alten New York und seinen Blondinen. Aber irgendwie stolperte ich, und bevor ich so recht zur Besinnung komme, fand ich mich irgendwo in einem Hintergäßchen wieder, und die MP oder SP feuerte mit dem Revolver über meinen Kopf in den Himmel und sagte: «Halt oder wir schießen.» Ich lasse mich verhaften, und sie führen mich zu einer Kaserne der kanadischen Marine, sperren mich in einen Raum und sagen mir, ich solle da warten, ich sei unter Arrest, «Abwesenheit ohne Urlaub». Doch nach einem kurzen Nickerchen schaue ich aus dem Fenster und sehe alle diese kanadischen Idioten, wie sie versuchen, Baseball zu spielen, mit Handschuhen, Schlägern und Bällen; ich öffne das Fenster meines «Kasernen-Gefängnisraums» und springe hinaus, schnappe mir einen Handschuh und einen Ball und zeige denen, wie man richtig ausholt und einen sauberen Bogenwurf hinlegt. Ich bringe ihnen sogar Schlagmann-Tricks bei. Die Sonne geht rot und kalt unter im alten Neuschottland. Sie zeigen großes Interesse. Sobald ich klarsehe, wer ich bin und wo ich bin, schlendere ich beiläufig davon und gehe wieder in die Stadt, um weiterzutrinken. Doch jetzt bin ich pleite und muß meine Drinks von völlig fremden Leuten schnorren. Schließlich krebse ich zurück zur Anlegestelle, rufe ein Proviantboot und werde wie ein Schaf zur Jakobsleiter der S.S. *Dorchester* zurückgefahren.

Der Stabswachtmeister oder wie er auch immer heißt blickt mich durchdringend an: «Das ist so ziemlich der letzte von ihnen, ich glaube noch zwei, dann können wir nach New York abdampfen.» Tatsächlich, es vergeht keine Stunde, bevor die letzten beiden nicht beurlaubten Bummler der Mannschaft von einem Proviantboot zum Schiff gebracht werden, und los geht die Fahrt, Richtung Süden.

Wir hatten unseren Landurlaub, glaube mir.

Ich bekomme dafür ein Stück Zwiebelschalenpapier, auf dem steht:
Auszug aus dem offiziellen Logbuch

S. S. Dorchester 27. September 1942 –

John Duluoch Küchenjunge Artikel Nr. 185 wird hiermit dazu verurteilt, zwei (2) Tage ohne Sold zu arbeiten wegen Abwesenheit ohne Urlaub in einem fremden Hafen.

$ 5,50

(Eine Abschrift dieses Auszuges wurde John Duluoch ausgehändigt).

LBK/EGM Kapitän L. B. Kendrick

VII

Ich vergaß zu erwähnen: Während wir in einem jener Fjorde in Grönland vor Anker lagen, kam ein Eskimo in seinem Kajak, grinste mich mit seinen großen rotbraunen Gesicht und seinen braunen Zähnen an und schrie: «*He, Karyak taka yak pa ta yak ka ta pa ta fat tay ya k!*» und ich sagte: «Wa?», und er sagte: «Okak.» Dann nahm er sein Paddel, stach damit ganz dicht rechts neben seinem Kajak aus Seekuhfell ein und machte einen ganzen Überschlag unter Wasser, eine schnelle Kreisbewegung, und kam auf der anderen Seite völlig durchnäßt und grinsend wieder hoch, ein toller Kanutentrick. Dann begann ich zu verstehen, daß er mit mir handeln wollte. Ich hing mit dem Kopf aus dem Bullauge meines Vorderdecks. Nachdem ich ihm ein Zeichen gegeben hatte, einen Moment zu warten, öffnete ich meinen Schrank und kam mit meinem alten Horace Mann-Football-Jersey Nummer 2 zurück, an dem all die *touchdowns* hingen, von denen ich dir erzählt habe, und ließ es vor ihm baumeln. Er nickte sein Ja, ich warf es ihm zu, und er gab mir eine Fisch-Harpune. Sie hatte Teile aus schwedischem oder dänischem Stahl, wurde aber durch Gelenke aus Knochen und Holz und Riemen zusammengehalten.

Wir ließen also Neuschottland hinter uns und, anstatt den Bostoner Hafen anzulaufen, wachten eines Morgens auf und sahen zu meiner Überraschung im Nebel die gute alte Freiheitsstatue im Hafen von New York. «Schick mir deine erbärmlichen» in der Tat. Dann, als wir eine Weile vor Anker gelegen haben, und es ist Oktober, und Neuigkeiten vom New Yorker Football und vom nationalen Football, und Furzer Fay lacht mich aus, als ich ihm sage, ich werde am nächsten Samstag im

Spiel gegen die Armee-Mannschaft dabeisein, dann fahren wir also unter der Brooklyn-Brücke, der Manhattan-Brücke und der Williamsburg-Brücke durch, und über uns jubelt uns eine fahnenschwingende Menge zu, als seien wir Helden. Wie könntest du das glauben?

Und in den Long Island-Sund, und bei Gott etwa um acht Uhr abends dampfen wir geschäftig durch die Bucht vor der Küste des West Havens (Connecticut), wo Ma und Pa und ich jene Hütte hatten und wo ich ins Meer hinausgeschwommen war und sie dachten, ich sei ertrunken, und wo ich mitten in Neptuns Herz gesehen hatte, silberne Klauen auf blauem Grund, und das kleine Boot, das *Wir haben es geschafft hieß* ... erinnerst du dich?

Doch welch eine Reise, kein Ärger mit U-Booten, durch die Bucht zum Kap Cod-Kanal, durch den Kanal (unter der Brücke durch) und hinauf nach Boston, wo wir kurz vor Morgengrauen ankamen, anlegten, Anker warfen, Taue festmachten und bis zur Lohnauszahlung um neun Uhr vormittags schliefen.

War das ein Zahltag! Der barfüßige Indianermatrose hatte einen seiner Spielgegner im Strangler Lewis-Griff und würgte ihn fast zu Tode, weil er ihm die verlangten zweihundert Dollar nicht geben wollte, in der Messe gab es einen Faustkampf zwischen Soundso und Wie-hieß-er-doch, und ich? Ich stand Gus J. Rigolopoulos vom U.S. Coast Guard gegenüber, der mir mein Geld aushändigte und sagte: «Wieso hast du auf meine Nachricht heute morgen nicht reagiert? Empfindest du überhaupt nichts für mich?» Und während ich meine hundertsiebzig Dollar an mich nehme, steht Sabbas Svakis auf dem Landungssteg und sagt: «Ich fahre mit dir im Zug nach Lowell, was hast du da, eine Harpune?»

«Klar, von einem Mexiko eingehandelt» oder sonst irgendeine irre Antwort, und los ging's zum Haus meines Pas in Lowell.

VIII

Zu Hause lag ein Telegramm von Lu Libble von der Footballmannschaft Columbias: «Okay, Jack, es ist Zeit, den Stier bei den Hörnern zu packen, wir hier warten auf dich, wir rechnen damit, daß du deine Lücken in Chemie ausfüllst und dieses Jahr im Football was leistest.» Oktober 1942. Es bleibt mir also gerade Zeit, meiner süßen Mutter Ange zu sagen, daß ich nie zuvor gebührend zu würdigen wußte, wie sie all die Jahre Töpfe und Pfannen für mich alten Faulenzer spülte, daß ihre Töpfe und Pfannen unendlich sauberer und kleiner seien als die auf jenem Höllenschiff, und ich kaufte eine Eisenbahnfahrkarte nach New York City und fuhr los, den Koffer fürs College gepackt.

Auf ihrer nächsten Fahrt aus Boston – während ich auf Columbia war – hatte die S.S. *Dorchester* zwei- oder dreitausend amerikanische Armeesoldaten an Bord und wurde in der Baffin Bay von Karl Dönitz'

U-Bootflotte versenkt, die meisten der Soldaten und der größte Teil der Mannschaft der *Dorch* ertranken, auch Prachtkerl. Als ich das später einem befreundeten Schriftsteller erklärte und ihm das erzählte, was ich von einem überlebenden Matrosen in New Orleans erfuhr, daß nämlich die Kameraden nach ihrer Mutter riefen, da lachte er: «Das ist typisch.»

Dabei flog er aus den Streitkräften der Vereinigten Staaten wegen *Homosexualität.*

IX

Es war natürlich auch das Schiff, das jetzt verehrt und in Denkmälern (zum Beispiel beim Kingsbridge Veterans' Hospital in Bronx, N. Y.) verewigt wird, als das Schiff, auf dem, oder auf dessen Deck, die vier Kaplane ihr Leben und ihre Schwimmwesten für die Soldaten gaben: Zwei Protestanten, ein Katholik und ein Jude. Sie gingen einfach mit dem Schiff und mit Prachtkerl in den eisigen Gewässern unter, betend.

Prachtkerl verschwand.

Dem Steward, der mich haßte, wurde von einem Stück des Rettungsboots in den Wellen der Hals durchgeschnitten.

Von dem schwulen Neger-Bäcker habe ich keine genauen Einzelheiten.

Kapitän Kendrick, er ging unter.

X

All diese Töpfe und Pfannen, dieses Küchendeck, diese Wäscherei, die Schlächterei, die Armee-Kanonen, der Stahl, die Speigatte, der Maschinenraum, der Raum für linkshändige Schraubenschlüssel, die Verschwendung Deutscher Blonder Jungen Dieser Welt ... Es sollte in dieser Welt eine bessere Art zu sterben geben, als im Dienste von Munitionären.

XI

Sabbas und ich stiegen also aus dem Zug im Bahnhof von Lowell, ich mit Harpune und Seesack, und wir gingen durch die School Street und über die Moody Street-Brücke zu meinem Haus in Pawtucketville, ich grüßte meinen Vater, küßte ihn, küßte meine Mutter, meine Schwester, und da liegt das Telegramm von Lu Libble, am nächsten Morgen fahr ich.

Auf dem Campus bin ich wieder dem alten Bockmist ausgeliefert: in drei Tagen soll ich Shakespeares *Hamlet* lesen und auch verstehen, dabei muß ich wieder im Speisesaal das Geschirr spülen, und jeden Nachmittag zum Footballtraining. Lu Libble grüßt mich beiläufig auf der Amsterdam Avenue und sagt: «Du hast abgenommen, hast dem Matrosenleben deinen Speck geopfert, was? Wieviel wiegst du eigentlich jetzt?»

«Hundertvierzig.»

«Da kann ich wohl keinen *guard* mehr aus dir machen. Ich glaube, du wirst jetzt schneller laufen.»

«Mein Vater kommt nächste Woche, wegen des Jobs, den Sie ihm in Hackensack besorgen wollten.»

«Soso.»

Draußen auf dem Platz stehen an jenem Nachmittag die Jungen in Hellblau herum, Columbia, und ich komme zum erstenmal aus dem Klubhaus getrabt, einsatzbereit mit meinen nagelneuen Stollenschuhen. Ich sehe mir die neuen Boys an. All die guten alten Kumpels sind beim Militär. Dies hier ist ein Haufen Stümper mit zittrigen Knien, groß, falsch proportioniert und irgendwie dekadent. Als erstes sagt Lu Libble: «Wir müssen dir den KT-79-Tick beigringen.» Wie ich bereits sagte: ich spielte Football nicht der Tricks wegen. Im Baker-Sportpark, Ecke 215. Straße und Broadway, wurden die Scheinwerfer für den Trainingsplatz eingeschaltet. Wer steht da, um dem Training zuzuschauen? Der Trainer der Armee-Mannschaft, Earl Blaik, und der Trainer der Brown University, Tuss McLaughry. Sie sagen zu Lu:

«Wer ist dieser Dulouse, der ein so ausgezeichneter *runner* sein soll?»

«Da ist er.»

«Laß uns mal sehen, was er kann.»

«Okay. Duluoz, Jungs, kommt her, stellt euch auf.» Cliff Battles ist auch hier. Ich soll auf der rechten Flanke starten und mit kleinen täuschenden Schritten hinter dem Mann, der den Ball hat, vorbeilaufen, so tun, als ob ich sein Abspiel nicht aufnehmen würde, es aber doch bekomme, und dann soll ich in großem Bogen zum linken Flügel kurven (meine falsche Seite), dort muß ich wieder dem alten Turk Tadzic ausweichen, der wieder flucht, schlage einen Haken, bis ich auf die Möchtegern-Verteidiger auf dieser Seite stoße, schlage noch einen Haken, ducke mich und bin dann ganz allein auf dem Platz und kann notfalls 190 Yards laufen, denn zwischen mir und der Torlinie ist nur noch Lus Liebling, der Italiener Mike Romanio; und gerade als Mike versucht, mich anzugreifen und zu Boden zu werfen, pfeift Lu Libble den Spielzug ab. Damit sich der römische Held ja nicht überanstrengt.

Doch der Armee-Trainer und auch der andere, die haben es gesehen, und dann, vier Tage danach, kommt Sabbas aus Lowell, mit seinen traurigen idealistischen Augen, und wundert sich, daß ich nicht mit ihm kommen und die Brooklyn-Brücke betrachten kann, aber ich geh trotzdem mit, obwohl ich jetzt eine große Arbeit über *King Lear* schreiben soll und eine über *Macbeth*, und jetzt kommt auch Pa, besorgt sich ein Zimmer in dem nahe gelegenen College-Hotel, geht in Lu Libbles Büro, bekommt den versprochenen Job nicht, ich höre sie schreien da drin, dann kommt Pa herausgestürmt und sagt zu mir: «Komm mit nach Hause, diese Makkaroni legen uns beide herein.»

«Was ist mit Lu?»

«Bloß weil er Zweihundert-Dollar-Anzüge trägt, glaubt er, er sei Herr Bananen-Nase persönlich. Am Samstag steigt das Spiel gegen die Armee, wenn er dich da nicht aufstellt, was zum Teufel glaubst du, soll das dann bedeuten?»

«*Jetzt*, Trainer?» sage ich zu Lu auf der Reservebank, am Samstag im Spiel gegen die Armee, aber er schaut nicht mal zu mir rüber.

Zwei Tage später, Schnee in meinem Fenster und Beethoven im Radio, Fünfte Sinfonie, sage ich mir: «Okay, ich stecke Football auf.» Ich gehe nach nebenan in Mort Mayors Zimmer, der dort einen Flügel stehen hat, und höre ihm zu, wie er Jazz spielt, wie Benny Goodmans Pianist. Mel Powell. Ich gehe in Jack Fitzpatricks Zimmer und trinke Whisky, während er über einer unvollendeten Short story schläft. Ich gehe über die Straße in das Haus der Großmutter von Edna Palmer und stoße Edna Palmer ohne langes Vorgeplänkel auf dem Sofa. Der Chemie-Abteilung sage ich, sie könne mich mal am Bunsen brennen. Große *tackles* und *guards* und *ends* von der Footballmannschaft stehen vor meinem Fenster im Schnee und rufen: «Komm raus, du Idiot, und trink ein Bier mit uns.» Kurowsky ist dabei, Turk Tadzic, andere, wenn sie mich nicht spielen lassen, gehe ich mit ihnen auch nicht saufen.

Im Spiel gegen die Armee hätte ich nämlich auf den Platz gehen und mindestens zwei *touchdowns* erzielen und das Spiel offen gestalten können, außerdem hätte ich ihren besten *runner*, Art Janur aus Lowell, fertiggemacht, geradeaus und mit voller Wucht, wie ich das mit Halmalo gemacht hatte, als ich dreizehn war. Wenn sie dich unter solchen Umständen spielen lassen, wie sollst du dann je zum Spielen kommen?

Während die Columbia-Footballspieler vor der West End-Bar, Ecke 118. Straße und Broadway, direkt vor meiner zukünftigen kleinen Frau Edna («Johnnie») Palmer auf den Gehweg pißten, die das sehr lustig fand, packte ich meinen Koffer und mein Radio und fuhr heim nach Lowell, um auf den Einberufungsbefehl der Marine zu warten. Dezember 1942. (Sie hatte eine Affäre mit einem anderen Matrosen, der sie in der U-Bahn durch die Drehkreuze schob, um einen Nickel zu sparen.) Chad Stone war jetzt Kapitän der Mannschaft und schien mein Ausscheiden zu bedauern. Ich hatte die Nase voll davon, wie Thackeray Carr im Training immer seinen steinharten Kopf in meinen Leib rammte. Es war einfach ein riesengroßer Haufen Bockmist, sie gaben dir nicht mal die Gelegenheit, dein Können unter Beweis zu stellen.

XII

Eins hab ich noch vergessen: als mich Lu Libble zurück zum Columbia College beorderte, fuhr ich mit der «N.Y.N.H. and Hartford» (oder wie diese Eisenbahn auch heißen mag) nach Norden, von Lowell nach Nashua, dann nach Westen, nach Worcester, und dann nach Hartford, New Haven usw., mit meinem Vater im Schlepptau. Der gute alte Papa hatte ein Buch bei sich, geschrieben von Willard Robertson, dem Charakterdarsteller vom Film, und es hieß *High Tide* oder *Low Tide* oder so ähnlich, die Geschichte eines Muschelgräbers am Meer, der ein Mädchen vor dem Ertrinken rettet (Ida Lupino, Papas Lieblingsschauspielering) (mit Jean Gabin aus Frankreich), und während Papa auf seinem alten Eisenbahnsitz schnarchte, las ich den ganzen Roman, zwölf Stunden lang von Lowell bis New York. Heutzutage tut das niemand mehr. Zwölf Stunden in einem düsteren Zug, in dem alte Schaffner und Bremser umherrennen und «Meriden!» rufen, und ich lese einen ganzen französischen Filmroman. Und dazu noch einen sehr guten. Wenn ich mir vorstelle, daß mich keine Flugzeug-Stewardess bedrängte, mit ihren falschen Zähnen lächelte und mich zu irgendeinem unsichtbaren Tanz aufforderte, daß ich vielmehr allein gelassen wurde, um ein ganzes Buch zu lesen ... Und am Morgen gingen wir in Lu Libbles Büro und hatten diese Auseinandersetzung mit ihm. In meinen Träumen kommt es manchmal vor, daß ich vollgepackt bin, und andere Leute rennen neben mir her, auch auf dem Weg zum Bahnhof. Ich bitte sie darum, meinen Mantel oder meinen Schirm zu halten, aber sie lehnen immer höflich ab. Und daher gehe ich durchs Leben und muß mehr tragen, als ich tragen kann. Und niemand stört sich daran.

Aber Pa hatte den Roman schon gelesen und wollte, daß ich mich im schwachen Licht jenes alten Eisenbahnwagens damit beschäftigte, der durch New England ratterte ... halte dir das einen Moment vor Augen, wenn du der Bruderschaft der Bahnangestellten der Eisenbahn BRT beitrittst.

Nicht UROC.

XIII

Ich und Pa wollen also nichts mehr von New York wissen, und ich gehe nach Lowell zurück, um – wie ich schon sagte – auf die Einberufung zur Marine zu warten, und als sie mich dann tatsächlich benachrichtigen, habe ich die Röteln, ganz ehrlich, rote Flecken auf dem Rücken und auf den Armen, richtig krank. Ich teilte das der Marine mit, und sie sagten mir, ich solle zwei Wochen warten. Ich bin wieder zu Hause bei Ma, und ich beginne mit der Handpresse einen wunderbaren kleinen Roman zu drucken, *Die See ist mein Bruder*, als Literatur-Gerümpel, aber als Handdruck wunderbar. Ich bin wieder allein in dem Haus mit der Handpresse, und ich bin wieder sauber, aber wirklich an Röteln erkrankt. Es war zu der Zeit sogar eine Epidemie. Die Marine zweifelte nicht an meiner Krankheit. Doch als ich wieder gesund bin, steige ich in der Woche darauf in den Zug nach Boston und fahre zum Büro der Marine-Luftwaffe; sie rollen mich in einem Stuhl umher und fragen mich, ob es mir schwindlich wird. «Ich bin nicht dämlich», sag ich. Aber sie erwischen mich, als sie Fragen stellen, die mit der Höhenmessung zu tun haben. «Sie fliegen in einer Höhe von achtzehntausend Fuß, und die Berge unter ihnen sind soundso hoch; was tun Sie?»

«Himmel Arsch, woher soll ich das wissen?»

Meine College-Ausbildung ist also im Eimer, und ich muß mir mit den Rekruten in Newport die Haare scheren lassen.

XIV

Was eigentlich gar nicht so schlimm war, bloß waren die alle achtzehn Jahre alt und ich einundzwanzig.

Was für langweilige Kerls! Sie sprachen dauernd von ihren Pickeln oder von ihren Freundinnen, ihrer Freun*din*, als ob ich nie eine Freundin gehabt hätte, und dauernd diese abgedroschenen Witze. Es besteht ein großer Unterschied, und die Offiziere sollten das wissen, zwischen achtzehn und einundzwanzig. In den Kasernen in Newport (Rhode Island) mußten wir unsere Hängematten an Haken aufhängen, und jede Minute fiel irgend so ein achtzehnjähriger Spinner heraus, mitten in der Nacht, plumps auf das Deck, ich auch, als ich mich umdrehte, um bequemer zu liegen. Außerdem war einer da, der mich dauernd aufweckte, mitten in der Nacht in meiner schwachen und unnachsichtigen Hängematte, etwa um drei Uhr morgens, weil ich als «Aufsicht» der Wache mit Taschenlampe und Karabiner (oder sagen wir Revolver) auf und ab gehen sollte. Dann am Morgen ließen sie dich nicht rauchen. Und du mußtest dich hinter Rekruten verbergen, um dir eine anstecken zu können.

Die Verpflegung war nicht schlecht. Doch in dem Monat zu Hause, als ich die Röteln hatte und *Die See ist mein Bruder* schrieb, spielte ich dauernd Schostakowitschs Fünfte Sinfonie, und jetzt war ich so recht verdorben. Die ganzen Kosaken, wie sie auf ihren Ponies über die Steppen reiten. Statt dessen war ich hier mit diesen Typen zusammen, die in 2. Kompanien «*Hai a lup, hai a lup, hop hop*» schrien und mit ihren Wollmützen und Pijacken vorbeirannten.

Was ich dir von der US-Marine zu erzählen habe, wird dich glatt umhauen.

Neuntes Buch

I

Na ja, die achtzehnjährigen Bürschchen machten mir eigentlich nichts aus, schon eher die Vorstellung, man könnte mich zu Tode disziplinieren, du darfst nicht rauchen, das ist verboten und dies und auch jenes. Ich wußte, die Jungs waren einfältiges Kanonenfutter, wie wir alle wissen, aber es waren nette Jungs, wie du auch weißt, doch all das Getue, von wegen ich darf vor dem Frühstück nicht rauchen, und dann das Getue mit dem Admiral und seinem beschissenen Gefolge, wie sie umherspazieren und uns weismachen wollen, das Deck müsse so sauber sein, daß wir Eier darauf braten könnten, falls es heiß genug sein sollte, Mann, das ging mir auf die Nerven. Wer war denn dieser Herr, der die Frechheit besaß, mir zu sagen, ich solle einen Fleck von meinem Fuß wischen?

Ich bin ein Nachfahre sehr vornehmer Edelleute, die am Hofe König Arthurs waren und sich nicht solcher kleinlicher Sauberkeit befleißigen mußten, obwohl sie keineswegs schlampig waren, wie wir alle wissen, lediglich mit Blut verschmiert (wie das Deck des Admirals).

Dieses antiseptische Gehabe, diese Nichtraucher-Bestimmungen, dieses Wache-Schieben während der fingierten Luftangriffe auf Newport, R. I., mit diesen pedantischen Leutnants, die in Wirklichkeit Zahnärzte waren, die dir sagten, du sollest das Maul halten, wenn du ihnen klar gemacht hattest, daß sie dir Zahnschmerzen bereiten . . . Ich sagte diesem Marine-Leutnant und Zahnarzt: «He, Doc, du tust mir weh.» Und er sagte: «Sind Sie sich im klaren darüber, daß sie sich mit einem Vorgesetzten anlegen!» Schöner Vorgesetzter. Und als wir am ersten Tag alle untersucht wurden und der Doc sagte: «Okay, pißt in dieses Gläschen dort», sagte dieses Bürschchen neben mir, das ist tatsächlich wahr: «Von hier aus?» Und praktisch keiner kapierte den Witz. Dabei war es der tollste Witz zwischen hier und Chelmsford (Massachusetts). Das lustigste daran ist, daß es der Kerl ernst meinte.

Das ist die Marine, gute Männer natürlich, allesamt.

Aber dann diese Sonderkommandos, wo sie dich ihre eigenen Mülltonnen auswaschen lassen, als ob sie zu diesem Geschäft nicht irgendwelche Scheißfritzen anstellen könnten. Aber gibt es überhaupt solche Scheißkerle auf der Welt, denen man diesen Mülltonnen-Dienst zumuten könnte? Es ekelte mich an. Dann im Gelände, wo wir Märsche absolvierten, als seien wir in der Armee, *hai a lup, hai a lup*, eins, zwei drei, vier, fünf, mit dem Karabiner auf der Schulter, Käppchen auf dem

Kopf und schweren Stiefeln an den Füßen und der Staub und die brüllenden Ausbilder – plötzlich legte ich mein Gewehr vor mich auf die Erde und spazierte einfach davon, ließ alles im Stich, auf immer und ewig.

Ich ging zur Marine-Bibliothek, um einige Bücher zu lesen und mir Notizen zu machen.

Sie kamen und fingen mich mit Netzen.

Sie sagten: «Spinnst du? Was soll denn das? Du bist einfach vom Exerzierplatz weggegangen, hast dein Gewehr hingelegt und allen gesagt, sie könnten dich mal. Für wen zum Teufel hältst du dich?»

«John Duluoz, Feldmarschall.»

«Möchtest du nicht zu den U-Boot-Truppen?»

«Ich habe Klaustrophobie.»

«Die haben dich jetzt am Wickel; sie werden dich nachts mit einem Messer zwischen den Zähnen zum Ufer schwimmen lassen, als Ranger oder in einer Spezialtruppe.»

«Juckt mich doch nicht, ich schwimm überhaupt nirgendwohin und schon gar nicht mit einem blöden Messer zwischen den Zähnen. Bin doch kein Froschmann, höchstens ein Frosch.»

«Dein Stündchen hat geschlagen.»

«Na und, von mir aus.»

«Du kommst in die Klapsmühle.»

«Okay.»

«Und was habe ich da gehört, du hast beim Arzt über ständiges Kopfweh geklagt?»

«Ganz richtig.»

«Stimmt das?»

«Na klar, bei dem Laden hier muß man ja Dauerkopfschmerzen bekommen.»

«Weißt du denn nicht, daß dein Vaterland verteidigt werden muß und daß jede Nation unweigerlich das Recht hat, sich zu verteidigen?»

«Sicher, sicher, aber laßt mich das in der Handelsmarine tun, als Matrose in Zivil.»

«Red doch keinen Quatsch. Die Kriegsmarine hat dich zum Wehrdienst eingezogen.»

«Steckt mich nur in eure Marine, mit all den anderen Irren; wenn's dann aber zu einem richtigen Seekrieg kommt, wendet euch bloß nicht an die zivilen Seeleute . . »

«In die Klapsmühle mit dir.»

«Okay.»

«Du wirst deine Kumpane verlieren.»

«Und jeden Abend schreiben sie Briefe nach Hause, nach West Virginia.»

«Na gut, auf geht's», und so fuhr ich mit dem Sanitätswagen zum Irrenhaus.

Wo ich von einem formlosen Fragebogen begrüßt werde, auf dem die Tatsache vermerkt ist, daß ich den höchsten Intelligenz-Quotienten in der Geschichte des beschissenen Flottenstützpunkts Newport, R. I., habe, und infolgedessen bin ich höchst verdächtig. Als – wohlgemerkt – «Funktionär in der Amerikanischen Kommunistischen Partei».

Der Marinenachrichtendienst kommt mit einer Aktentasche und verhört mich in dieser Sache. Reihenweise prüfen Ärzte mit Van Dyck-Bärten meine Augen und streichen sich wegen meines handgedruckten Romans *Die See ist mein Bruder* über das Kinn. Was anders soll denn ein Mann der Marine schreiben?

II

Der erste Kerl, den sie mir vorführen, ist ein psychopathischer Irrer mit langen schwarzen Haaren auf den Lippen. Daß das Einberufungskomitee der Marine den akzeptierte, werd ich nie verstehen. Die Haare wachsen ihm über die Augen, die Lippen, Hüften, Beine und Psychopathenfüße. Er ist der haarige Irre des Himmels. Er verdreht die Augen und glotzt mich aus seinem Drahtkäfig an. Ich sage: «Ja zum Kuckuck, ist das vielleicht 'ne Klapsmühle?»

«Du wolltest's ja nicht anders, klagtest doch über ständige Kopfschmerzen.»

«Ja schon, aber was fehlt *ihm*?»

«Er ist Roncho der Rasende.»

«Und was tu ich jetzt?»

«Du gehst zu ihm hinein, sobald wir deine Papiere überprüft haben . . . wie war doch gleich der Name, John Louis Duluoz?»

«Richtig . . . Louis steht für Lausig und Laffe und Lümmel und John L.»

«Also, hinein mit dir.»

«Bin schon unterwegs, Pappilein.» Und schon bin ich drin. Der Irre glotzt mich an, als sie mir die Falle neben einem Manisch-Depressiven zuweisen, der aus West Virginia kommt und Farty Fartington heißt (oder auch nicht, ich weiß nicht mehr), aber in dem Bett auf der anderen Seite liegt Andrew Jackson Holmes, und das ist ein Name, den jeder von diesem Augenblick an behalten wird.

Es ist vielleicht zwei Uhr nachts, und Andrew Jackson Holmes schläft, und die anderen Spinner (nicht alles Spinner) schnarchen, doch am nächsten Tag gehe ich aufs Klo und werde von den Wachen beobachtet, ich habe einen Bademantel an, und sie sagen: «Okay, setz dich hier hin.» Also setze ich mich hier hin. Auf dem Sitz neben mir raucht Andrew Jackson Holmes eine lange Zigarre und schaut mich aus strahlenden Augen fröhlich an. Er sagt: «Ich bin Andrew Jackson Holmes aus Ruston, Louisiana, wer bist du, mein Junge?»

«Ich bin John Louis Duluoz aus Lowell, Massachusetts.»

«Ich spielte in der Footballauswahl der Louisiana State University.»

«Ich spielte in der Footballauswahl Columbias.»

«Ich bin 1,95 Meter groß und wiege 199 Pfund und bin ein harter Schläger.» Und er zeigte mir seine Faust. So groß wie ein Steak von neun Pfund.

«Du darfst mich nie damit schlagen; was hast du für einen Spitznamen?»

«Er fragt mich nach meinem Spitznamen! Man nennt mich Big Slim aus Lousiana.»

«Also Slim, was jetzt?»

«Wenn ich mein Geschäft hier erledigt habe, gehe ich zurück in mein Bett, das neben deinem steht, und dann zeig ich dir, wie man beim Kartenspielen betrügt.»

Wir gingen also zur Station zurück, und er zeigte mir, wie man mit dem Fingernagel die Rückseite der Karten kennzeichnet und dann damit beim Siebzehn-und-vier gewinnt. Dann sagte er: «Mann, als ich vor vielleicht einem Jahr in Baltimore (Maryland) auf einem Heuhaufen lag und aus einer Flasche, die mir irgendein alter Knabe gegeben hatte, Gin soff, da dachte ich nichts Böses ... Ich war immer bei der Handelsmarine, und als wir eines Tages aus dem Hafen von Portland (Maine) auslaufen, kommt da plötzlich ein Küstenwachfahrzeug mit FBI-Leuten; die verhaften mich, weil ich mich um den Wehrdienst drücke, wie sie sagen. Ich hab nicht mal 'ne Adresse. Ich bin der alte Big Slim aus Louisiana, und ich weiß nicht, was gespielt wird, von hier bis zum Chinesenviertel.»

Ich sagte: «Da schau her, Big Slim, mir geht's in vielem genau wie dir.»

«Das ist keine Harvardsche Lüge und keine Oxfordsche auch nicht, mein Junge. Jetzt zeig ich dir, wie du beim Pokern beschummeln kannst.»

«Ach, laß man, ich bin kein Kartenspieler.»

«Wie sollen wir denn sonst die Zeit totschlagen, in diesem vermaledeiten Malefizhaus ...»

«Na ja, du könntest mir wahre Geschichten aus deinem Leben erzählen.»

«Im Bahnhofsgelände von Cheyenne (Wyoming) hab ich mal 'nen Polypen umgelegt, so –» und dabei hielt er mir wie Jack Dempsey seine große Faust unter die Nase.

«Slim, du darfst mich damit nicht schlagen, okay?»

«He, wenn das Licht ausgeht, hab ich auch Kautabak, hier, wir können in diese Papiertüte spucken ... hier, hast 'n Priem.» Und wir fangen an zu kauen und zu spucken. Die Psychos schliefen alle.

Dann sagt Big Slim: «Mann, ich war mal in Atlanta (Georgia) in einem Tingeltangel und schaute einem Mädchen beim Striptease zu, und als ich dann anschließend in der Bar an der Ecke ein kurzes Bier und 'n Whisky trank, kam sie herein und bestellte was zu trinken, und ich gab ihr einen Klaps aufs Hinterteil und sagte: ‹Gut gemacht, Mädchen.›»

«War sie wütend?»

«Wütend ist gar kein Ausdruck! Aber ich kam mit einem blauen Auge davon.»

«Was noch?»

«Als ich noch ein kleiner Junge war, stellte meine Mutter einmal einen Kuchen ins Fenster, in Ruston (Louisiana), und ein Tippelbruder kam vorbei und fragte sie, ob er ein Stück haben könne. Meine Mutter sagte, klar, warum nicht. Ich sagte zu meiner Mutter: ‹Kann ich später auch ein Tippelbruder werden, Ma?› Sie sagte: ‹Das ist nichts für einen Holmes.› Doch ich hörte nicht auf sie und wurde ein Vagabund, ich liebte das Vagabundenleben und diese Kuchen-Sache.»

«Kuchen-Hauptsache.»

«Was?»

«Slim, hast du jemals einen Menschen verletzt?»

«Nee, keinen einzigen, nur den Polypen in Cheyenne.»

«Was hast du gearbeitet?»

«Die Ölfelder im Osten von Texas, mein Junge, und Zureiter, auch in der Gegend, Cowboy, Ölarbeiter, Vagabund, Hilfsarbeiter auf einem Schleppdampfer im Hafen von New York, dann Seemann.»

«Auf Deck?»

«Was sonst, mein Junge, oder glaubst du, ich lasse mich in den Maschinenraum sperren, mit einem Sacktuch auf dem Kopf?»

«Und jetzt, was tun wir jetzt, Slim?»

«Sprich mit keinem darüber, wir werden uns morgen beim Abendessen ein paar Buttermesser besorgen und sie in unseren Spinden verstecken; dann können wir die Schlösser aufbrechen ... Hörst du die Güterzüge da draußen, die allen möglichen Plunder für den Flottenstützpunkt herfahren? Wir knacken die Schlösser, machen uns in unseren Pyjamas davon, springen auf diesen Güterzug und fahren direkt zu dem Heuhaufen in Baltimore, von dem ich dir erzählt habe, und dann gehen wir nach Montana, nach Butte, und besaufen uns mit Mississippi-Gene ... In der Zwischenzeit», sagt er, «kau diesen Tabak und erzähl mir ein paar von *deinen* Geschichten.»

«Na ja Slim, so interessant wie du bin ich nicht, aber ich habe auch 'ne Menge hinter mir ... wenn ich bloß an Washington denke, wo ich mit meinem Pimmel dem Weißen Haus zuwinkte, oder an Sydney auf Neuschottland, wo wir eine ganze Hütte in die Bay stießen, oder an

Lowell (Massachusetts), wo einer versuchte, meinen polnischen Kumpel kaltzumachen, mit einem richtigen Regen tödlicher Boxhiebe nagelte er ihn gegen ein Auto, und ich sagte, er solle aufhören, er sagte ‹Was?›, ich sagte ‹Hör auf!› und ‹Wer bist du?›, und ‹Laß er sich ficken, Mann› – sein Vater mußte mich gewaltsam von ihm trennen; der hätte doch tatsächlich den armen Jungen umgebracht.»

«Tja, du bist ganz schön stark, mein Kleiner, aber vielleicht machst du dir mal die Mühe, dir im Geiste auszumalen, wie ich dich mit dieser Faust hier zurichten würde?»

«Ach bitte, wollen wir das nicht vergessen, o Jack Dempsey, der da trinkt?»

«Aber mein polnischer Kumpel weilt unter den Lebenden», sagte ich und schaute Big Slim ins Auge, und er verstand mich. (Ein Vorfall, den ich in den ersten Kapiteln dieses totalen Klapsmühlenromans ausgelassen habe.)

Slim konnte mich gut leiden, wir waren beide starke Männer, guten Muts, unabhängig und großherzig, und die Marine wußte das irgendwie zu schätzen, glaub ich, aber das kommt später.

Eines Nachmittags, ich rauchte gerade unter einem Bett ganz hinten in der Station eine Kippe, öffnete plötzlich der vermaledeite Admiral persönlich die Tür und führte zwei Männer herein. Ich drückte die Kippe aus und kroch mit dem freundlichsten Gesichtsausdruck aus meinem Versteck. Es waren Leonid Kinsky und Akim Tamiroff, die Hollywoodschauspieler, die gekommen waren, um die amüsierten Irren des Irrenhauses zu amüsieren. Es war merkwürdig. Ich war sicher, daß sie mich beim Rauchen erwischt hatten, aber nein, purer Zufall, Big Slim schlief, der Manisch-Depressive schlief, der haarige Kerl schlief, der Neger suchte ein Kartenspiel, und der Kerl, der sich in den Kopf geschossen hatte, saß teilnahmslos in einem Rollstuhl, mit einem Verband um den Kopf. Ich gehe direkt auf Akim Tamiroff zu und sage ihm: «Sie waren großartig in *The General Died at Dawn.*»

«Oh, danke scheen.»

«Und sie, Monsieur Kinsky, was spricht man so in der Kommunistischen Partei?»

«W-wie bitte?»

«Entschuldigung, aber Mister Tamiroff, Sie waren großartig in *The General Died at Dawn* und ebenso in *For Whom the Bell Tolls* und als frankokanadisch-indianischer Todesschütze in De Milles, Sie wissen schon, Cecil Northwest Film . . .»

«Danke scheen.» Es machte ihnen mehr Spaß als uns. Ich weiß nicht, was sie da wollten? Mach dich nicht lächerlich.

IV

Und hier kommt mein Pa, Vater Emil A. Duluoz, fett, eine Zigarre paffend, Admirale auf die Seite schiebend, so kommt er an mein Bett und schreit: «Gut gemacht, mein Junge, sag diesem gottverdammten Roosevelt und seiner häßlichen Frau, wohin sie gehen können! Alles eine Bande von Kommunisten. Die Deutschen sollten nicht unsere Feinde, sondern unsere Verbündeten sein. Dies ist ein Krieg der marxistischen kommunistischen Juden, und du bist ein Opfer dieser ganzen Intrige. Ich wünschte, ich hätte das richtige Alter, dann würde ich der NMU beitreten und mit dir zur See fahren, untergehen, bombardiert werden, alles egal, ich bin ein Nachkomme großer Seefahrer. Sag diesen hohlköpfigen Admiralen hier, die in Wirklichkeit nur Handlanger der Regierung sind, sag ihnen ruhig, daß dein Vater dein Verhalten voll und ganz billigt.» Und mit diesen Worten, denen die besagten Admirale zugehört hatten, stampfte er zigarrequalmend hinaus und nahm den Zug zurück nach Lowell.

Nach ihm kommt Sabby in der Uniform der US-Armee herein, traurig, idealistisch, seit neuestem mit Bürstenschnitt, aber noch immer voller Träume; er versucht mit mir zu sprechen. «Ich denke immer daran, Jack, ich bin treu geblieben», aber dieser verrückte Manisch-Depressive aus West Virginia drückt ihn in eine Ecke, packt ihn bei den Uniform-Ärmeln und schreit: «Wabash Kanonenkugel!» Der arme Sabby schaut mich mit verschleierten Augen an und sagt: «Ich kam hierher, um mit dir zu sprechen, ich hab nur zwanzig Minuten Zeit, welch ein Haus des Leidens, was nun?»

Ich sage: «Komm mit auf die Toilette.» West Virginia läuft schreiend hinterher, es war einer seiner guten Tage. Ich sagte: «Sabby, mach dir keine Sorgen, der Kleine ist okay, alle sind okay ... Außerdem», fügte ich hinzu, «hast du oder ich nichts zu sagen ... Höchstens vielleicht damals, als die Bartlett Junior High School niederbrannte und der Zug mich zur Prep School in New York zurückbrachte, und du liefst nebenher, weißt du noch? Im Schneesturm, und du sangst *Ich Seh Dich Wieder ... was?*»

Und das war meine letzte Begegnung mit Sabby. Beim Brückenkopf in Anzio wurde er tödlich verwundet. Er war bei der Sanitätstruppe.

V

Anzio: das war Churchills Pfuschwerk, wie wir heute sagen. Wie kann man einen Haufen Männer am Ufer warten lassen, während sie unter Feuer stehen, das aus der Deckung der Berge kommt? Direkt hinunter auf sie. Und dann besaß Mark Clark noch die Frechheit, gegen Rom zu marschieren, wo doch jeder normale Mensch einsehen mußte, daß es richtiger gewesen wäre, zur Adria zu marschieren und den Deutschen in die Flanke zu fallen. Nein, er wollte sich in Rom mit Lorbeer krönen lassen. Hier ist mein Lorbeerkranz: Soll er auch für die Toten von Salerno verdammt werden.

Aber du kannst die Widerwärtigkeiten des Kriegs nicht vor ein Kriegsgericht stellen.

Ich habe diesen letzten Satz nicht hinzugefügt, weil ich feige bin, sondern weil ein General genausowenig alles im Auge behalten kann wie ich.

VI

Ich saß am Fenster und starrte auf die Frühlingsbäume hinaus, zusammen mit einem Jungen aus Athol (Massachusetts), der seit jener ersten Nacht, als wir gemeinsam *Shine On Harvest Moon* sangen, nicht mehr mit mir sprach ... Er starb an was-weiß-ich-was ... Er sprach nicht mehr mit mir ... Die Sanitäter der Marine kamen, um ihn zu trösten, brachten ihm sein Essen auf Tabletts, doch er warf sie ihnen ins Gesicht ... Ich sagte: «Warum singst du nicht?» ... Er gab keine Antwort ... Schließlich, nachdem wir eine Woche lang völlig stumm aus dem Fenster gesehen haben, holen sie ihn ab, und ich seh ihn nie wieder ... Sie sagen, er starb einfach so in seiner Gummizelle. Aber singen konnte der. Französischer Junge aus Massachusetts.

Der Kerl mit dem Kopfverband hatte sich mit der Pistole ein Loch durch den ganzen Schädel geschossen, die Kugel ging auf der einen Seite rein und kam auf der anderen wieder raus, der arme Kerl war nicht mal tot, was er sich gewünscht hatte, und nun saß er finster brütend auf seinem Stuhl, mit jammervollem, blauäugigem Blick unter dem weißen Leichentuchverband, wie eine Art zur Wirklichkeit invertierter Held von Genet. Zum einen Kanal rein, raus zum andern. Eine Art Korridor im Gehirn. Hohlköpfe gibt's überall massenhaft. Probier's mal. Sei nicht so sicher.

Aber welch unmäßiger Trübsinn trieb ihn dazu? Als zum Beispiel die Marine entdeckte, daß ich und Big Slim Buttermesser in unseren Schubladen versteckt hielten, schickte sie zwei große, stämmige Sanitäter mit Zwangsjacken, die uns festnehmen und mit dem Krankenwagen zum Bahnhof fahren sollten, und dann hinunter zum Bethesda-Marinehospital in Maryland, genau der Staat, in den Slim gehen wollte. Während ich untätig herumstand, sagten die zwei Sanitäter mit den Zwangsjakken: «Wegen Dulouse, dem Knirps, mache ich mir keine Sorgen, aber da ist auch noch Holmes, dieser verdammte Koloß. Er ist 1,95 Meter groß.»

«Behalt sie im Auge.»

«Was ham die denn angestellt?»

«Versteckten Buttermesser, um die Schlösser aufzubrechen und abzuhauen.»

«Süße Marinesoldaten.»

«Wir müssen sie bis hinunter nach Bethesda bringen, also immer mit der Ruhe.»

«Keine Sorge wegen des Großen», sag ich.

Und so verlassen wir den Flottenstützpunkt in Newport, begleitet von zwei kräftigen Marinesanitätern mit Zwangsjacken, erst im Krankenwagen, dann im Zug nach Washington, und Slim sitzt vor mir, weil er so 'n Koloß ist, und er ruft dauernd zurück: «Bist noch da, Jack?»

«Immer noch bei dir, Slim».

«Wirklich noch bei mir?»

«Hörst mich nicht?»

In jener Nacht im Zug nach Washington ließen sie uns allein, in getrennten Schlafabteilen, während sie draußen warteten, und ich ließ bei der Gelegenheit meiner Phantasie freien Lauf, das heißt ich befreite mich vom Schrecken der Männlichkeit. «Herz» und «Kuß» sind Dinge, die nur von Mädchen gesungen werden.

VII

Drunten in Bethesda wurden wir zunächst in die Station der total Irren gesteckt, Typen, die mitten in der Nacht wie Präriewölfe heulten, und kräftige Männer in weißen Anzügen mußten kommen und sie in nasse Tücher wickeln, um sie zu beruhigen. Ich und Slim, wir schauten uns bloß an, zwei Matrosen der Handelsmarine, «Mann, so 'n Mist, ich wollt, ich wär wieder auf meinem Ölfeld in Texas.»

Aber der Herr Doktor hieß Dr. Ginsberg und ließ mich interviewen, er las auch jenen halbfertigen Roman, über den sich die in Newport (Rhode Island) alle den Kopf zerbrochen hatten, und er sagte mit imposanter Stimme: «Nun, ja, also, für wen halten Sie sich eigentlich, mal ganz ehrlich.»

«Ich, Herr Doktor?»

«Ja.»

«Ich bin nur der alte Samuel Johnson, ich war der Spinner Nummer eins auf dem Columbia Campus, das wußte jeder, sie wählten mich zum Vizepräsidenten meines Jahrgangs und sagten, ich sei ein Schriftsteller. Nein, Dr. Ginsberg, ein Schriftsteller ist ein unabhängiger Mann.»

«Jawohl, und was heißt das?»

«Es heißt, Herr Doktor, unabhängiges Denken ... nehmen Sie mich doch und stellen Sie mich gegen eine Wand und erschießen Sie mich, aber ich bleibe dabei oder ich bleibe bei gar nichts außer meinem Sitz im Klo, und überhaupt, es ist nicht so, daß ich die Disziplin in der Marine ablehnte, nicht so, daß ich mich ihr nicht beugen *will*, sondern daß ich mich nicht beugen *kann*. Sonst habe ich eigentlich über meine Verirrung nichts zu sagen, nicht weil ich nicht will, sondern weil ich nicht kann.»

«Und warum hielten Sie sich für eine Art Samuel Johnson auf dem Columbia Campus?

«Nun ja, ich sprach mit allen Leuten über alle Dinge, detailliert und gebildet.»

«Und so sehen Sie Ihr Image?»

«So bin ich, war ich und werde ich sein! Kein Mann des Krieges, Herr Doktor, bitte, sondern ein feiger Intellektueller . . . aber nur im Hinblick darauf, daß ich meine, ich muß einen gewissen Teil des athenischen Ethos verteidigen, wenn ich mich mal so ausdrücken darf, und nicht, weil ich feige bin, denn sicherlich *bin* ich feige, aber ich kann einfach diese Masche nicht ertragen, wo einem tagaus, tagein gesagt wird, wie man sich zu verhalten hat. Wollt ihr einen Krieg, laßt die Leute aufeinander los, wenn ihr Krieg wollt. Wieder einmal ist es mir mißlungen, mich zu erklären. Ich kann eure Vorstellung von Disziplin nicht akzeptieren, oder genauer: ich kann nicht damit leben, ich bin ein zu großer Spinner und ein Schriftsteller und überhaupt, laßt mich doch laufen, und ich werde sofort auf den Nordatlantik zurückgehen, als Matrose der Handelsmarine . . . »

In Ehren entlassen, gleichgültiger Charakter.

VIII

Keine Pension, nicht mal 'n Käppchen. Es war dieser Marine-Zahnarzt, der mich richtig auf die Palme brachte. Was war er denn überhaupt? Irgendein Flachkopf vom Richmond Hill Center?

IX

So blieb noch eine Woche bis zu meiner Entlassung. Es war Mai, und wir trugen unsere weiße Marineuniform. Daraufhin nannten sie mich «Johnny Grünärmel», aber nicht etwa, weil meine Ellbogen um Mädchentaillen lagen, sondern weil ich immer besoffen war und mit einem Marineinfanteristen namens Bill McCoy aus Lexington (Kentucky) auf den Rasenflächen der Parks in Washington Flasche um Flasche leerte.

Der gute alte Bill, er war okay.

Wenn wir auf den Straßen Washingtons Offizieren begegneten, grüßte er immer sehr zackig, und ich schaute mit Bewunderung auf ihn.

Ich war so ziemlich der unmilitärischste Mensch, der dir je unter die Augen kam, man hätte mich an eine kubanische Wand stellen und erschießen sollen. Aber du wirst noch sehen, wie ich ein US-Schiff vor der Bombardierung rettete. Zwei Monate später.

X

Nach einem mächtigen Saufgelage mit Bill McCoy, dem Marineinfanteristen, schlafe ich mich aus, in meiner weißen Uniform, und Arbeiter sehen mich an einer Böschung im Gras liegen und sagen: «Leben Sie noch?»

Ich sage: «Was soll das heißen, lebe ich noch? Was soll 'n der Scheißkrach?»

Sie sagen: «Wir dachten nur, Sie seien tot. Ehrlich, wir dachten, Sie seien tot.»

Ich sage: «Geht hin und scheißt in alle Welt.» Und überhaupt, wenn ein Matrose in weißer Uniform sich nicht mehr an einer Böschung aufs Ohr legen kann, wohin kommen wir dann mit der Malerei? Grün und weiß, schau.

Der alte Marineinfanterist Bill McCoy hatte einen Freund, Matrose und Extaxichauffeur, der in seinem Bademantel mit mir zusammen zum Fenster hinausschaute und sagte: «So richtig 'n Wetter zum Heldenzeugen da draußen, wollt ich wär da draußen.» Sachte, sachte.

Während ich Trübsal blase und mir den Arsch wundsitze, kommt ein Irrer daher und sagt, ich habe nicht die Erlaubnis, auf der Erde zu sein. Ich sage: «Willst du damit sagen, daß Stan Satan heute über die Erde geht?»

Er sagte: «Mann, er kommt jeden Tag aus Schachtdeckeln über revolutionären Kanälen in New York.»

Ich sagte, ich hätte das in der Nähe des falschen Parthenon in der Wall Street beobachtet. «Dampf kommt aus Kanälen.» Er fragte mich, woher ich so gut über die Hölle Bescheid wisse, da ich doch keiner ihrer Bewohner sei. Ich sagte: «Dante hat mich über seine Helden informiert. Und Goethe hat den Pfad angelegt. Pascal hat ihn beweint. Und der gute graue Poet Whitman hat ihn skizziert, Melville dichterisch verklärt, und meine Freunde haben nächtelang über ihn diskutiert.»

Er sagte: «Wer bist du?»

Ich sagte: «Der kleine Pete.»

Er sagte: «Möchtest du Billard spielen?»

Ich sagte: «Nachdem ich den ersten Stoß ausgeführt habe und vielleicht keinen Ball versenkt habe, wirst du eine blöde Wahl treffen und deswegen verfehlen, und dann werde ich den ersten Ball mit gekonntem Rechtseffekt in die Ecke stoßen, so weich wie dein Teufel.»

«Und deshalb bist du der Teufel.»

«Nein, ich bin sein Wind. Und ich habe mich seinem Einfluß so weit entzogen wie dieser Handschlag, der so wenig greifbar ist.»

Dies ist der Dreh- und Angelpunkt dieses Buchs, dieser Geschichte.

Yankees in Massachusetts sprechen von «tiefer Form».

Komische *halfbacks* haben es nicht nötig, Pepsi-Cola zu verkaufen.

Zehntes Buch

I

Manchmal schaute ich allerdings nur aus dem Fenster der Irrenstation auf einen kleinen Feldweg hinunter, der sich im Westen in den Wäldern Marylands verlor und nach Kentucky usw. führte, an dunstigen Tagen sah das alles besonders reizend aus und erinnerte mich an den Traum meiner Kindheit, einmal ein richtiger «Arkansas-Pferdenarr» zu sein, Vater und Brüder auf einer Pferderanch, ich selbst ein Jockey, nichts mehr von diesem besoffenen Matrosenleben, und vor allem nichts mehr von dieser altklugen und vorwitzigen Ansicht über die Marine; selbst die Art und Weise, wie ich in den letzten paar Kapiteln die US-Marine beschrieben habe, war altklug und vorwitzig. Im Alter von einundzwanzig Jahren hätte ich als loyales Mitglied dieser Waffengattung viel gewinnen können, ich hätte vielleicht ein Handwerk lernen und aus dieser blöden «literarischen» Sackgasse herausfinden können, in der ich jetzt gefangen bin, besonders die Sache mit der Loyalität: Denn obwohl ich ein loyaler Mensch bin, ist mir nichts geblieben, gegen oder für das ich loyal sein könnte. Was kümmert es die fünftausend hämisch grinsenden College-Professoren, die Schriftstellerei unterrichten, daß ich nach einer einsamen Jugend siebzehn Romane geschrieben habe, mit zusammen über zwei Millionen Wörtern, am Fenster, das nachts einen Stern sehen ließ, am Schlafzimmer-Fenster, am Fenster des billigen möblierten Zimmers, am Fenster der Irrenstation, am Fenster des Bullauges, schließlich am Fenster des Gefängnisses? Ich sah den kleinen, gewundenen Feldweg, der nach Westen führte, hin zu meinem verlorenen Traum, ein richtiger amerikanischer Mann zu sein . . .

Big Slim natürlich, er hätte mich ausgelacht, hätte er mich so reden hören, und er hätte wohl gesagt: «Nenn sie nur, deine Fenster, mein Junge!»

Ich wurde entlassen, und ich mußte ein Formular unterschreiben, mit dem ich bestätigte, daß ich keinerlei Anspruch auf irgendeine Prämie hatte, und sie gaben mir nicht mal meine Marine-Klamotten (schöne Bordjacke, Käppchen, weiße Uniform, dunkle Uniform usw.), sondern nur fünfzehn Dollar, damit sollte ich mir in der Stadt Kleider kaufen, mit denen ich heimreisen konnte. Es war Juni, und so kaufte ich ein Sporthemd, Hose und Schuhe.

In den letzten paar Tagen in Bethesda schaute ich mir im Speisesaal die Typen an, wie sie das gute Essen genossen und schrien und sich unterhielten, und es war mir, als hätte ich nicht so sehr «mein Vaterland» verraten, das habe ich ja nicht, wie du weißt, sondern vielmehr diese Gesellschaft hier, die Kriegsmarine der Vereinigten Staaten. Wenn dieser blöde Zahnarzt in Newport nicht gewesen wäre, der mich krank machte, wenn ich mir vorstellte, ich könnte von einem solchen Kerl erniedrigt werden, nur weil er einen höheren Rang bekleidete. Ist es nicht so, daß die größten Admirale die besten Kumpels und Busenfreunde sind, «einer von uns», gar nicht auf dem hohen Roß?

Ach ja, ich mußte meinen Weg gehen, unter saufenden Seeleuten in Hafenvierteln und Landstreichern auf Amerikas Straßen, und ich mußte weiterhin das Leben eines suchenden und einsamen Schriftstellers führen. Ich hatte auf dem College ohnehin nichts gelernt, das mir als Schriftsteller weiterhelfen würde, und ich konnte nur mit Hilfe meines eigenen Verstands und eigener, echter Abenteuer weiterkommen: Eine abenteuerliche Erziehung, ein erzieherisches Abenteuertum, du kannst dir's aussuchen.

Während der letzten Woche machte ich Spaziergänge durch die lila abendlichen Felder um Bethesda (Maryland), mit *Wellen* und derlei, und dann fuhr ich im Tschu-tschu-Zug nach Hause.

II

Big Slim wurde erst eine Woche später entlassen. Auch er ging zur Handelsmarine. Er sagte, er wolle mich in New York besuchen.

Nach New York, das heißt Ozone Park, Long Island, Queens, waren Ma und Pa inzwischen gezogen, aus Lowell, sie hatten sogar das alte Klavier – höchstens fünf Dollar wert – mitgebracht und all die alten Lowell-Möbel, um ein unbeschwertes neues Leben in der großen Stadt zu beginnen. Sie dachten sich nämlich, da Nin jetzt bei den WACs war (das war sie tatsächlich) und ich in der Kriegs- oder Handelsmarine, da würden uns unsere Wege mehr oder weniger immer wieder nach oder durch New York City führen. Ich kam in Zivilkleidung nach Hause und ging an einem heißen Junimorgen zu ihrer neuen Wohnung über einem Lebensmittelgeschäft in Ozone Park.

Aber es war ein ausgelassenes Wiedersehen. Pa hatte einen Job als Linotypist in der Canal Street in New York City, und Ma hatte einen Job als Lederspalter in einer Schuhfabrik in Brooklyn, die Armeestiefel herstellte; sie trugen eine Menge Geld auf die Bank, guter Lohn in Kriegszeiten, sie lebten billig, nur samstags abends hauten sie über die Stränge, wenn sie groß ausgingen, nach Manhattan mit der Jamaica-Bahn, der BMT-U-Bahn usw., und schließlich streiften sie dann Arm in Arm durch New York, besuchten interessant aussehende Restaurants, gingen ins Kino, Roxy, Paramount, Radio City, dann französische Filme, schließlich kamen sie nach Hause, die Einkaufstaschen voll mit wertlosem Zeug und allerlei Spielereien, an denen sie plötzlich Gefallen gefunden hatten, etwa chinesische Zigarettenspitzen aus dem Chinesenviertel oder Spielzeug-Kameras vom Times Square oder kleine Nippes-Figürchen für Regale. Dies war übrigens die glücklichste Zeit ihrer ganzen Ehe. Die Kinder waren selbständig, und sie begannen sich gegenseitig als eigenständige Menschen gernzuhaben. Ma ließ sogar Pa zur Ecke am Cross Bay-Boulevard hinuntergehen und bei der großen fetten Buchmacherin seine Wetten abschließen, im Süßwarenladen.

III

Ich erinnere mich an den Morgen, als mein Vater im Wandschrank in der Wohnung in Ozone Park ein paar junge Mäuse fand, und es blieb ihm nichts anderes übrig, als sie die Toilette hinunterzuspülen. Rote Sonne im Juni, auf dem Boulevard schießen die Autos vorbei, Gestank der Auspuffgase, doch ein schöner Wind, der ständig vom nahe gelegenen Meer herüberwehte, blies ihn fort, und auch schöne Bäume in der Gegend.

«Arme Tierlein», sagte er, «aber was bleibt mir anders übrig?» Und sobald er es getan hatte, weinte er fast. «Die armen kleinen Babies, 's ist ein Jammer.»

«Sie waren so goldig», sagte Ma mit einer Kinderstimme, die auf englisch albern geklungen hätte, doch auf frankokanadisch zeigte sie lediglich, was für ein kleines Mädchen sie in den alten Tagen in New Hampshire gewesen sein muß, die Betonung auf dem Wort «goldig», sie benützte das englische Wort, doch Umgebung und Aussprache waren französisch, man spürte die unendliche und aufrichtige Trauer eines Kindes darüber, daß solch kleine Viechlein mit ihren zitternden Schnäuzchen und Barthaaren solch schwerwiegenden krankmachenden Schmutz mit sich herumtrugen . . . ach und die kleinen hilflosen weißen Bäuchlein, und die Haare an den dürren Hälsen fließen im Wasser nach hinten . . .

Als neulich (1967) meine Katze starb, sah ich ihr Gesicht im Himmel, genauso wie der alte Harry Carey das Gesicht seines getreuen Neger-Dieners im Himmel sah, am Ende des Filmes *Trader Horn*. Egal wer die geliebte Person ist: du liebst die Getreuen, die Hilflosen, die Vertrauensvollen.

Nachts lag ich in meinem Bett am Fenster zum Boulevard und wälzte mich in tausend Qualen, einundzwanzigjährig, gequält von allen Schrekken dieser Welt.

Als ich fortging und mich durch die Gewerkschaft für die S.S. *George Weems* anheuern ließ und sah, daß an deren Schornsteine in den Docks von Brooklyn drei Flugzeuge gemalt waren, womit die anzeigen wollten, daß sie über dem Atlantik drei Flugzeuge abgeschossen hatten, da quälten mich die gleichen Gedanken . . .

Wenn du einundzwanzig bist, rennst du zu deinem Mädchen. Ich lief hinauf zum Columbia Campus, um nach Johnnie zu sehen, fand sie im Asbury Park, wo sie den Sommer über bei ihrer Großmutter wohnte, sie hängte mir Ohrringe an die Ohren, und als wir am Nachmittag inmitten einer Menge am Strand lagen, sagte eine Gruppe von Mädchen: «Was ist das wohl, ein Zigeuner?» Aber ein Zigeuner, der nicht die anderen aufißt, während er seines Weges geht.

«Ich suche mir ein Schiff, und so um den Oktober komme ich zurück, und dann wohnen wir zusammen in einer Wohnung in New York City, direkt beim Campus, mit deiner Freundin June.»

«Du bist eine Ratte, aber ich liebe dich.»

«Na und?»

IV

Eine Woche bevor das Schiff ausläuft, bringe ich in der Wohnung meiner Eltern meine Habseligkeiten in Ordnung, als es um acht Uhr abends plötzlich an die Tür klopft und Big Slim vor mir steht. «Auf geht's, Junge, komm mit, wir wollen uns betrinken und auf die Pferde setzen.»

«Wir können gleich mit der Bar gegenüber anfangen. Doch mit den Pferderennen warten wir vielleicht noch ein wenig, bis mein Pa um Mittag von der Arbeit kommt, er geht immer so gern zur Jamaica-Rennbahn.» Gesagt, getan. Ich, Big Slim und Pa gingen nach Jamaica, und im ersten Rennen setzte Slim heimlich zwanzig auf den Favoriten, während Pa fünf darauf setzte, daß sich irgend so ein alter Klepper placieren würde, nachdem er die ganze Nacht die Vorhersagen im *Morning Telegraph* studiert hatte. Beide verloren. Slim hatte eine Flasche Whisky in der Gesäßtasche, ich auch. Es waren Kriegszeiten, es gab tausend Dinge zu tun. Mein Pa mochte Slim sehr gern. Nach den Rennen fuhren wir zurück nach New York, bei Gott, mit der Bahn, die zur Penn-Station fährt, und machten die Gegend der Bowery unsicher. Bumslokale und heisere, dicke, fette Weibsbilder in Sammys Bowery Follies, sie sangen *My Gal Sal*, und eine alte Tante von einem Schleppdampfer setzte sich sogar auf Pas großen fetten Schoß und sagte, er sei ein goldiger Kerl und solle ihr ein Bier bestellen. Pa ging erschöpft nach Hause, und ich zog mit Slim weiter in die Nacht ... Es endete damit – und ich sah ihn danach nie wieder –, daß er mit den Händen vor dem Gesicht laut und traurig heulte: «Oh, mir ist schlecht, mir ist schlecht!» Und rannte gegen Laternenpfosten am Hafen in der Nähe des Hauses der Seemannsgewerkschaft. Alles versteckt sich in den schmalen Gäßchen zwischen den Häusern, um *ihm* zuzuschauen, wie er sich aufführt, mit seinen 1,95 Meter und 200 Pfund Muskeln und Knochen. Sie bauten damals das Gewerkschaftshaus gerade in eine Seemannskapelle um, unter der Leitung von Pfarrer Nordgren, den ich viele Jahre später in Florida im Ruhestand wiedertraf, aber es war nicht nach Slims Geschmack, in die Kapelle zu gehen. Ich habe keine Ahnung, wo er tatsächlich hinging.

Zuletzt hörte ich, er soll in Texas Rinder treiben, stimmt vermutlich nicht. Wo ist er heute abend? Wo bin ich? Wo bist du?

Als ich nämlich das Gesicht meines geliebten Katers Timmy im Himmel sah und ihn mit seiner vertrauten kleinen Stimme mieauen hörte, überraschte mich der Gedanke, daß er noch gar nicht geboren war, als der Zweite Weltkrieg tobte, folglich kann er doch in diesem Moment gar nicht tot sein? Wenn er noch nicht am Leben war, wie kann er dann tot sein? Also nur ein vorübergehendes Gespenst in molekularer Form, das unsere Seelen damit verfolgt, Gottes Perfektion so nahe zu kommen, im Falle Timmys zeigte sich diese Perfektion, wenn er wie ein Löwe auf dem Küchentisch saß, die Pfoten von sich gestreckt, den Kopf mit den kräftigen Backen aufrecht, und Gottes Unvollkommenheit, als er starb, als sein Rücken nur noch ein Skelett von Rippen und Rückenwirbeln war, als sein Fell abging und seine Augen mich anschauten: «Ich habe dich vielleicht geliebt, ich liebe dich vielleicht jetzt, aber es ist zu spät ...» Pascal sagt das besser als ich, wenn er schreibt: «WAS SOLLEN WIR AUS ALL UNSERER DUNKELHEIT GEWINNEN, WENN NICHT DIE ÜBERZEUGUNG, DASS WIR UNWÜRDIG SIND?» Und er fügt hinzu, um dir den rechten Pfad zu weisen:

«Es gibt Vollkommenes in der Natur, das demonstriert, daß sie das Ebenbild Gottes ist» – wenn Timmy dasitzt wie ein Löwe, Big Slim in seiner Blüte, Papa in seiner Blüte, ich in meiner sorglosen Jugend 1943, du, alle – «und Unvollkommenes» – unser Verfall und Abstieg, wir alle –, «das uns versichert, daß sie nicht mehr ist als Sein Ebenbild.» Ich glaube das.

«Gott ist tot» schlug allen auf den Magen, denn alle wissen, was ich eben gesagt habe und was Pascal gesagt hat, und Paschal bedeutet Auferstehung.

V

Erstaunliche sieben Stunden, an jenem heißen Tag, Ende Juni 1943, als ich, zwischen Hunderten von Leuten in der U-Bahn eingeklemmt, mein Hemd völlig durchschwitzte, auf dem Weg in die Stadt, wo ich bei der National Maritime Union meine Bordpapiere abholen wollte, und ich fluchte (weil ich die Hitze überhaupt nicht ausstehen kann, mein Blut wird dick und heiß wie Sirup), und dann, sieben Stunden später, stehe ich Wache auf dem Bug des Schiffes, in der windigen dunklen See unter den Sternen, mit meiner großen Jacke, vorbei an Nantucket und auf nach England!

Dies war die oben erwähnte S.S. *George Weems*, ich war als gewöhnlicher Matrose für die Morgenwache angeheuert worden, mein erster Job an Deck. Ich mußte von den anderen Burschen lernen, wie man diese faustdicken Taue aufnimmt und sie um riesige Backen wickelt, während der Kamerad an der Dampfwinde diese Drahtseile auf eine große Haspel spult, so groß wie dein Schlafzimmer oder das Bett darin, und das ganze Theater, wie man Rettungsboote zu Wasser läßt, mit richtigen Übungen und all dem Zeug, es mußte jederzeit klappen. Böhmische Dörfer für mich. Der Bootsmann sagte, ich sei der doofste Matrose aller Zeiten.

«Vor allem», sagt er, «wenn er um neun Uhr abends, eine Stunde bevor wir auslaufen, klagt, es sei im Hafen von New York zu heiß, und dann aufs erhöhte Achterdeck geht und runterspringt, wie viele Fuß ist das? Direkt in das Wasser des Hafens, bei Nacht. Woher weiß er, daß da nicht vielleicht eine große Planke oder so was herumschwimmt, möglichst mit Nägeln drin, um noch mehr Löcher in seinen Kopf zu bohren? Dann klettert er tropfnaß die Jakobsleiter hinauf und erwartet, daß ihn der Wachhabende für irgendeinen gewöhnlichen Menschen hält, der eben ein abkühlendes Bad genommen hat . . . wie konnten die wissen, daß du nicht vielleicht ein deutscher Spion bist, du Schwachkopf?»

«Es war heiß.»

«Ich werde dir beibringen, was heiß ist. Und außerdem», klagt er später, «sagt der Kerl zu keinem Menschen etwas, liegt bloß in seiner Falle und liest, ich bitt euch, er *liest* . . . Aber ehrlich, Kleiner, du hättest dir bei Nacht im Wasser den Schädel einschlagen können, und das ist ein verdammt hohes Deck da droben.»

«Wir sind in Neuschottland immer nachmittags von der *Dorchester* gesprungen.»

«Sicher, wenn du deutlich das Wasser unter dir sehen kannst . . .»

Außerdem hat das Schiff in allen Laderäumen Bomben geladen, 500-Pfünder, und die Dynamit-Flagge ist aufgezogen, rot, wir gehen nach Liverpool.

VI

Die rote Dynamit-Flagge gilt als Warnung für alle, einschließlich der Schleppkähne, uns nicht zu hart zu rammen. Wenn wir von einem Torpedo getroffen werden, gehen wir alle in die Luft, in einem gigantischen Durcheinander von Schrapnellen, Männern, Töpfen, Pfannen, Büchern, Kojen, der ganze Segen. Ich kann mir heute nicht mehr vorstellen, daß ich damals fähig war, so gut zu schlafen.

Doch jetzt ist es soweit, sieben Stunden nachdem ich in der Junihitze Manhattans in der menschlichen U-Bahn geflucht und geschwitzt habe, ach Mann, kalte Winde, wieder auf dem Atlantik, Nacht, Sterne, ich drehe mich um und werfe einen Blick auf die Kommandobrücke, ein kleines blaues schwaches Licht zeigt an, wo ein kerngesunder Seemann das Ruder in Händen hält, das Auge auf dem Kompaß, wo der Erste Steuermann oder der Kapitän steht und überlegt oder mit dem Fernrohr in die Dunkelheit schaut, zu beiden Seiten sieht man die anderen Schiffe, aus ihren Schornsteinen quillt der Rauch, es ist ein großer 1a-Geleitzug.

Die Burschen in der Kombüse sprechen von einem legendären deutschen Schlachtschiff, das, wenn es uns entdeckt, uns aus einer Million Meter Entfernung mit Ferngranaten bombardieren kann, und wir können sie nicht mal mit den Geschützen unserer Geleitkreuzer erreichen (man kann die Kreuzer da draußen sehen, wie sie stampfen und sich durch die Wellen beißen). Morgen und neue Gewässer.

Die Morgenwache von vier bis acht ist die beste Wache auf jedem Schiff. Um vier Uhr dreißig ist die Tagesarbeit an Deck zu Ende. Gewöhnlich stehe ich um sieben Uhr dreißig morgens Wache auf dem Bug, ich stehe einfach am vorderen Ende des Schiffes (Bug) und halte auf dem Wasser oder am Horizont Ausschau nach Anzeichen von Minen oder Blasenspuren, die von einem Periskop herrühren könnten, einfach nach allem, was verdächtig erscheint. Welch Horizont! Die See ist mein Bruder ... Wer noch nie zur See gefahren ist, weiß nicht, daß dort, wo es richtig tief ist, das Wasser eine reine blaue Farbe hat, kein grünes Fleckchen, tiefblau, an stürmischen Tagen mit weißem Schaum, die Farben der Jungfrau Maria. Es überrascht vielleicht nicht, daß die Fischer aus Portugal und überhaupt vom Mittelmeer zu Maria beten und sie nachts den Stern des Meeres oder Stella Maris nennen. Könnte Roger Maris einen *homerun* auf dem Meer erzielen? Hatte Judas recht, als er sagte, daß die Wellen des Meeres «ihre eigne Schande ausschäumen»? (Judas 13.) Eigentlich nicht, wenn man an das Gebären und Sterben in der Natur denkt. Wo ist denn die Verbindung zwischen menschlicher Schande und all dem herrlichen Pfui eines ewig gackernden alten Mannes, wie meines Bruders, der See, selbst wenn die Würmer weiterfressen und die Schwarzseher recht behalten werden? Wer steckte den Stöpsel in den Kellerboden *dieser* Badewanne? Welch runder Kropf voll zusammenhangloser Farbflecken, und trotzdem eine solch slawische Ebene mit Erhebungen weißen Schaumes, teilweise echte Dschingis-Khans mit gewellten Drohungen, backbord vor dem Bug ... Wer, außer einer Bugwache, die stundenlang dasteht und nichts anderes im Auge hat als die See, könnte dir das erzählen, oder noch besser (wie ich gelegentlich) die Wache im Krähennest, die meilenweit entferntes Zeug auf dem Wasser erspähen kann? Manchmal formt der Wind plötzlich eine Welle, mit flaumigem Schaum, der sich gleich wieder im unförmigen Aufbrausen des Wassers auflöst. Kleine Erhebungen, große Erhebungen, pfui, die See ist wie ein Kaminfeuer: immer faszinierend zu beobachten, im Grunde genommen immer langweilig, so wie ich das im Moment sein muß, immer eine Lektion von irgendwie blöder allgemeingültiger Natur, Weisheit und dergleichen, «der alles verzehrende» und «stets wechselnde» Bockmist aller Dinge, die See und alles, du möchtest direkt in die Messe hinuntergehen und drei Tassen Kaffee trinken, oder drei Polizisten, *entweder oder*, und du möchtest diesem ziellosen Universum Lebewohl sagen, das ja schließlich unser einziger Bruder ist, ob friedlich oder nicht: sein Gesicht wird zornig oder beschwichtigend dreinschauen. Was kann ich mit diesen ziellos wandernden Schaumlinien anfangen? Daß ich ein Nachfahre kornischer Seefahrer bin und danach Bretone, will nichts besagen angesichts dieser Salzfluten und all der Scheiße, die überall, Blumen gleich, sproßt, o Herr, Wolfshund-Meer.

Vor der Küste des Firth of Clyde getüpfeltes Pomeranzenpack. Es überrascht jedoch, die Irische See *ist* grün.

Gott sei Dank ist die See nicht meine Mutter und hackt nie auf mir herum, und sie ist nicht meine Frau und nörgelt nie an mir herum, die See ist mein Bruder und kann mich entweder roh essen (ohne Ausflüchte oder Tricks), oder mich in Ruhe lassen, damit ich schwanken und tauchen und schlafen und träumen kann, im Krähennest, wie Pip, im Masttoppkorb, Junge. Bill Buddys baumelnde Beine, an der Rahnock der Britischen Marine . . .

Fiddelfuck auf den Sämann, ob heilig oder nicht, auf den Seemann, auf die SEE, wir werden nie sehen, was unter ihr ist, höchstens mit Coral Gable-Augen, Israel-Händen, Phineas-Füßen und feinen Tentrikeln in unserem Vestibül, oder wenigstens vestibulumentär.

So ein Hafen voll Pferdewasser.

VII

Zwei siebzigjährige Seebären teilen das Vorderdeck mit mir; sie stammen noch aus den alten Tagen des Ersten Weltkriegs, ja sogar von noch früher, mein Gott, einer von ihnen, ein Schwede, flickt die Segel immer noch mit einer großen Nadel. Sie hassen mich, weil ich dauernd bloß im Bett liege und lese und weil ich mich weigere, das Segelflicken zu lernen, anstatt zu lesen, und weil ich mich um Mitternacht wegstehle und versuche, auf der Schreibmaschine des Zahlmeisters in dessen kleinem Büro mein Buch *Die See ist mein Bruder* zu Ende zu schreiben. Doch jetzt habe ich die Namen geändert und denke anders darüber. In meiner Koje lese ich, stell dir das mal vor, die ganze *Forsyte Saga* von Galsworthy, die mir nicht nur ein Bild vom Leben in England vermittelt, bevor wir dahin kommen (wie gesagt, wir fahren nach Liverpool), sondern mir auch eine Vorstellung davon gibt, wie sich Sagen oder Legenden, Romane, in einer grandiosen Erzählung vereinigen.

Jeden Abend um fünf oder sechs muß ich jetzt wie jener barfüßige Indianer auf der *Dorch* das ganze Schiff abgehen, alle Vorderdecks und Kabinen, um mich zu versichern, daß alle Bullaugen geschlossen und verriegelt sind. Die Verdunklungsvorschriften im Krieg. Ich muß also nicht nur in die Kabine des einunddreißigjährigen Kapitäns gehen und sein Bullauge überprüfen, während er ein fünfminütiges Kapitänsschläfchen macht (der arme Junge schlief nie, glaube mir), sondern muß mich auch ins Vorderdeck der Burschen wagen, die von acht bis zehn Deckwache haben; es sind drei irre Typen, mit Muskeln und Tätowierungen, die sich die ganze Zeit darin üben, Messer gegen die Tür zu werfen. Gerade wenn du die Tür (das Schott) öffnen willst, hörst du ein «Nix», ein Messer ist gerade abgeprallt, dann hörst du ein «Getroffen!», und ein Messer ist steckengeblieben. Dann mußt du anklopfen. Fast immer Regenwetter auf dieser Überfahrt, ich mußte die ganze Zeit meinen Südwester tragen, du kennst diese Ausrüstung, die die Fischer von Gloucester anhaben: großer Gummihut und weiter Gummimantel, du siehst das auf allen Bildern aus dem neunzehnten Jahrhundert, die ein Ungewitter auf See darstellen, in dieser Ausrüstung also muß ich anklopfen, und sie sagen: «Komm rein, Spencer Tracy!» Ich bin nicht sicher, ob sie nicht noch ein Messer werfen werden, aber es ist meine Pflicht, hineinzugehen und ihre Bullaugen zu überprüfen. Sie halten ihre Messer hoch. Ich habe nie auch nur ein Wort zu einem von ihnen gesagt. Auf dieser ganzen Fahrt sagte ich nicht mehr als zwölf Worte an Bord.

Aber überhaupt nichts, nicht mal das, konnte den Ersten Steuermann zufriedenstellen, der mich aus ganzer Seele haßte, wenn ich nur wüßte warum, vielleicht, weil ich nie mit ihm sprach, was weiß ich. Er war Deutscher, mit einer großen Narbe auf der Wange, richtig niederträchtig. Nach der Wachablösung mußte ich immer den Bug verlassen und hinuntergehen und Kaffee kochen, aber er war nie damit zufrieden, dabei machte ich den besten Kaffee auf dem ganzen Schiff, abgesehen mal vom Küchenchef, und deshalb mußte ich auch dauernd Kaffee kochen. Ich wußte, wie ich die silberne Kaffeemaschine zu reinigen hatte, ebenso den Leinenbehälter, ich konnte ihn sogar auswechseln usw., hatte alles bei Prachtkerl und den anderen Köchen auf der *Dorchester* gelernt, aber nein, dieser Erste Steuermann hatte mich auf der Latte. Eines Morgens war ein unwahrscheinlicher Sturm, sehr hohe Wellen, Regen, Donner, sogar ein Regenbogen, eine schwarze Wolke hier, etwas anderes dort, das Schiff stampft wie verrückt, und trotzdem jagt mich dieser idiotische Erste Steuermann die eiserne Leiter zum Krähennest hinauf. Zu diesem Zweck mußte ich mich mit den Händen eisern festhalten, genauso wie Jahre danach, als ich mich an die eisernen Querleisten der Eisenbahn festklammern mußte, weil ein Ruck durch alle Wagen ging, beim Bremsen. Ich hänge also mit dem Kopf nach unten über dem Mast und halte mich fest, so sehr schwankt er von einer Seite zur andern. Aber ich schaffte es bis zum Krähennest, schloß die kleine Tür, gab ein «Oh aaah seufz» von mir, doch plötzlich bricht ein Regenbogen aus einer schwarzen Wolke und traf das Schiff voll von vorne mit einem gigantischen Wolkenbruch, und der Mast neigte sich so weit nach Steuerbord, daß ich glaubte, mein Nest würde gleich die Wellen berühren, oder noch schlimmer, es würde eintauchen und zusammen mit dem Schiff untergehen. Aber der schwere Kiel ließ das Schiff mit einem Knirschen wieder hochkommen, halt, jetzt geht's ganz, ganz hinüber auf Backbord, und ich fahre ganz umsonst Achterbahn da droben, und ich schreie: «Gottogott!» Daraufhin hielt die Deckbesatzung, alle in der NMU, eine Versammlung ab und rügte den Ersten Steuermann dafür, daß er einen gewöhnlichen Matrosen während eines ernsthaften Sturms ins Krähennest schickte. Sie beschlossen, er dürfe das nie wieder tun. «Er will dich umbringen», sagte mir der Gewerkschaftsmann kurz.

Tatsächlich, an einem anderen stürmischen Morgen faucht mich der Erste Steuermann mit seiner Narbe und dem bemäkelten Kaffee an, mit seinem deutschen Akzent, ich solle die ausgeschwungenen Rettungsboote ausschöpfen. Dazu muß ich über vier Fuß Wasser (oder weniger) springen, das heißt, vom Schiff selbst in das Rettungsboot, das über dem dahinbrausenden Wasser hängt, die Vorwärtsbewegung des Schiffes und die schweren Sturmböen lassen es so dahinbrausen, doch ich stützte mich mit meinen Händen und schaffte es, mit dem Eimer in der Hand, unter dem Südwester (doch ich schreie «Wuuuiii» wie damals mit Annie in Virginia, als ich die leere Ginflasche über die mondbeschienenen Bäume warf), und ich schöpfte und schöpfte. Das Schöpfen war sinnlos, nur ein Trick des Ersten Steuermanns, ich könnte über Bord fallen, dann hätte er mich los. Wenn ich nur wüßte, warum er mich loshaben wollte. «Du solltest den Kerl am Kragen packen, sobald wir wieder in Brooklyn sind», sagte einer zu mir. In jenen Tagen dachte ich nicht an solche Dinge. Insgeheim sagte ich mir: «Ich kann alles tun, was er mir befiehlt, und werde doch nirgends runterfallen.» Ich wollte ja nur in meine Koje und an der *Saga* weiterlesen.

Es hätte die Nordische Saga sein sollen, aber sie sorgte auch so dafür, daß ich etwas zu tun hatte und dann schläfrig wurde. Ich glaube, nachdem ich jene Mine entdeckte, und nachdem ich alles tat, was mich der Erste Steuermann anwies, ohne Widerrede, da fing die Mannschaft an, mich zu respektieren, denn danach ließen sie mich sogar bis fünf Uhr fünfzehn schlafen, fünfzehn Minuten nachdem meine Wache angefangen hatte, sie brauchten mich ohnehin nicht gleich, und vorsichtig weckten sie mich: «Auf geht's, Dulouse, es ist Zeit, du hast genug geschlafen.»

«Dornröschen persönlich», verkündete der Bootsmann, als ich hereinkam, um meinen Kaffee zu trinken.

Sie waren gute Jungs, und wir hatten eine gute Überfahrt. Doch was mich betrifft, so bekam ich nie heraus, was dem Ersten Steuermann fehlte. Es war so eine ähnliche Sache wie zwischen Billy Budd und dem Schiffsprofos Claggart, denn er kochte dauernd vor Wut, und ich schlief dauernd, das erklärt die Sache mit Billy und Claggart ziemlich genau, die schuldige und die unschuldige Seele, nebeneinander auf demselben Schiff.

Eines Morgens glaubte ich zum Beispiel, auf dem Stahldeck direkt über meinem Kopf sei eine gewaltige Schlägerei im Gange, ein riesiges Tohuwabohu, fünfzig Mann schlagen sich mit Prügeln und Vorschlaghämmern, aber es war «Puiii puii puiii» und der Schrei «Alle Mann an Deck», Alarm, und mir wurde klar, daß ich die explodierenden Wasserbomben eines angreifenden U-Boots hörte. Ich drehte mich einfach um und schlief wieder ein. Nicht weil wir die 500-Pfünder geladen hatten und ohnehin nichts ausrichten konnten, sondern weil ich ganz einfach müde war und schon in der Klapsmühle der Marine zu dem Ergebnis gekommen war: «Ich könnte beim Überqueren der Straße getötet werden, wenn es die Erhabene Wirklichkeit so bestimmt hat, warum also nicht zur See fahren?» Und außerdem, verdammt noch mal, ich *war* nun mal die ganze Zeit müde. Sie nannten mich den «Schläfrigen DuLouse». Wie Beetle Bailey, weißt du . . . Zzzzz.

Der Vertreter der NMU bei der Versammlung rügte – mit der Zustimmung der anderen Mitglieder – den Ersten Steuermann auch wegen der Rettungsboot-Geschichte. Ich kann mich nicht mehr genau erinnern, wo ich mich während dieser Versammlungen aufhielt, entweder war ich hinten und machte in der großen Kaffeemaschine (fünfzig Tassen) Kaffee, oder ich las oder schlief oder stand Wache auf dem Bug und träumte, aber es kam jedenfalls alles in Ordnung.

Ich erwähne diese Einzelheiten, um mich vom Fluch der Vorwürfe zu befreien, ich hätte die Kriegsanstrengungen der Vereinigten Staaten nicht genügend unterstützt.

Die lockere Disziplin in der Handelsmarine war übrigens, wie ich mich jetzt erinnere, der Hauptgrund, weshalb der Erste Steuermann dauernd alle anschrie, während ich die Handelsmarine eben deshalb liebte und akzeptierte, einschließlich der damit verbundenen Gefahren. Manchmal dachte ich: «Herrje, das wär was für Pa, auf diesem Schiff zu sein, mit mir, vielleicht als Geschirrspüler, aber nein, da würden seine Beine nicht mitmachen, dann als Zahlmeister, mit Schreibmaschine . . . aber die Wellen, die Stürme und all diese Burschen.» Alles ist romantisch, wenn du einundzwanzig bist, im Jahre 1943.

Der Krieg brachte die Menschen einander näher, ganz gleich, was sich sonst über ihn sagen läßt.

Der einunddreißigjährige Kapitän schaute dauernd durch sein Fernrohr und wies die Jungs von der Marine an, sich mit dem Rest des Geleitzugs durch Lichtsignale zu verständigen, er trank viel Kaffee und versuchte ein paar Stunden zu schlafen. Er sah aus wie ein mit Sorgen belasteter leitender Angestellter, Johnny Carson am Schreibtisch, doch er war ein echter Kapitän. Er beachtete den Ersten Steuermann überhaupt nicht. Er trank nicht, genau wie andere Kapitäne, die ich gekannt habe, und er schien sich über seine Familie Sorgen zu machen. Der Kapitän deines Schiffs ist immer von Geheimnissen umgeben, der «Alte» wird er genannt, als sei er kein gewöhnlicher Mensch, was jeder weiß, und ich mußte natürlich immer wieder an die ersten zwanzig Tage der Fahrt der *Pequod* in *Moby Dick* denken, in denen niemand den Ahab zu Gesicht bekam, sie hörten nur sein Holzbein, auf und ab, stapf, stapf, in der Kapitänskabine, wo er über den Wal grübelte, jenen verdammten weißen Wal, dessen Augen ich diesen Augenblick im Himmel sehe (von denen eines in eine Richtung schaut, das andere in die andere Richtung, du weißt schon, was ich meine).

VIII

Heute, da ich fünfundvierzig Jahre alt und selbst dauernd gereizt bin, kann ich jenen Ersten Steuermann endlich verstehen und Mitleid mit ihm haben, und ich weiß, wie der Lachs jenen Fluß der bitteren Zeit und der Qual hinaufspringt, mein Weibchen ...

Und siehe! Eines Morgens erhob sich die Sonne als Anwalt der klagenden Nebelschleier über dem Firth of Clyde, und die Schiffe kamen in ein heiteres Gewässer, zur Linken die Klippen Schottlands, zur Rechten erstreckten sich die grünen Wiesen Irlands mit strohgedeckten Hütten und Kühen. Stell dir mal vor, du hättest eine strohgedeckte Hütte direkt am Meer! Einen Bauernhof am Meer! Ich stand da und weinte, mit Tränen in den Augen sagte ich mir: «Irland? Ist's möglich? Das Land eines James Joyce?» Aber ich erinnerte mich auch, was vor vielen Jahren mein Vater und meine Onkel immer gesagt hatten, daß wir nämlich von kornischen Kelten abstammen, die vor Urzeiten von Irland nach Cornwall auswanderten, lange vor Christus und der Kalenderrechnung, die sich nach ihm orientiert, Kerouac'h («Duluoz») sei, so sagten sie, ein alter gälischer Name. Der Ruf war immer: «Cornwall, Cornwall, aus Irland, und dann die Bretagne.» Das ist kein Geheimnis, all diese Gebiete werden mehr oder weniger von der Irischen See umspült, einschließlich Wales und Schottland auf Backbord drüben, mit seinen erhabenen Klippen. Doch der Bootsmann herrscht mich an:

«Los, DuLouse, hast du noch nie Irland gesehen, kümmre dich gefälligst um die Kabeltaue hier, du Wasserkopf!» («Ker Roach» nannten sie mich.)

Noch immer mit Tränen in den Augen arbeitete ich weiter, aber kann mir ein Mensch sagen warum? Es waren einfach der Anblick der kleinen strohgedeckten Hütten auf den grünen Wiesen bei den sich sanft brechenden Wellen und die langen Schatten der Kühe in der frühen Morgensonne und der Wind in meinem Rücken, schätzungsweise ...

IX

Dann dampften wir durch die Irische See, warfen Anker vor Belfast, warteten dort auf einige britische Geleitboote und überquerten die Irische See an jenem Nachmittag und Abend, geradewegs nach Liverpool. 1943. Das Jahr, in dem die Beatles geboren wurden, hahaha.

Und das Jahr, in dem irgend so ein Strolch mit Schiebermütze meinen Rat befolgte und infolgedessen mit gesunden Beinen überlebte. Als wir nämlich den Mersey hinauffuhren, alles schlammig braun, und uns einem alten hölzernen Pier näherten, stand da ein kleiner Kerl aus Großbritannien, schwenkte eine Zeitung und schrie etwas, vielleicht hundert Yards voraus, genau in unserer Fahrtrichtung. Sein Fahrrad hatte er bei sich. Schließlich konnte ich ihn verstehen, er schrie irgend etwas wie: «Yank! Hee Yank! Es gab einen großen Sieg der Alliierten in Salerno! Haste das gewußt?»

«Ich weiß nicht, Herr Engländer, aber Sie sollten bitte von diesem Pier verschwinden, so wie es aussieht, werden wir ihn in einem Moment in Grund und Boden rammen . . .» Aber er konnte mich nicht hören, da war der Wind und die Flut und der Lärm der Krane und Winden, die andere Schiffe nebenan am Merseyside-Pier entluden.

«Yank! Yank!»

«Aber Mann –» ich glaube, der Kapitän hat sich zu guter Letzt doch betrunken, zum erstenmal, und der Erste Steuermann wohl auch, vielleicht mit Schnaps – «bitte, drehen Sie um und laufen Sie so schnell Sie können, dieses Schiff wird nicht sanft anlegen, es wird den Pier rammen! Die Kommandobrücke ist betrunken!»

«Hee? Hee was ist? Salerno!»

Ich gab ihm weiter mit Handzeichen zu verstehen, er solle losrennen, ich zeigte auf den Bug, die Brücke, den Pier, auf ihn, ich sagte: «Lauf, lauf, lauf . . . fort!» Er nahm seine Schiebermütze in die Hand und lief zurück, das Fahrrad schob er neben sich her, und tatsächlich, der Bug der S.S. *George Weems*, mit ihren 500-Pfündern und der Dynamit-Flagge, rammte den verfaulten alten Landesteg aus Holz mit voller Wucht und zerstörte ihn vollkommen, ke-rach-ke-rach-krach, Balken, Planken, Nägel, alte Rattennester, ein Haufen Abfall lag durcheinander, wie mit einem Bulldozer zusammengeschoben, und wir hatten in Großbritannien angelegt.

«Diese königliche Insel.»

Mann, wäre das moderner Beton gewesen, dann gute Nacht DuLouse, gute Nacht Buch, alles wäre hin gewesen, die ganze Mannschaft und nichts als die Mannschaft und halb Liverpool.

X

Wohin geht ein Kapitän, wenn sein Schiff endlich angelegt hat, wenn er nach dem Abendessen in seinem besten Anzug, mit Achselklappen und allem Drum und Dran, vorsichtig das Fallreep herunterkommt und auf ein wartendes Taxi oder eine Limousine zugeht? Es war Krieg, und wir waren in Liverpool: Ging er aus, um in einem Schloß über einer steilen Klippe im Meer sein Dinner einzunehmen (nach vorausgegangenen Cocktails, versteht sich)? Oder ging er in einen Klub? Und überhaupt, wo geht denn der narbige Erste Steuermann hin, den Kopf voll bösartiger Gedanken, zu noch seltsameren Freunden? Und überhaupt, wo geht eigentlich der Bootsmann hin, wohin der niedrigste portugiesische Matrose, der Maschinenraum, wo gehen die hin? Fein herausgeputzt schwärmen sie alle aus? Ich sehe ihnen zu und staune. Ich habe nämlich mit dem portugiesischen Matrosen ausgemacht, das ganze Wochenende für ihn zu arbeiten; wenn er dann zurückkommt, habe ich zwei freie Tage hintereinander. Fragt sich vielleicht jemand, was *ich* tun werde? Aber wohin gehen Kapitäne? Man kann sich genausogut überlegen, wohin Elefanten gehen, wenn sie sterben, mit ihren Rüsseln. Eine verborgene Blondine? Irgendein zweifelhafter Freund und britischer Seebär, der ihm einst in Magellan-Zimmern das Kartenlesen beibrachte? Es ist mir gleich, ob es der Hafen von Norfolk (Virginia) ist oder Liverpool oder Hongkong, sie suchen jedenfalls sehr eigenartige Orte auf. Ich stehe also da und schaue zu, wie sie alle an Land gehen, ich muß zwei Tage an Bord bleiben und mit den Scheinwerfern im Laderaum herumspielen und mit den Kabeln, die den Strom zuführen, ich muß für die Fallreep-Wache Kaffee machen und am Morgen all den verrückten kleinen Liverpooler Hafenarbeitern zusehen, die auf ihren Fahrrädern mit Lunchtüten und mit «Tay» gefüllten Thermosflaschen angerast kommen und sich eifrig an ihre Arbeit machen, nämlich diese schrecklichen 500-Pfund-Bomben zu entladen, die für das arme alte süße Dresden oder sonst 'ne Stadt oder Hamburg bestimmt sind.

Aber an jenem ersten Abend, einem Freitag, als praktisch die ganze Mannschaft ausgegangen war, schleppte ich die Kabel umher, stellte spezielle Rattenfallen auf, um die Originalkabel zu schützen, stellte die Scheinwerfer richtig ein, machte Kaffee, verbrachte die meiste Zeit einfach damit, die Dinge an Deck in Ordnung zu bringen und sagte zu mir: «*Aye saye, Mayetee*», dabei den Lancashire-Akzent der Hafenarbeiter nachahmend. Meine Nase tropfte in der Kühle des Hafens, ich war vergnügt, praktisch ganz allein auf einem großen Schiff, und plötzlich dämmerte es mir, daß ich eines Tages ein ganz ernsthafter Schriftsteller werden würde, der keine Zeit hat, mit Dichtung oder Form oder Stil herumzuspielen. Außerdem kommt in der Abenddämmerung, rot auf dem nassen Bauch der Mersey, der älteste und kleinste Frachter daher, den ich je gesehen habe; alte Knaben sitzen im Achterdeck auf alten Stühlen und rauchen ihre Pfeife, die S.S. *Long Voyage Home*, wahrscheinlich zum tausendstenmal unterwegs nach Bangkok, das Schiff gleitet ganz nahe an meiner Reling vorbei, die alten Männer schauen nicht hoch, ich könnte sie fast berühren, mit einer Stange jedenfalls, und sie fahren in die untergehende Sonne auf langen Reisen in den Pazifik, und ich mache mir Gedanken: «Joseph Conrad hatte doch recht, es *gibt* alte Seebären, die überall gewesen sind, von Bombay bis Britisch Columbia, und auf den Achterdecks der alten Schiffe ihre Pfeifen geraucht haben, sie sind praktisch auf See geboren, und sie sterben auf See, und sie schauen nicht mal hoch ... Haben sogar Katzen unter Deck für die Ratten und gelegentlich einen Hund ... Was für einen Tabak rauchen sie? Was tun sie, wohin gehen sie, wenn sie in Macao ihr Festtagswams anlegen, wofür? Was für ein riesiger Scherben das alles für mich ist, daß ich es überhaupt wage, an etwas zu denken, wo doch alles gesagt und getan ist, Kamerad, pack an und wickle mir diese Kabel richtig auf ...» Ich führte Selbstgespräche und lachte die ganze Nacht. Und kein einziger Drink seit Brooklyn ... Wozu auch?

Um die Mittagszeit trottete ich vielleicht über die Kopfsteinpflaster auf den Straßen Merseysides, hinunter zur Kneipe, sie war immer zu, nicht nur hatten sie keine Wurst während des Krieges in England, höchstens solche aus Sägemehl, sondern es gab auch kein richtiges Bier. Und immer zu. Irgendein alter Knilch in einer Bar klagte, daß die armen Leute Liverpools ihre Badewannen als Kohlenbehälter benutzen.

Doch als mein Wochenende vorbei war und der Portugiese zurückkam, um mich zwei Tage zu vertreten, zog ich *mein* Festtagswams an, nämlich eine speckige, ölige schwarze Lederjacke, Khakihemd, schwarze Krawatte, einen Handelsmarine-Armee-Marine-Lagerhaus-Hut mit falscher Goldtresse und mit Sonnenblende, schwarzpolierte Schuhe, schwarze Socken und ging das Fallreep hinunter, hinter mir blieben die Kater der zurückgekehrten Mannschaft, und ich kaufte mir eine Fahrkarte nach London, England, bei der Midland Railway. Selbst der Kapitän war jetzt zurück, bestimmt auch enttäuscht.

Im Zentrum Liverpools ließ ich mir die Haare schneiden, drückte mich am Bahnhof herum, schaute mir im USO-Klub Zeitschriften und Tischtennisspieler an, Regen, die verwitterten alten Denkmäler am Kai, Tauben, und den Zug zwischen den seltsamen Kaminen von Birkenhead und ins Herz von *La Grande Bretagne* (dem Großen Britannien).

Elftes Buch

I

Dann kam die Sonne heraus, und unser Zug rattertiratterte durch die herrlichste grüne Landschaft, England im September, Anfang September, Heuhaufen, Leute auf Fahrrädern warteten an den Schranken, wenn wir durchrauschten, verträumte kleine schmale Flüßchen scheinen die Hütten, durch die sie fließen, zu nähren, als ob sie die Wasser Mannas mit sich führten, Hecken, alte Damen mit Walter Pidgeon-Hüten beschneiden Heckenreihen zwischen Fachwerkhäusern, die ganze Szenerie Englands, die ich schon immer sehen wollte, doch um sie zu sehen, mußte ich jetzt am Fenster in der Tür des Postwagens stehen und mir den Hals verrenken, weil dreihundert Australier auf dem Boden saßen und rauchten und schrien und würfelten, Soldaten. Im ganzen Zug kein Plätzchen. Rums, wir fahren in die Nacht hinein und in die Lichter Englands, bäng, Birmingham, Manchester oder was immer, und am Morgen schlafe ich auf dem Boden, verschmutzt und zerzaust wie all die anderen Soldaten, doch das stört uns wenig, denn wir sind auf Urlaub in London.

Ich kannte damals U-Bahnen ziemlich gut und fuhr deshalb mit der U-Bahn vom Bahnhof direkt zum Trafalgar Square; ich wußte, das war in der Nähe des Piccadilly Circus, aber ich wollte Tauben sehen und aus irgendeinem Grund auch Trafalgars Nelson-Statue, und außerdem putzte mir ein kleiner Junge die Schuhe, und in einem USO-Klub putzte ich mich heraus und begann an diesem warmen Tag in der Stadt umherzustreifen, sehr zufrieden, ging sogar in eine avantgardistische Gemäldeausstellung und hörte den einheimischen zeitgenössischen Intellektuellen zu, die diskutierten wie seit eh und je, während eines Krieges und danach, auf deiner blutigen Geschichtskarte.

Ich ging dann weiter und schaute mir Plakate an und entschied mich für die Royal Albert Hall, wo an diesem Abend Tschaikowski gespielt wurde, mit Barbirolli als Dirigenten. Auf diese Weise kam ich zum Hyde Park, und ich überlegte mir, ob er wohl nach Mr. Hyde genannt wurde, und wo blieb dann überhaupt Dr. Jekyll? Es macht Spaß, als junger Kerl in einem fremden Land zu sein, besonders in England, wenn man vorher all diese Filme im Rialto gesehen hat.

Mitten im Konzert zieht der englische Soldat neben mir auf dem Balkon einen Gedichtband von T. S. Eliot, *Four Quartets*, heraus und sagt, sie seien großartig. Ist doch mir Wurscht. Rechts von mir saß ein amerikanischer Soldat, er hatte eine Flasche dabei. Während der Aufführrung (weiß Gott, wie ich in jenen Tagen diese Konzerte durchstand, ohne gelegentlichen Ausflug zur Toilette oder ein Sandwich oder einen Drink oder ein Stückchen Sternenhimmel) verkündet Barbirolli plötzlich: «Wie Sie dem Heulen der Luftschutz-Sirenen draußen entnehmen können, wird London heute abend von der Deutschen Luftwaffe angegriffen. Sollen wir das Konzert fortsetzen oder in die Bunker hinuntergehen?» Beifall, «Nein! Konzert!», und so spielen sie weiter. Aber ich hatte Glück. Dies passierte kurz nach der wirklichen Luftschlacht um England, nachdem die RAF und die Kanadier Görings Luftwaffe zerschmettert hatten, und, wohlgemerkt, kurz vor Beginn der nächsten Nemesis: den raketengetriebenen Superbomben, der V 1, von der etwas später folgenden V 2 gar nicht zu reden. Im Luftkrieg um England herrschte eine Flaute, als ich dort war.

Es ist tatsächlich seltsam, daß ich nie und nirgendwo einen Bombenangriff erlebte, nicht mal auf der S.S. *George Weems*, deren drei Abschüsse an den Schornstein gemalt waren, und auch nicht von Spitzbergen aus, 1942 in Grönland. Vielleicht bin ich deswegen von der Luftwaffe der US-Marine ausgesiebt worden.

Wie dem auch sei, nach dem Konzert drängten wir uns alle aus der Royal Albert Hall in die pechschwarze Nacht eines total verdunkelten London; der Bombenangriff galt jetzt den Vororten, glaube ich, und ich und der *Four-Quartets*-Soldat und der trinkende Soldat, wir gingen schiebend und stoßend direkt zu den Bars am Piccadilly Circus auf einen späten Scotch. Dort becherten wir und versumpften bis ganz zum Schluß, als der Wirt doch tatsächlich, bei Gott, das Geschrei der Flieger und Soldaten und Matrosen überschrie: «*Beeilen Sie sich bitte, meine Herren, es ist Feierabend.*» Wir drängten ins Freie, in der Dunkelheit des Piccadilly, Pelzmäntel von Huren stießen gegen dich: «Wie wär's, Schätzchen?», und «Okay, wo?» Ich verlor die anderen, und als schließlich ein Pelzmantel sagte, sein Name sei «Lillian», gingen wir zusammen in eine kleine behagliche Gaststätte.

II

Am Morgen brachten sie uns ein Frühstück, draußen war es grau und neblig, und Kohlenrauch wälzte sich aus William Blakes Kaminen, und Lillian sagte: «Noch einmal, Schätzchen, dann muß ich mich für den Nachtdienst richten.» Hinterher verabschiede ich mich von ihr, bezahle für das Zimmer und gehe hinunter und rauche und faulenze vor dem Kamin im Lesezimmer der Gaststätte oder des Hotels. Ein wuchtiger, fetter, rosiger Engländer in einer Tweedjacke sitzt da und raucht eine große Pfeife und unterhält sich mit lauter und gewaltiger Stimme mit einem alten Weiblein in einem Tweedkostüm, und aus Cheshire-Tassen (was das auch sein mag) trinken sie Tee. Das Feuer prasselt und blitzt und knistert wie die Augen des großen Engländers. Mit meinen eigenen Augen sah ich, wie sie darauf achteten, England für sich selbst zu behalten, in der Tat. Ich wollte mit diesem Mann reden, aber ich hatte Angst vor ihm, Colonel Blimp und die Hand mit der Peitsche und der Hochmut und all das, aber du weißt so gut wie ich, was passiert wäre: Scotch, Drinks, Touren durch die Stadt. Amerikaner hatten eine naive Ehrfurcht vor dem lieben alten England in jenen Tagen. Heute habe ich meine Ehrfurcht vor England verloren, weil sie sich zu sehr bemüht haben, es «uns» gleichzutun. Das stimmt. Und das ist keine Cambridgesche Lüge.

III

Am Morgen dann ein paar kalte Biere mit amerikanischen Fliegern in Piccadillys Kneipen, wo sie das Bier dem Geschmack der Amerikaner zuliebe kühlen, ein Spaziergang, sogar ein Schläfchen in einem Park während eines Luftangriffs, und dann muß ich mich auf den Weg machen und Threadneedle Street suchen, weil Lillian oder irgendwas oder irgendwer mir fast mein ganzes Geld abgenommen hat. Ich glaube, es fiel mir in der Dunkelheit Piccadillys aus der Tasche, und jetzt muß ich mir von einer amerikanischen Schiffahrtsgesellschaft Geld leihen, damit ich mit der Eisenbahn zu meinem Schiff in Liverpool zurückfahren kann. Ein alter Mann mit Regenschirm und Homburg kommt auf mich zu, klopft mir auf die Schulter und sagt gebieterisch: «Sagen Sie, wie komme ich zur Threadneedle Street?» Das ist doch die verdammte Straße mit der Bank von England oder nicht? Jedenfalls bekomme ich mein Geld, zurück zum Zug, zurück nach Liverpool, Ankunft spät in der stockfinsteren Nacht, und unterwegs zu meinem Schiff in den Hafenanlagen hält mich bei dem Denkmal in der Nähe des Flusses wieder so eine alte Schachtel wie Lillian an und sagt: «Wie wär's, Schätzchen?» Deshalb, wie ich schon oben sagte, es geht gegen Denkmäler. Aber auf dem Weg zu meinem Schiff, ich kenne diesen Weg, kommt wieder ein Luftangriff und totale Verdunklung, und bei Gott, glaubst du, ich hätte mich auch nur einen Moment vor möglichen deutschen Bomben gefürchtet? Nein, genau in der Mitte dieser kopfsteingepflasterten Straßen im Hafenviertel, mit dem Geld aus der Threadneedle Street in der einen und einem verdammten Pflasterstein in der anderen Hand, so pirsche ich voran, vorsichtig wie ein kanadischer Indianer, denn ich konnte sie in den Hauseingängen der total verdunkelten Nacht atmen hören, diese Räuber und Halsabschneider, die auf Asphalthaufen in Badewannen Hiebe verabreichen, ohne Miete zu zahlen.

IV

Und es war an jenem letzten Morgen, bevor wir wieder nach Brooklyn ausliefen, als mir die Idee der «Duluoz-Legende» kam, es war ein grauer verregneter Morgen, und ich saß über der Schreibmaschine im Büro des Zahlmeisters, er gab sich wohl zum letztenmal dem Suff hin, da sah ich es: Ich würde mein ganzes Leben lang aufschreiben, was ich mit eigenen Augen sah, es mit meinen eigenen Worten erzählen, jeweils in dem Stil, für den ich mich gerade entschließen würde, ob nun mit einundzwanzig oder dreißig oder vierzig oder in noch höherem Alter, und ich würde das alles zu einer Darstellung zeitgenössischer Geschichte zusammenfassen, damit spätere Generationen sehen können, was tatsächlich geschah und was die Leute tatsächlich dachten.

Es war nur gut, versteht sich, daß die damals an der Lowell High School nicht mich dazu auserwählten, die Abschiedsansprache zu halten, als ich durch jene Mühle gegangen war.

Wir lichten also die Anker und laufen aus, durch die Irische See, in einem Sturm, sie ist so grün wie Rotz, weiß Gott, genau wie Joyce sagte, dann wieder um diesen Firth herum und hinaus in den Atlantik, und zwischen uns und Großbritannien liegt nichts mehr, nur die schwachen Töne des BBC im Radio.

Und ein gigantischer Sturm kommt auf, «huii huii» klingen die U-Boot-Angriffe, die Wellen schlagen so hart gegen die Seiten der *Weems*, daß wir nicht wissen, wie wir jemals die Rettungsboote zu Wasser lassen sollen. Die Bomben sind wir jetzt los, leicht hüpfen wir auf dem Wasser auf und nieder, doch die See ist zu schwer als daß wir eine Überlebenschance hätten, sollte unser Schiff in den armen, fast menschlichen, eisernen Schotten getroffen werden, wenn ein männlicher deutscher Torpedo in die *Weems* eindringt und sie versenkt; als hüpfende Korken würden wir ohnehin erfrieren (wir fahren auf der extremen Nordroute), und so sitzen wir eben verdrießlich in der Kombüse, die ganze Deckmannschaft und die Stewards, die Schwimmwesten sind angelegt, wir schlürfen Kaffee, spielen Dame, kochen Kakao, und der zweite Koch, ein Neger, schnallt eine zweite Schwimmweste an und schreit: «Ihr könnt tun, was ihr wollt, aber *ich* will raus hier.» Und er läuft allein zum Deck hinauf.

«Wo geht denn der hin?» sagt der Bootsmann, wobei er seinen nächsten Zug im Damespiel macht, und die Steine verrutschen mit dem Stampfen des Schiffes.

«Wohin schon, keiner kommt hier weg», sage ich, und das sind meine letzten sechs Worte, zusätzlich zu den vier, die ich schon auf der Hinreise eingeworfen hatte.

Keiner schaut auch nur auf.

DuLouse sprach in einem ungeeigneten Augenblick.

Aber wir kamen durch, bogen bei Island links ab und kehrten nach Brooklyn zurück, zu den Moore-McCormack-Piers am Beginn der Joralemon Street, von wo man in der Abenddämmerung drüben überm Fluß die beleuchteten Türme Manhattans sieht und die schmalen Seitenstraßen zwischen den Betontälern, die dich zu Restaurants und Blondinen führen, zu Vätern und Müttern, Freunden, Liebenden, Wärme, Stadt, Hochzeiten, Festzügen, Flaggen, Bierkneipen . . .

V

Und bäng, in kleinen braunen Umschlägen bekommen wir alle unser Geld, und ich lasse etwa hunderttausend Worte auf all meine armen Schiffskameraden los, weil irgend jemand Bier an Bord gebracht hat und ich betrunken bin, und sie beklagen sich: «Dieser gottverdammte DuLouse, auf der ganzen Fahrt bringt er zweimal das Maul auf, und jetzt bringt er's nicht mehr zu!»

«Ich geh zu meinem Baby!» schreie ich und renne davon, durch den süß-sauren Geruch ungerösteten Kaffees, der hier in der Nähe der Lagerhäuser herrscht, in die Straßen und hinauf zur Borough Hall und in den Zimtgeruch der U-Bahn, vorbei am Times Square und hinauf zum Columbia Campus, durch nasse Nebelschwaden, und ich laufe zu der Wohnung, die Johnnie schon mit June teilt, und stürze hinein, jetzt regnet's kleine Hunde und nicht etwa Seebären, und da ist sie, freudestrahlend und glücklich, mich wiederzuhaben, und jung, und sie war die Frau meiner Jugend.

Und June, dieser alte Seebär, hat ihr schon den ganzen Sommer, während ich zur See fuhr, eingetrichtert, wie sie mich in der Liebe zufriedenstellen könne.

Wir lassen die Jalousie herunter und schließen den Regen aus und ziehen uns dann bei Kerzenlicht zurück, nach unserem Lieblingsimbiß: kaltem Spargel mit Mayonnaise und reifen Oliven.

VI

Dann ging ich nach Hause und besuchte Ma und Pa in Ozone Park, man sang damals *People Will Say We're in Love*, es war ein kalter Oktober in Brooklyn, als mich Ma an der Ecke warten ließ, während sie geschwind etwas bei Abraham & Strauß kaufte, und dann noch Barricini-Bonbons für Pa, wir fuhren mit der fröhlichen S-Bahn, der U-Bahn, irgendwie war alles herrlich und vielversprechend. Pa war bester Laune und sagte, er habe noch immer seine Seefestigkeit. Ich brachte Johnnie nach Hause, um sie vorzustellen, und wir tranken Bier in der deutschen Wirtschaft, Ecke Liberty Avenue und Cross Bay Boulevard, und dann gingen wir alle vier zu Fuß nach Hause, zwei Paare Arm in Arm, unter dem Oktobermond und sanft fallendem Laub.

«Allegro» sollte der Komponist hier anmerken.

Mein nächster Plan war, mit dem Bus nach New Orleans zu fahren und von dort in See zu stechen, in ein paar Monaten, doch für den Winter hatte ich vor, zwischen Johnnie und Ma hin- und herzupendeln, bei Johnnie schrieb ich viel, bei Ma zu Hause auch, ich wollte das Leben richtig genießen.

Johnnie und ich fuhren mit dem Zug nach Grosse Point (Michigan), um ihre Tante und ihren Vater aufzusuchen, der Witwer war, doch als ich den Strolch in einem abgenutzten Mantel und mit einem abgenutzten Hut die Straße heraufkommen sah, dachte ich: «Kein Wunder, Miss Palmer hat einen alten Strolch geheiratet.» Aber er sagte «Kommt!» zu mir und Johnnie, und wir folgten ihm zu seinem Wagen, wo er seinen abgenutzten Mantel auszog, und darunter trug er einen Smoking, und wir fuhren zum Ufer des Lake St. Clair zu einem Dinner mit gedünsteten Muscheln. Dann nahm er uns mit zu seiner Motoryacht (35 Fuß lang, Marke oder Typ hab ich vergessen), und wir fuhren über den Lake St. Clair nach Ontario hinüber, wo wir frische Minze pflückten, um sie abends in der Kombüse auf unsere Steaks zu streuen. Er hatte seine Geliebte dabei. Wir hatten Hudson Bay-Decken, mit denen wir uns in unseren getrennten Kabinen einwickelten. Einmal hatte er sich zusammen mit seinem besten Freund, dem Mogul oder Magnaten der damals berühmten Hotelkette, betrunken, und sie waren blau, allein, keine Weiber, nur Flaschen, da ließen sie sich ein paar Schaufensterpuppen kommen, von einem Kaufhaus in Detroit, und sie nahmen die Beine der Puppen und hängten sie aus den Bullaugen der Yacht und fuhren los, tock tock tock, vor den entsetzten Augen aller Leute, hinaus auf die offene See.

Und die Teenager jener Zeit veranstalteten große tolle Parties in verschiedenen Häusern in Grosse Pointe, es läutet an der Haustür, und der Typ ruft: «Hee, ein Bier möchte so gern aus dem Eisschrank.» Ich ging durch die Hintertür hinaus in den Hof, schaute zu den Sternen auf, hörte dem Lärm von der Party zu und liebte Amerika *als* Amerika in jenen Tagen.

VII

Ich spreche in diesem Buch nicht ausführlich über meine Weiber oder Exweiber, denn hier geht es um Football und Krieg, doch wenn ich «Football und Krieg» sage, dann muß ich jetzt noch einen Schritt weitergehen und «Mord» hinzufügen. Ein Schritt führt gleichsam zum andern, aber ich hatte mit diesem Mord nichts zu tun. Oder doch?

Anfang 1944 begann nämlich eine sehr merkwürdige Kette von Ereignissen.

Als Auftakt will ich nur sagen, daß ich im Mai 1944 einen Bus nach New Orleans nahm, zur Halle der NMU hinunterging, um ein Schiff zu finden, kein Glück hatte, mich viel im Seemannsklub aufhielt, mich einmal zusammen mit einem besoffenen Matrosen besoff, der früher Gouverneur des Staates Florida gewesen war (wir tranken unter rotierenden Decken-Ventilatoren), daß ich die Magazine Street auf und ab ging und versuchte, die Kellnerin einer Imbißstube ins Bett zu bekommen, daß ich Johnnie schrieb, ich sei am Verhungern, sie solle Geld schicken, daß ich nach Hause schrieb, daß mich alles anwiderte und ich deshalb beschloß, nach New York zurückzugehen und wie gewöhnlich von dort oder von Boston aus in See zu stechen. Es war nur ein verrücktes, unterbewußtes Verlangen, New Orleans und den Süden zu sehen, Mississippi und Alabama und all das, ich sah es aus dem Fenster, die Hütten der Baumwollpflücker, unendlich viele in diesem riesigen Flachland. In Asheville (North Carolina) betrank ich mich mit Tom Wolfes betrunkenem älteren Bruder, im Wohnzimmer des Hauses, das Tom Wolfe in Asheville hatte, und vor mir stand tatsächlich das Bild Toms und seines Bruders «Ben», auf dem Tafelklavier; die Nacht verbrachte ich mit einem störrischen oder gewissenlosen Mädchen auf einer Veranda, zu Füßen der Great Smoky Mountains, direkt bei den Nebelschleiern des Broad River (French Broad River, genauer gesagt). Und Geplänkel mit Frauen in Raleigh usw., und noch eine Reise nach Washington, D. C., und dieselben Parks usw., doch der springende Punkt ist, daß diese ganze Reise unsinnig war und ich ziemlich schnell wieder zurückfuhr, und in Johnnies Schlafzimmer zog ich meine schwarze Lederjacke aus, während sie noch im Malunterricht war (der berühmte George Grosz war ihr Lehrer), und legte mich einfach ins Bett. Als sie nach Hause kam, stieß sie einen Schrei aus, als sie meine Jacke auf ihrer Stuhllehne sah.

Sie hatte nie Ovid gelesen, aber seine Ratschläge, wie man auf einem Pony reiten soll, waren ihr wohlbekannt, bei Gott. (Ovid: *Liebeskunst*. III. Buch.)

Und dann traurige Nächte, der Regen trommelt auf das Dach, sechs Treppen hoch, Ecke 118. Straße und Amsterdam so etwa, und dann treten sie ein, die neuen Charaktere meines zukünftigen «Lebens».

VIII

Da war dieser Junge aus New Orleans, Claude de Maubris, als Sohn eines französischen Vicomte (der jetzt im Konsulatsdienst war) und einer englischen Mutter in England geboren, er wohnte jetzt bei seiner Großmutter auf einem Gut in Louisiana, wenn immer er da war, doch das war selten, er war blond, achtzehn, von sagenhaft männlicher Schönheit. Wie ein blonder Tyrone Power mit schrägstehenden grünen Augen, mit dem gleichen Blick, der gleichen Stimme, den gleichen Worten und der gleichen Figur; mit «gleichen Worten» meine ich, er gab seinen Worten die gleiche Eindringlichkeit, eigentlich eher ein wenig wie Alan Ladd oder wie Oscar Wildes Modellhelden vielleicht, auf jeden Fall tauchte er damals auf dem Columbia Campus auf, gefolgt von einem großen Mann (1,90 Meter) mit einem riesigen wallenden roten Bart, der aussah wie Swinburne.

Ich vergaß zu erwähnen, daß ich im Winter 1943/44 Gelegenheitsarbeiten angenommen hatte, um zusätzlich etwas Geld zu verdienen, darunter auch ausgerechnet einen Job als Telefonist in den kleinen Hotels auf dem Campus, dann später als Drehbuchbearbeiter für die Columbia-Filmgesellschaft an der Seventh Avenue im Stadtzentrum; als ich jetzt aus New Orleans zurückkehrte, hatte ich vor, einen dieser Jobs wieder zu bekommen und dann auf ein Schiff zu warten. Zufällig nahm nun dieser Claude ein Zimmer im Dalton Hall, einem kleinen Campus-Hotel, Swinburne machte es ihm nach, ich kannte die Direktion dort, und so wurde es zum Brennpunkt der meisten dieser Ereignisse.

Nun, Claude kam also an einem warmen Nachmittag im zweiten Semester zum Campus, um am Columbia College sein Studium zu beginnen. Sofort läuft er zur Bibliothek, damit er in der Schallkabine umsonst einige Brahms-Platten anhören kann. Swinburne an seinen Fersen, doch Goldengel sagt ihm, er solle draußen warten, damit er sich mit den Kopfhörern ungestört die Musik anhören und nachdenken kann. Sehr intelligenter Bursche, auf seine Art, wie du noch sehen wirst. Doch nun kommt der damalige Professor für französische Klassik an der Columbia University, Ronald Mugwump hieß er glaub ich, irgendein kleiner Niemand, den ich noch nicht gesehen hatte und auch nicht sehen wollte, er lief also zu Claude in die Schallkabine und sagte (jedenfalls dem Sinn nach): «Wo kommst du her, du Wunderbild von einem Jungen?» Du siehst, was mit diesem Knaben geschah. Und das ganze Theater.

Du brauchst nämlich nur an die Folies Bergère in den späten neunziger Jahren zu denken, mit ihrem *fin-de-siècle*-Theater, dies hier waren die gelben Seiten nicht nur des Tristan de Peradventure (wer immer das war oder sein wird), sondern auch die sehr gelbe Dekadenz eines Beardsley, Dowson, Aleister Crowley usw. Damals wußte ich noch nichts davon. Es stellte sich nur heraus, daß die Wohnung meiner Johnnie für die wilde *outré* Clique des Columbia Campus zum Brennpunkt der Begegnungen wurde. Zunächst erzählt sie mir, daß man in der West End Bar jetzt oft diesen tollen neuen Jungen sieht, er heißt Claude und ist blond und schön und stark und intelligent und kommt manchmal in ihre Wohnung, um zu duschen, doch er versucht nie, sie zu verführen. Komisch, ich glaube ihr, und später stelle ich fest, daß es stimmt. Er wird dermaßen verfolgt, daß er sich irgendwo verstecken muß, und da er ein «Sproß» aus einer reichen Familie des Südens ist, genau wie sie, und da er die herzhafte Kameradschaft eines guten weiblichen Beschützers braucht, kommt er einfach zu ihr. Schließlich bringt er auch sein Mädchen mit, das reiche Mädchen aus Westport, Cecily. Schließlich sehe ich ihn zum erstenmal in der West End Bar, nachdem ich von meinem langen Schlaf erwache.

«Da ist er, da ist dieser wunderbare Claude.»

«Sieht aus wie 'n boshafter kleiner Wicht», sagte ich zu Johnnie, und ich bin noch immer dieser Meinung. Doch er war okay. Er wollte sich wieder einschiffen, war vorher als Matrose von New Orleans aus in die Welt gefahren, vielleicht konnten wir uns zusammen einschiffen. Er war kein Homo, und er war stark und drahtig, und an jenem ersten Abend ließen wir uns vollaufen bis zum Rand, und ich weiß nicht mehr, ob es an jenem ersten Abend war oder nicht, doch es war, als er mich in ein leeres Faß steigen ließ und sich dann anschickte, daß Faß auf dem Bürgersteig den Broadway entlangzurollen. Ich erinnere mich, daß wir ein paar Nächte danach während eines gewaltigen Wolkenbruchs in Regenpfützen saßen und uns schwarze Tinte über das Haar gossen . . . dabei brüllten wir Folksongs und alle möglichen Songs. Er gefiel mir immer besser.

Sein «Swinburne» war Pfadfinder-Ausbilder in Texas gewesen, hieß Franz Mueller, er sah Claude zum erstenmal, als dieser ganz unschuldig den Pfadfindern beitrat, um die Wälder und das Lagerleben kennenzulernen und Pfadfindermesser und überhaupt, er wollte einfach etwas tun, er war vierzehn. Der Ausbilder verliebte sich in den Pfadfinder, wie gewöhnlich. Nun bin ich ja kein Schwuler und Claude auch nicht, und doch muß ich diese Geschichte noch ein bißchen weiterspinnen. Franz, an und für sich kein schlechter Kerl übrigens, hatte 1936 oder so einige Jahre in Paris zugebracht und dort einen vierzehnjährigen französischen Jungen kennengelernt, der genau wie Claude aussah, sich in ihn verliebt, wollte ihn verführen oder verderben oder wie sich eben die Franzosen oder Griechen ausdrücken, und wurde sofort aus Frankreich ausgewiesen, nach irgendeiner Untersuchung. Er kehrte nach Amerika zurück und bekam eine Stelle als Pfadfinder-Ausbilder an den Weekends, während er unter der Woche an einem College in Louisiana unterrichtete. Und sieh da, er trifft denselben Jungen, nur diesmal nicht als gewöhnlichen Franzosen, sondern als französischen Adligen aus Anjou. Er schnappt über. Die reiche Großmutter schickt Claude auf die Prep School, und zwar zur Andover School am Stadtrand von Lowell (Massachusetts), Swinburne mit seinem roten Bart folgt ihm, sie veranstalten große Parties, Claude wird aus Andover hinausgeworfen, und so wird ihm Yale auf immer versperrt bleiben. Daraufhin versucht er es mit einer anderen Schule. Franz folgt ihm. Es geht nicht darum, ob Claude die Verfolgung durch Franz duldet oder ob sie ihm lästig ist, es macht jedenfalls eine Menge Spaß, wie zum Beispiel in jener Nacht in Bangor (Maine), als Claude zusammen mit Kenny Whitlaw (aus Johnnies Bekanntenkreis) an Bord der Whitlaw-Yacht geht und sie, fünfzehn, einfach den Stöpsel rausziehen und die Yacht versenken und an Land schwimmen. Solche und andere Streiche. Ein wilder Junge. In New Orleans leiht ihm einer seinen Wagen, und Claude, fünfzehn, ohne Führerschein und irgend etwas, baut einen Unfall mit Totalschaden auf der Basin Street.

Was ihn so erstaunlich macht, ist seine absolute physisch-männliche und auch geistige Schönheit. Schrägstehende grüne Augen, hohe Intelligenz, Sprache ergoß sich aus ihm, Shakespeare neugeboren, beinahe, goldener Haarschopf mit Heiligenschein, wenn ihn die alten Schwulen in den Bars von Greenwich Village sahen, verehrten sie ihn in Oden, die vielleicht so anfingen: «O blondgelockter griechischer Jüngling.» Natürlich waren alle Mädchen scharf auf ihn, und selbst dieser alte verträumte hartherzige Seemann und Footballer, Jack, begann ihn gernzuhaben und seinetwegen Tränen zu vergießen.

Ich kann mich erinnern, wie ich einmal einen vom alten Virginia-Adel traf, der mir sagte, all die Jungs von New Orleans trügen eine Tragödie im Herzen mit sich herum. Selbst Neger aus New Orleans haben nicht gerade Glück, wie sieht denn etwa Jelly Roll Mortons Glück aus, erfindet den Jazz und stirbt ohne einen Pfennig, oder das armer weißer Jungen wie Big Slim, doch gibt es größeres Glück als das Louis Armstrongs?

Wie dem auch sei, der alte Literatur-Professor rennt jedenfalls hinein und will alles über Claude wissen, der gerade versucht, sich Brahms anzuhören, so muß Franz ihm zu Hilfe kommen und ihn retten, und auf irgendwelchen Umwegen lernt Claude Johnnie kennen und stellt fest, daß er sich tatsächlich in ihrer Wohnung verstecken kann. Und als ich aus New Orleans zurückkomme, mit meiner schwarzen Lederjacke, da spielt das gar keine Rolle, er hat ohnehin die ganze Zeit mit Cecily auf der Couch geschlafen. Das sind die Anfänge unseres Klubs in der Wohnung.

Er schaut mich an und sagt: «Du bist dauernd am Schreiben, aber jedesmal wenn ich sehe, daß du nicht weißt, worüber du schreiben sollst, siehst du aus, als hättest du Verstopfung.»

Aus dem Augenwinkel werfe ich ihm einen Blick zu.

Er kommt durch das Dach herein, das heißt, er kommt vom Dach herunter über die Feuerleiter, in der regnerischen Nacht, und von drunten kommen Schüsse und Schreie. «Was soll das?»

«Irgendein Irrtum, Schlägerei in der Bar, Polypen hinter mir her, ich kletterte über Zäune, ihr wißt ja, ich kann niemandem weh tun, ich bin zu klein ... Und jetzt schlafe ich. Dann dusche ich. Weißt du, woran es bei dir fehlt, Duluoz, du bist ein herzloser, niederträchtiger, beschissener alter Zitterarsch von einem Kanucken, du hättest schon im Herzen Manitobas den Arsch erfrieren sollen, dort gehört ihr hin, du und dein mieses Blut, du indianischer nichtsnutziger Zuhälter.»

«Ich bin kein Zuhälter.»

«Zuhälter oder nicht, gib mir was zu trinken.»

Es wurde mir klar, er versuchte, mich mit solchen Redensarten einzuschüchtern, weiter wollte er damals bestimmt nicht gehen. Aber dann wurde mir auch klar, daß er Fehler in mir aufdeckte, die ich selber hätte sehen müssen. Doch dann erkannte ich, daß er nur ein boshafter kleiner Wicht war.

Alles voller Bücher, er geht tatsächlich zum Unterricht aufs Columbia College, und als er mich vom Piccadilly in London erzählen hört, befiehlt er mir mehr oder weniger, seinen Aufsatz für den Englischunterricht zu schreiben, was ich auch tue, eine Geschichte über meine Abenteuer dort, und er erhält dafür eine Eins, diese Ratte. Er sagt: «Mein Großvater erfand den Überseekoffer, und ich nehme an, dein Großvater transportierte Kartoffeln darin.»

«Klar.» Doch er schaut mich aus dem Augenwinkel an, denn er weiß, was sich hinter alldem verbirgt, wenn man über die Kartoffeln und Kanada hinausgeht, zurück, jawohl, nach Schottland und Irland und Cornwall und Wales und Insel Man und Bretagne. Kelten können sich erkennen.

Sprich das mal aus.

IX

Da er sich außerdem für symbolistische Kunst interessiert, nicht so sehr für Surrealismus, sondern mehr für Modigliani und die französischen Impressionisten, sagen wir mal, da scheint die ganze Dunkelheit meines Nachtseelebens zu verschwinden, und im Frühlingssonnenschein habe ich den Eindruck, daß meine Seele über und über mit Farben bespritzt wird.

(Wenn *das* nicht nach Swinburne klingt!)

Jedenfalls sind er und Johnnie eines Nachmittags fort, um bei George Grosz nackte Modelle zu studieren, sie hatten zu mir gesagt, ich solle es doch irgendwann auch mal versuchen, ich gehe also hin und setze mich, während all die Studenten zeichnen und George Grosz redet, und da ist sie, eine nackte Brünette, sieht mir direkt in die Augen, und ich muß gehen und sage zu Claude in der Tür: «Für was haltet ihr mich?»

«Für was denn, alter Junge? Für einen Voyeur vielleicht?» Sie sind also fort, beim Zeichnen, und ich habe geduscht, und es klopft an die Tür zu Johnnies Wohnung, und ich mache auf, und da steht ein langer hagerer Typ in einem hellen Leinenjackett, und Franz Swinburne direkt hinter ihm. Ich sage: «Was?» Swinburne, der schon mit mir geredet hat, als ich mit Claude in der Bar war, sagt:

«Dies ist Will Hubbard, von dem sie dir schon erzählt haben, aus dem Westen.»

«Und weiter?»

«Er war auch ziemlich lange in New Orleans, mit anderen Worten, ein alter Freund von mir und Claude. Er will dich bloß fragen, was man unternehmen muß, um in die Handelsmarine zu kommen.»

«Nicht zum Militär?»

«O nein», sagt Will, Zahnstocher im Mund, und schaut sich um, dann nimmt er ihn heraus, um mich gründlich zu mustern, «ich bin untauglich, phnank.» Bei «phnank» schnaubt er irgendwie durch die Nase, als hätte er eine Stirnhöhlengeschichte, außerdem ist es der Ausdruck eines englischen Lords, denn sein Name ist sehr alt.

X

Eines Tages werde ich ein Buch über Will schreiben, nur über ihn, die ewig strebende faustische Seele, Wilson Homes Hubbard, ich brauche nicht bis zu seinem Tode zu warten, bevor ich seine Geschichte schreibe, am besten läßt man ihn mit dem aggressiven Schwingen seiner Arme stets weitermarschieren, durch die Medinas dieser Welt ... eine lange Geschichte, wart ab.

Doch in diesem Fall ist er gekommen, um mit mir über Claude zu sprechen, aber er sagt, es sei wegen der Handelsmarine. «Als was haben Sie zuletzt gearbeitet?» frage ich.

«Als Barkeeper in Newark.»

«Und vorher?»

«Kammerjäger in Chicago. Wanzen, genauer gesagt.

Ich wollt mal mit Ihnen sprechen», sagt er, «wollt Sie fragen, wie ich zu den Papieren komme, damit ich mich einschiffen kann.» Doch als ich von Will Hubbard gehört hatte, hatte ich mir einen stämmigen, dunkelhaarigen Typ vorgestellt, voller Intensität, nach den Berichten von der merkwürdigen Gezieltheit seiner Aktionen, statt dessen war er nun hier hereinspaziert, groß, mit Brille, hager und mit einem hellen Leinenanzug, so als komme er gerade aus einer Siedlung in Äquatorial-Afrika, wo er in der Abenddämmerung beim Martini über irgendwelche Kuriositäten diskutiert hatte ... Groß, 1,85 Meter, seltsam, undurchsichtig, weil gewöhnlich (durchsichtig) aussehend, wie ein schüchterner Bankangestellter mit einem aristokratischen, schmallippigen, kalten, blaulippigen Gesicht, blaue Augen, die hinter Glas und stahlgrauem Gestell nichts verraten, sandfarbenes Haar, etwas strähnig, ein bißchen wie ein schmachtender deutscher Nazi-Jüngling, dessen weiches Haar sich leicht in der Brise bewegt. Unaufdringlich saß er auf einem Sitzkissen mitten in Johnnies Wohnzimmer und fragte mich langweiliges Zeug, wollte wissen, wie er zu diesen Papieren kommen könne ... Und hier ist mein erster geheimer intuitiver Eindruck von Will: Er war gekommen, um mit mir zu sprechen, doch nicht etwa, weil ich jetzt eine Hauptfigur mit allgemeinen Schauspiel jenes Sommers war, sondern weil ich Seemann war, und damit ein Seemannstyp, den man über das Einschiffen befragt, doch nur zur Einleitung, um dann den Charakter dieses Seemannstyps kennen und schätzen zu lernen. Als er zu mir kam, erwartete er nicht einen Dschungel organischer Tiefen oder einen Seelenwirrwarr, den ich ihm bei Gott in jeder Hinsicht zu bieten hatte, wie du weißt, mein liebes Weibchen und lieber Leser, er stellte sich vielmehr einen Matrosen der Handelsmarine vor, der in diese Kategorie der Handelsmarine-Matrosen gehören würde, der darüber hinaus vielleicht noch mit blauen Augen und ein paar unfreiwilligen geistreichen Bemerkungen glänzen und ein paar originelle Dinge tun würde, doch dann würde er im endlosen Raum verschwinden, ein flacher, glattgehobelter «Handelsmarine-Matrose». Und da er ein Homo war, wenn er es damals auch nicht zugab und mich nie belästigte, erwartete er auf demselben allgemeinen Niveau an Seichtheit ein wenig mehr. Als er also an jenem schicksalhaften Nachmittag im Juli 1944 in New York City auf dem Sitzkissen hockte und mich wegen der See-Papiere fragte (hinter ihm Franz, lächelnd) und als ich, gleich nach dem Duschen, nur mit einer Hose bekleidet auf dem Sessel saß und ihm antwortete, da begann ein Verhältnis, das, falls er dachte, es werde auf dieser flachen Ebene des «interessanten, blauäugigen, dunkelhaarigen, gutaussehenden, mit Claude bekannten Matrosen» bleiben, nicht auf dieser Ebene bleiben konnte (ich bin stolz darauf, daß ich an dieser Legende härter gearbeitet habe als die anderen). Okay, nur ein Scherz ... Obwohl er an jenem Nachmittag keinen Anlaß hatte, mehr zu erwarten, als etwas Fachsimpelei zwischen deiner Tante und meiner. «Ja, Sie müssen hinuntergehen und zuerst den Paß vom Coast Guard holen, drunten bei der Battery ...»

XI

Das Faszinierende an Hubbard war zunächst, daß er eine Schlüsselfigur in dieser neuen «New Orleans-Schule» hier darstellte, die weiter nichts war, als diese Handvoll geistreicher und scharfsinniger Köpfe aus jener Stadt, angeführt von Claude, ihrem fallenden Stern, Luzifer, Goldengel, Dämon, Genie, und von Franz, dem meisterhaft zynischen Helden, und mit Will als Beobachter, mit mehr Ironie belastet als alle anderen zusammen, und dann die anderen wie etwa Wills sarkastischer, reizender Kumpel Kyles Elgins, der als Harvard-Student mit ihm eine «Ode an den Schrecken» verfaßt hatte, die sich mit dem Untergang der *Titanic* beschäftigte, und der Kapitän des Schiffes (Franz) erschießt eine Frau in einem Kimono, um sich diesen Kimono anziehen und mit Frauen und Kindern in ein Rettungsboot steigen zu können, und als heroische Feuerwehrmänner rufen: «Madame, würden Sie diesen vierzehnjährigen Jungen auf den Schoß nehmen?» (Claude), da grinst Kapitän Franz: «Aber natürlich», und inzwischen hat Kyles' paranoider, lispelnder Onkel eine peruanische Machete genommen und jetzt hackt er aufs Schanzdeck los, wo sich aus dem Wasser auftauchende Hände immer wieder einen Halt suchen, «Lafft loff, ihr Bafftarde!», und eine Negerband spielt die amerikanische Nationalhymne auf dem untergehenden Schiff ... eine Geschichte, die sie zusammen als Harvard-Studenten schrieben und die, als ich sie zum erstenmal sah, mir klar machte, daß diese Clique aus New Orleans die bösartigsten und intelligentesten Ganoven und Scheißkerle Amerikas waren, doch ich bewunderte sie, wie man eben in der Jugend bewundert. Ihr Stil war trocken, neu für mich, meiner war immer neblig-verschleiert gewesen, der Stil eines Idealisten aus New England, obwohl, wie gesagt, ich vor ihren Augen (Wills und Claudes vor allem) Gnade fand, da ich noch immer jene materialistische, wortkarge, kalte Frankokanadier-Skepsis hatte, die von all dem in der Welt der Bücher erworbenen Idealismus nicht zuzudecken war ... «Duluoz ist ein Scheißkerl, der als Engel posiert.» ... «Duluoz ist sehr komisch.» Kyles traf ich erst Jahre danach, spielt hier keine Rolle, aber dieser alte Edelmann aus Virginia sagte (Clancy hieß er): «Jeder in dieser Gruppe, der aus New Orleans stammt, steht im Zeichen einer Tragödie.» Er behielt recht, wie ich herausfand.

XII

Als ich Will zum zweitenmal sah, saß er mit Claude und Franz in seiner Wohnung in der Village, und sie unterhielten sich mit dieser fürchterlichen Intelligenz und dem ihnen eigenen Stil; Claude kaute auf seinem Bierglas und spuckte die Splitter aus, Franz machte es ihm nach mit, wie ich meine, im Laden gekauften Zähnen, und Hubbard, groß und schlank in seinem sommerlichen Leinen-Anzug, kommt mit einem Teller Rasierklingen und Glühbirnen aus der Küche und sagt: «Ich habe heute etwas besonders Delikates anzubieten, meine Mutter schickte es diese Woche, hmf hmf hmf» (während er mit zusammengepreßten Lippen lacht und sich den Bauch hält), ich sitze da und runzle unverständig die Stirn und bekomme meinen ersten Eindruck vom Wahren Teufel (nämlich diese drei zusammen).

Aber ich sah auch, daß Hubbard so etwas wie Bewunderung für mich hegte.

Aber was ging das mich alles an, da ich doch tausend Dinge zu tun hatte?

Aber ich beiße mir auf die Unterlippe, wenn ich das Wort «Wunder» höre, und ich zittere vor Aufregung, wenn Will «wunderbar» sagt, denn wenn er es sagt, dann wird es tatsächlich auch wunderbar sein. «Ich sah eine *wunderbare* Szene in einem Film heute nachmittag», mit glühendem Gesicht, erregt, gerötet, frisch vom Wind oder Regen draußen, die Brille etwas feucht oder angelaufen, von der Hitze seiner erregten Augäpfel, «da ist dieser Typ in diesem schrecklichen Streifen über Sex in der Stadt, man sieht ihn mit einer großen Injektionsspritze, wie sie der Tierarzt für Pferde benützt, und er spritzt sich damit eine große

Ladung Rauschgift ein, dann läuft er auf diese Blondine zu, nimmt sie in die Arme, hebt sie hoch und rennt mit ihr auf und davon, in die dunklen Felder, und schreit dabei: ‹Yip Yip Yippie!› Doch ich muß tausend Fragen stellen, um herauszufinden, weshalb Will so fröhlich ist:

«Dunkle Felder?»

«Nun ja, es ist einer dieser trüben Filme, so richtig alt, er reißt oft, vom Vorführraum hörst du die einzelnen Rollen klirren und klappern, es ist irgendwie Abend oder Dämmerung oder so was, ein weiter Horizont ohne Ende, du siehst, wie er kleiner und immer kleiner wird, als er mit dem Mädchen davonläuft, Yip Yip Yippiiie, schließlich hörst du ihn dann überhaupt nicht mehr . . .»

«Er ist über das ganze Feld gelaufen?» frage ich, auf der Suche nach Minen und *touchdowns* und Galsworthy und dem Buch Hiob . . . und ich staune über die Art und Weise, wie Will «Yip Yip Yip Piie» sagt, mit sich überschlagender Fistelstimme und nie ohne sich vornüber zu beugen, sich den Bauch zu halten, die Lippen aufeinanderzupressen und «Hmhmhm» zu machen, mit diesem hohen, unterdrückten, überraschten, durch und durch fröhlichen Lachen oder doch Kichern. Eines Nachmittags, wahrscheinlich war er gerade von Harvard gekommen, Beginn der Sommerferien, 1935 oder so, sieht er sich mit Kyles einen Sexfilm an, um ein paar Stunden totzuschlagen, in einer alten Bruchbude an der Canal Street, und da sitzen nun diese beiden amerikanischen Geistesgrößen – so darf man sie ruhig nennen – ganz vorne (in teuren Anzügen, wie immer, wie Loeb und Leopold), in einem nur halb gefüllten Kino, zusammen mit den Strolchen und Teeköpfen der frühen dreißiger Jahre aus den Gossen von New Orleans, und sie lachen ihr ganz besonderes Lachen (es gehörte ursprünglich nur Kyles, und Will ahmte es seit ihrer gemeinsamen Kindheit nach?), und schließlich dann die große Szene, wo der verrückte Rauschgiftsüchtige den riesigen Injektor nimmt und sich eine gewaltige Portion H einjagt und dann das Mädchen packt (irgendeine dumme unbewegliche Puppe, die die Hände in die Seiten stützt, wenn sie geht), mit zerzausten Haaren und schreiend rennt er davon, während es in dem ruinierten alten Film Bindfäden regnet, ihre Beine und ihr Haar hängen herunter als sei sie Fay Wray in den Armen des King Kong, und über den geheimnisvollen, dunklen, endlosen, faustischen Horizont von Wills Gesichtsfeld, glücklich wie ein langohriger australischer Hase, von seinen Füßen und Fersen blitzt Schnee, Yip Yip Yip iie, bis, wie Will sagt, seine «Yips» immer schwächer werden, in der Ferne, und damit auch seine begierige, fruchtbare, zielstrebige Glückseligkeit, denn was könnte großartiger sein als das, so denkt Will, als die Hände voll zu haben mit Glückseligkeit und eine gute Spritze in dir und loszurennen, auf in die ewige Dunkelheit, wo du in alle Unendlichkeit spinnen kannst soviel du willst; diese Vision muß er an jenem

Tag in jenem Film gehabt haben, als er, die Beine brav übereinandergeschlagen, auf seinem Sitz saß, als sei er in der Kirche, und dann, so stelle ich mir das vor, überkam ihn und Kyles das Gelächter, sie rutschten sogar von ihren Sitzen und lachten auf dem Boden liegend weiter, in ihren Tweedjacken vermutlich, kaum zu glauben, 1935, und sie lachten Hahaha und wiederholten sogar das Yip Yip Yipiiie, lange nachdem die Szene schon vorbei war, aber sie kommen nicht drüber weg, eine klassische Geschichte, so groß, sie übertrifft noch die Sache mit der *Titanic*. Da sah ich dann Will Hubbard, an jenem Abend, nachdem er bei seinen Schwiegereltern zum Dinner gewesen war, zu Hause in New Orleans, und jetzt ging er über die Rasenflächen der Vorstadt unter Bäumen und Laternen, wahrscheinlich auf dem Weg zu einem cleveren Freund, vielleicht sogar zu Claude oder Franz. «Ich sah eine wunderbare Szene in einem Film heute, Herrgott, Yip Yip Yippiiie!»

Da sage ich: «Und wie sah der Kerl aus?»

«Zerzaustes, buschiges Haar . . .»

«Und er sagte Yip Yip Yippie, als er davonlief?»

«Mit einem Mädchen in den Armen.»

«Über das dunkle Feld?»

«Irgend so 'n Feld . . .»

«Was war das für ein Feld?»

«Mein Gott – gleich wird's literarisch, stell doch keine solch idiotischen Fragen, ein *Feld*», er sagt «Feld» mit einem verärgerten, ungeduldigen, schrillen, erstickten Ton, «so wie ein Peld», er beginnt sich zu beruhigen –, «ein Feld . . . bei Gott, du siehst ihn auf den dunklen Horizont zulaufen . . .»

«Yip Yip Yippie», sag ich und hoffe, daß Will es wiederholt.

«Yip Yip Yippie», sagt er, nur für mich, und das ist also Will, obwohl ich ihn am Anfang weniger beachtete als er mich, eigenartig, sich das nochmals zu überlegen, denn er sagte oft: «Jack, du bist wirklich sehr komisch.» Doch damals sah diese wahrhaft sanfte und wunderliche Seele in mir (nach der oberflächlichen Seemannsphase) eine Art intensiven und stolzen Wahrheitssager, wegen jener Szene, abends an einem Wochenende, als wir alle an der Amsterdam Avenue auf einer Parkbank saßen, an einem heißen Juliabend, Will, Franz, Claude, seine Freundin Cecily, ich, Johnnie, und Will sagt zu mir: «Warum trägst du eigentlich nicht die Uniform eines Matrosen der Handelsmarine, Mann, so wie du erzählt hast, daß du sie bei einem Besuch in London getragen hast, das macht doch die Leute viel gefügiger, 's ist ja schließlich Krieg, doch statt dessen gehst du hier herum, im Unterhemd und mit chinesischen Hasen oder Hiesen oder Hosen, und niemand erkennt dich als stolzen Matrosen, wenn ich dich so nennen darf.» Und ich antwortete: «Das wär doch jämmerlich», und das vergaß er nie, für ihn war das eine große stolze Feststellung, direkt aus einer verrauchten Kneipe; denn er, ein (damals) ängstlicher Junge aus dem Mittelstand mit reichen Eltern, hatte sich schon immer danach gesehnt, aus dem langweiligen «Vorstadt»-Leben seiner Familie (in Chicago) auszubrechen, hin zum echten, reichen Amerika, mit all seinen Kneipen und George Raft- und Runyon-Charakteren, das männliche, traurige, auf Tatsachen beruhende Amerika seiner Träume, doch meine Feststellung gab ihm die Gelegenheit, folgende Antwort zu geben:

«Es ist eine jämmerliche Welt.»

Vorläufer jenes Tages, als wir bereits beste Freunde waren und er mir die vollständige zweibändige Ausgabe von Spenglers *Untergang des Abendlandes* gab und sagte: «Err bauu ee deinen Geist mit der grandiosen Wirklichkeit der Tatsachen.» Als er dann der große Lehrer meiner Nächte wurde. Aber in jenen ersten Tagen und hier bei vielleicht unserem dritten Zusammentreffen, als er mich da sagen hört: «Das wär doch jämmerlich» (was für mich damals eine ganz gewöhnliche Feststellung war, die mit der Art und Weise zusammenhing, mit der Matrosen und ich und meine Frau stolz und abweisend auf die Welt der «Jammergestalten» herabblickten, sicher, auch das war widerlich, aber so war es nun mal), als er mich also das sagen hört, da regte sich offensichtlich in Will heimliche Bewunderung, ob er sich nun heute daran erinnert oder nicht, und außerdem eine ängstliche und zaghafte Neugier, und seine blassen Augen hinter der Brille schauten leicht bestürzt. Ich glaube, das war der Zeitpunkt, als er begann mich unbewußt zu bewundern, entweder wegen meiner männlichen unabhängigen Denkweise, oder weil sie mich für ein «Rauhbein» halten oder wegen meines Charmes, oder vielleicht war es die brütende, melancholische, philosophische, keltische, unerwartete Tiefe oder einfach meine unverblümte, klare Offenheit oder eine Haarsträhne oder Zurückhaltung im Enthüllen interessanter Verzweiflung, auf jeden Fall erinnerte er sich sehr gut (wir diskutierten darüber nach Jahren in Afrika), und es war erst nach Jahren, daß mir das alles aufging, und ich wünschte mir, ich könnte die Zeit zurückdrehen und ihn wieder in Erstaunen versetzen mit meiner unbewußten Einfältigkeit, wobei sich unsere Ahnen allmählich entfalten und er plötzlich versteht, daß ich einer bin, daß ich wirklich bretonisches Blut habe, und besonders, daß ich etwas von einem komischen, schwachsinnigen Heiligen habe. Mit welch mütterlicher Sorge er darüber brütete, *wie* ich es sagte, stirnrunzelnd zur Seite schauend und nach unten, «Das wär doch jämmerlich», in (für mich und heute:) «Claudes New Orleans-Stil», weinerlich, gelehrt, die Konsonanten mächtig betonend und die Vokale mit einem leichten «eu» oder «eau», wie man das auch in jenem komischen Dialekt hören kann, der in Washington, D. D., gesprochen wird (ich versuche hier, ganz unbeschreibliches Zeug zu beschreiben), aber du sagst «deu» oder «deuo», und du sagst «f», als werde es von deinen faulen Lippen gespuckt. Will sitzt also neben mir auf der Bank in jener unwiederbringlichen Nacht, und leicht erstaunt macht er «hmhmhm» und sagt: «Es ist eine jämmerliche Welt», und er belehrt mich ernsthaft, und blind, blinzelnd, interessiert schaut er mir zum erstenmal in die Augen. Und nur weil er so wenig über mich wußte, erstaunt, denn «Vertrautheit zeugt Verachtung», und wenn Brot auf dem Wasser schwimmt, bemühen sich viele Fische darum.

Wo ist er heute abend? Wo bin ich? Wo bist du?

XIII

O Will Hubbard in der Nacht! Ein großer Schriftsteller ist er heute, er ist ein Schatten, der über der Literatur des Westens schwebt, und es gab noch nie einen großen Schriftsteller, der nicht diese sanfte und zarte Neugier besaß, die bereits an mütterliche Sorge grenzt, Sorge um das, was die anderen denken und sagen, kein großer Schriftsteller verließ je die irdische Szenerie, der nicht das Erstaunen gespürt hätte, das er spürte, weil ich ich selber war.

Der große fremde «Alte Bulle» in seinem grauen Leinenanzug sitzt mit uns an einem heißen Sommerabend 1944 im alten verlassenen New York herum, und der Kies im Beton des Bürgersteigs scheint genauso traurig zwischen den Lichtern wie ich es Jahre später auf meinen Reisen über den Ozean sehen würde, auf meinem Weg zu ihm, der gleiche traurige, hoffnungslose Kies, und mein Mund ist wie Kies, und ich versuche es ihm zu erklären: «Will, wozu aufregen, der Kies ist derselbe auf der ganzen Welt.»

«Der Kies ist derselbe auf der ganzen Welt? Was zum Kuckuck redest du da, Jack, du bist wirklich schrecklich komisch, hm h mf hmf?», und dabei hielt er sich den Bauch vor Lachen. «Wer hat schon mal so was gehört?»

«Ich meine damit, ich sah den Kies, wo wir vor Jahren saßen, für mich ist er ein Symbol deines Lebens.»

«Meines LEBENS? Mein lieber Freund, mein Leben ist völlig frei von Kies, Schätzchen. Dieses Thema gehört in die ich-will-nichts-mehr-davon-hören-Abteilung. Und bestell mir noch was zum Trinken . . . Also *wirklich.*»

«Es kommt mit den öden Winden vor den Bars, wo du glaubst und gläubig mit dem grauen Licht den Kopf neigst, um irgend jemandem irgend etwas zu erklären . . . es kommt mit dem endlosen Staub atomaren Raumes.»

«Du GROSSER GOTT, ich lad dich zu keinem einzigen Drink mehr ein, wenn du literarisch wirst!»

XIV

Zu der Zeit, von der ich schreibe, war er drunten an der Sixth Avenue (damals noch Avenue of the Americas) Barkeeper. (Okay.) Wie wunderbar mir damals zumute war, wie es mir fast das Herz zerriß, wenn ich darüber nachdachte, was er wohl meinte, wenn er von seinem Arbeitsplatz sagte: *«Es gab Tische mit Stühlen, auf die man sich setzen und den Bürgersteig beobachten konnte, wenn man wollte.»* Die äußerste Niedergeschlagenheit des armen Will (ich flicke ihm am Zeug, um mich wegen meiner eigenen gegenwärtigen Leere zu rächen, also keine Sorge). Die Hoffnungslosigkeit eines Harlekins, die das erkennt, so daß es den Anschein hat, als ob ich mein ganzes Leben damit zubringe, in eine Richtung zu schauen und endlose interessante Panoramas zu sehen, und er, Will, wurde, bei Gott, auf einen eben solchen Stuhl gesetzt, wo er seufzt, denn er muß in die andere Richtung schauen, wo nichts geschieht, sein langes graues Gesicht ist hoffnungslos. Mit saurer Miene, mit einem kleinen spielerischen Augenaufschlag für einen herbeigewünschten Zuschauer, der für seine Misere ein Einsehen hat, so sitzt er langbeinig auf seinem Stuhl und betrachtet den leeren Bürgersteig, «wo es nichts zu betrachten gibt», womit ich sagen will, daß der verdammte Planet, von dem er kommt, allen Lebens bar gewesen sein muß. («Ich bin Agent und komme von einem anderen Planeten», sagte er.) Er hat tatsächlich eine leere versteinerte Leblosigkeit, deswegen kommt er auch immer auf sein Thema zurück: «Blab blub, ihr jungen Leute solltet hinausgehen und etwas vom LEBEN sehen, anstatt herumzusitzen, zu Hause in Bluejeans, um auf den nächsten Regen zu warten, als ich so alt war wie du . . .»

Er war neun Jahre älter als ich, aber ich habe das nie bemerkt.

Das entscheidende Bild von Will ist jedoch dies: Wir sitzen später irgendwo in Marokko auf zwei Stühlen in einem Hof, und ich lese ihm einen Brief vor, den ich gerade an eine Dame geschrieben habe, ich hätte gerne seine Meinung dazu, ob ich mich höflich und angemessen ausgedrückt habe: «Scharfsinnige Leser wären daran interessiert zu lesen, was geschehen ist, damit sie sich selbst ein Bild davon machen können, wie der Buddhismus in Amerika in der Praxis aussieht.»

«Wie ließe sich das überhaupt besser sagen, Meister?» scherzt Will, zufrieden, daß er sich nicht dazu herablassen muß, seine Meinung mitzuteilen. Und dann sitzen wir einfach da und sagen nichts, ich runzle die Stirn, als ich mir wegen des «Meister» etwas Gedanken mache, aber dann sitzen wir beide ganz friedlich da, stören uns gegenseitig überhaupt nicht, wie gewöhnlich, der einfache blauäugige Will, beide hören wir den Geräuschen des Nachmittags zu oder sogar den Geräuschen des Freitagnachmittags im Weltall, das geräuschlose Summen des inneren Schweigens, er behauptet, es käme von den Bäumen, aber ich war nachts draußen in der baumlosen Wüste und hörte es dennoch ... aber wir sind glücklich. Und plötzlich sagt Will: «Ach du lieber Gott, ich hab morgen einiges zu waschen», und auf einmal lacht er, weil er merkt, daß er wie ein altes Weib geredet hat, das in Orlando (Florida) halb besäuselt auf der Veranda sitzt, und so sagt er: «Mein Gott, ich klinge wie eine vertrocknete alte Königin!»

Zwölftes Buch

I

Inzwischen rennt jedenfalls dieser phantastische Claude über den ganzen Campus, verfolgt von mindestens zwölf begierigen Studenten, darunter Irwin Garden, Lombard Crepnicz, Joe Amsterdam, auch Arnie Jewel glaub ich, heute alles berühmte Schriftsteller, er schleudert ihnen epigrammatische Kraftausdrücke entgegen und springt über Büsche, um ihnen zu entkommen, und ganz hinten in einer efeuüberwachsenen Ecke bildet vielleicht der arme Franz Mueller die Nachhut, mit langsamen, langen, meditativen Schritten. Vielleicht hat er sogar eine neue Lektüre für Claude dabei, vielleicht den Mythos von Philoktet und Neoptolemos, und er wird Claude sagen, daß ihn dieser Mythos so sehr an ihre eigene Beziehung erinnert, der gesunde junge Gott und der kranke alte Krieger, und allerlei anderen Unsinn. Ich sage dir, es war schlimm, ich machte mir Notizen von allem, was vorging, Claude schrie herum, er habe eine «Neue Vision», zusammengetragen aus Rimbaud, Nietzsche, Yeats, Rilke, Aljoscha Karamasow, aus einfach allem. Irwin Garden war sein bester Freund unter den Studenten.

Eines Tages saß ich in Johnnies Wohnung, als die Tür aufging und dieser spindeldürre jüdische Typ hereinkam, mit Hornbrille und riesigen abstehenden Ohren, siebzehn Jahre alt, glühende schwarze Augen, seltsam tiefe, reife Stimme, schaut mich an, sagt: «Vorsicht ist der bessere Teil der Tapferkeit.»

«Ach je, wo bleibt mein Essen?» rief ich Johnnie zu, denn das war absolut das einzige, das mich beschäftigte, in dem Moment, als er hereinkam. Wie sich dann herausstellte, brauchte Irwin Jahre, um über diesen «grübelnden Football-Künstler, aus seinem Großvatersessel nach dem Essen schreiend» hinwegzukommen. Ich konnte ihn ohnehin nicht leiden. Ein Blick auf ihn, ein paar Tage Umgang mit ihm, um den ersten Eindruck zu bekräftigen, dann kam ich zu der Überzeugung, daß er ein Lüstling war, der sich wünschte, daß alle Menschen dieser Welt in derselben riesigen Badewanne badeten, damit er die Gelegenheit hätte, in dem schmutzigen Wasser ihre Beine zu betasten. Das ist genau das Bild, das ich bei unserem ersten Zusammentreffen von ihm hatte. Auch Johnnie fand ihn in dieser Hinsicht widerlich. Claude mochte ihn, schon seit eh und je, er war amüsiert, unterhielt sich gut, sie schrieben Gedichte zusammen, Manifeste über die «Neue Vision», rannten mit Büchern umher, diskutierten nächtelang in Claudes Zimmer im Dalton Hall, wo er praktisch nie schlief, sie gingen mit Cecily und Johnnie aus, ins Ballett und zu anderem Zeug, wenn ich mal meine Eltern in Long Island besuchte. Ich hörte, daß Claude einmal während eines Ballettabends auf dem Balkon Verwirrung stiftete, die Platzanweiser kamen mit den Taschenlampen, doch er machte sich mit der «Clique» durch irgendeinen merkwürdigen Ausgang davon, und sie fanden sich wieder in dem unterirdischen Labyrinth unter dem Metropolitan Opera House, wo sie in Umkleideräume stürzten, teilweise besetzt, wieder raus, im Kreis herum, vor und zurück, bis sie schließlich triumphierend irgendwo auf der Seventh Avenue auftauchten und entkamen. Auf dem Nachhauseweg in der überfüllten U-Bahn, als alle vier lachen und guter Stimmung sind, da schreit Claude plötzlich über alle Köpfe weg: *«Wenn man Rinder in Eisenbahnwagen sperrt, kopulieren sie!»* Derlei Studentenquatsch eben. In ziemlich gutem Stil. Aus dieser Haltung raus hielt mich Claude auch irgendwie für einen Trottel, zu Recht.

Franz Mueller war eifersüchtig, auf mich, auf Irwin, auf alle, die irgend etwas mit Claude zu tun hatten, besonders aber auf die blonde Studentin Cecily («ein spießiges Kätzchen» nannte sie Claude), und einmal, in der lila Dämmerung, als wir alle erschöpft und müde in der verrückten Wohnung im sechsten Geschoß waren, kamen Will Hubbard und Franz stillschweigend herein, sahen Claude auf der Couch in Cecilys Armen, und Mueller sagte: «Sieht er nicht bleich aus, so als ob ihn ein Vampir aussauge?»

Eines Abends kamen wieder diese beiden herein, fanden aber die Wohnung leer, da nahm doch, nur um sich zu amüsieren, dieser nichtsnutzige Päderast Mueller mein Kätzchen, band ihm Hubbarts Krawatte um und versuchte es an der Lampe aufzuhängen: ein kleines Kätzchen. Will Hubbard nahm sie sofort herunter, unbeschädigt, nur leicht verletzt, ich glaube am Hals, ich weiß auch nicht, war ja nicht dabei, ich hätte diesen Mann aus dem Fenster geworfen. Es wurde mir erst viel später hinterbracht.

II

Manchmal lauerte mir Mueller allein auf, um beim Bier lange und ernsthaft mit mir zu reden, aber immer mit der gleichen Absicht: Er wollte wissen, was Claude hinter seinem Rücken tat oder sagte, das heißt ohne sein Wissen, und mit wem er sich traf, was und wo, eben all die gequälten Fragen eines Liebhabers. Er klopfte mir sogar auf die Schulter. Er gab mir ausführliche Anweisungen, dies zu sagen und jenes und auf die eine oder andere Weise Treffen zu arrangieren. Claude vermied seine Gesellschaft mehr als je zuvor.

Ihre Vergangenheit war außergewöhnlich. Genau wie Rimbaud und Verlaine. An der Tulane University wurde Claude schwermütig, verbarrikadierte alle Fenster in seiner Wohnung, legte ein Kissen in den

Ofen und seinen Kopf auf das Kissen und drehte das Gas auf. Das Erstaunliche aber war, daß Mueller genau zu dem Zeitpunkt zufällig per Pferd (ausgerechnet!) vorbeikam, mit einer Dame der Gesellschaft (ausgerechnet!) (er machte dauernd Frauen den Hof, um Claude näherzukommen, dies hier war eine von Claudes Zufallsbekanntschaften). Rein zufällig stieg Mueller vom Pferd, roch das Gas an der Tür, brach sie auf und zog den Jungen heraus auf den Flur.

Bei anderer Gelegenheit, es war nach diesem Zwischenfall, aber noch vor Bowling Green oder Andover oder wer-weiß-wo, besorgten sie sich tatsächlich die Pässe vom Coast Guard und die Seemannspapiere und schifften sich in Baltimore oder sonstwo ein, doch wurden sie in New York auf Grund irgendeiner Beschwerde – Einzelheiten weiß ich nicht – vom Schiff gejagt. Wohin auch Claude ging, Mueller folgte ihm, Claudes Mutter persönlich wollte den Mann einmal verhaften lassen. Damals machte Hubbard, Franz' bester Freund, ihm dauernd Vorhaltungen und empfahl ihm, wegzuziehen und sich einen anderen, zugänglicheren Jungen zu suchen, zur See zu gehen, nach Südamerika zu gehen, im Dschungel zu wohnen, Cindy Lou in Virginia zu heiraten (Mueller kam aus irgendwelchen aristokratischen Kreisen). Aber nein. Es war die romantische und schicksalhafte Bindung. Ich verstand das gut, denn zum erstenmal in meinem Leben ertappte ich mich dabei, wie ich auf der Straße stehenblieb und dachte: «Wo Claude jetzt wohl ist? Was treibt er wohl jetzt gerade?», und ich machte mich dann daran, ihn zu finden. Will sagen, die gleichen Gefühle wie bei einer Liebesaffäre. Es war eine *Saison in der Hölle,* voller Sehnsüchte: Johnnie und ich verliebt, Claude und Cecily verliebt, Franz in Claude verliebt, Hubbard wie ein Schatten über allen schwebend, Garden in Claude verliebt und in Hubbard und mich und Cecily und Johnnie und Franz, in den Krieg, die zweite Front (die sich kurz zuvor formiert hatte), die Poesie, die sanften Abende in der Stadt, die «Rimbaud!»-Schreie, «Neue Vision!», die große Götterdämmerung, das Liebeslied *You Always Hurt the One You Love,* der Geruch von Bier und Rauch in der West End Bar, die Abende im Gras am Hudson River, Ecke Riverside Side und 116. Straße, als wir dem Abendrot und den vorbeigleitenden Schleppkähnen zuschauten. Und Claude sagt zu mir (flüsternd): «Ich muß von diesem Mueller weg. Wir zwei zwei hauen ab, per Schiff. Keine Menschenseele darf etwas davon erfahren. Versuchen wir doch, ein Schiff nach Frankreich zu bekommen. Das da drüben geht wahrscheinlich nach Frankreich. Wir werden in der zweiten Front landen. Wir werden zu Fuß nach Paris gehen: Ich werde taubstumm sein und du sprichst ländliches Französisch, und wir werden so tun, als seien wir Bauern. Wenn wir nach Paris kommen, wird die Stadt wahrscheinlich kurz vor der Befreiung stehen. Wir werden Symbole finden, gesättigt in den Gossen Montmartres. Wir werden Gedichte schreiben, malen, Rotwein trinken, Baretts tragen. Ich komme mir vor wie in einem Teich, der austrocknet, und ich bin am Ersticken. Ich glaube, du verstehst mich. Wenn nicht, hauen wir trotzdem ab. Franz, der ist verzweifelt genug, mich umzubringen.»

III

Tagsüber hielten wir uns also jetzt viel in der NMU-Halle auf, wo wir darauf warteten, das richtige Schiff zu finden. Abends gingen wir dann zu Hubbards Wohnung um die Ecke, in der Seventh Avenue in Greenwich Village, denn er hatte eine geregelte Arbeit, bekam jeden Monat seinen Scheck und lud uns immer vornehm zum Essen ein, in Romley Marie's, in San Remo's oder in Minetta's, und unweigerlich fand uns Franz jedesmal und setzte sich zu uns. Claude war ganz groß im *acte gratuite* («Gratis-Akt»), wie sich André Gide ausdrückte, wo er also irgend etwas vorführte, nur so zum Jux. Als ihm in einem der Restaurants das parmesanische Kalbfleisch nicht besonders schmeckte, nahm er einfach den Teller, sagte «schmeckt wie Scheiße» und warf ihn mit einem kurzen Schnalzer des Handgelenks einfach über die Schulter, ohne Erregung, dann nahm er elegant sein Weinglas und nippte daran, und niemand außer uns hatte etwas bemerkt. Selbst der Kellner kam herbeigeeilt, entschuldigte sich und las die Scherben auf. Oder im Morgengrauen in einer kleinen Imbißstube, da ließ er das Weiße seines Spiegeleis von der Gabel tropfen und sagte ganz trocken zu der Bedienung: «Das sollen Anderthalb-Minuten-Eier sein?» Oder damals in Wills Wohnung, als er ein großes Steak hatte und es in die Hände nahm, bevor Will es in vier Teile schneiden konnte, und dann begann er daran zu zerren, mit fettigen Fingern, und als er sah, daß wir alle unseren Spaß daran hatten, fing er an, wie ein Tiger zu knurren, und dann trug Franz sein Teil dazu bei, indem er versuchte, ihm das Steak wegzunehmen, und sie zerrissen es tatsächlich in Stücke mit ihren Klauen. «Hee», rief ich, «mein Steak!»

«Ach The Louse, du denkst immer nur ans Essen, du Fettklumpen!»

An einem Abend sprang er in der Jane Street hoch, um tiefhängende Äste zu berühren, und Franz seufzte, Will zugewandt: «Ist er nicht wundervoll?» Oder ein anderes Mal setzte er über einen Zaun, und Franz versuchte es auch, und ihm mißlang es. «Man konnte seine Gelenke krachen hören», sagte Hubbard. (Im Bestreben, mit einem solch jungen Mann mitzuhalten, neunzehn.)

Es war wirklich traurig. Das mit der Katze wußte ich damals noch nicht, glücklicherweise.

An einem anderen Abend entdeckte Claude ein Loch im Ärmel in Wills Leinenanzug. Er steckte seinen Finger hinein und schlitzte den halben Anzug auf. Mit krachenden Knochen sprang Franz hinzu und packte den anderen Ärmel und riß ihn heraus, wickelte ihn um Hubbards Kopf, riß ihm den Rückenteil des Jacketts über den Kopf, dann standen sie da und rissen alles in Streifen, banden sie zusammen und schlangen die so entstehende Girlande über Lampen und Bücherregale im ganzen Zimmer. Das geschah alles ohne jede böse Absicht, Hubbard saß einfach da, mit zusammengekniffenen Lippen, und seine Nase machte «thfank», wie eine Kampfgruppe der Luftwaffe, wenn die mal eine Nacht frei haben, kann sie keine Macht der Welt daran hindern, das zu tun, was ihnen Spaß macht. Für einen «Lowell Boy» wie mich war es natürlich konsternierend zu sehen, wie ein Jackett zerstört wurde, aber für die anderen . . . sie stammten alle aus wohlhabenden Familien.

IV

Schließlich kam uns Mueller doch auf die Spur, und er folgte uns die 14. Straße hinunter und um die Ecke zur Union Hall, sich immer in Hauseingängen versteckend, und dann standen wir uns in der Union Hall gegenüber und er sagte mit flehendem Blick: «Ich wußte doch, was ihr vorhattet, und deshalb habe ich etwas unternommen: Ich habe ausgemacht, daß wir mit dem Mädchen Lunch essen werden, das oben für die Schiffsbesatzungen zuständig ist. Ich sprach mit ihr gestern und heute, bevor ihr herkamt, und schaut euch das an: Ich klaute ihr ein Dutzend Heuerverträge, hier Claude, steck sie in die Tasche. Nun hört mir mal zu: Ich kann diese Angelegenheit und noch viele andere in die Hand nehmen, und mit meiner Hilfe können wir zu dritt in kürzester Zeit auf einem Schiff sein, vorbei ist's mit dem ewigen Warten . . .»

Sobald natürlich Franz außer Hörweite ist, sagt Claude zu mir: «Aber ich wollte mich doch bloß einschiffen, um von ihm wegzukommen! Was tu ich *jetzt*?»

An dem Abend treffen wir uns alle, mit den Mädchen und mit Will, im Minetta Lane, wo der alte Joe Gould sein bärtiges Kinn auf sein Stöckchen stützt, Cecily anschaut und sagt: «Ich bin Lesbier, ich liebe Frauen.» Wir gehen also alle zu einer harmlosen kleinen Party in der McDougal Street, unterwegs entkommen wir Franz, der an einer Ecke stehenbleibt und etwas sucht, und dann sitzen wir also spät abends mitten im Partygeschnatter, typisch New York, und hören, wie das Schirmdach über dem Eingang zur Bar drunten kracht und knackt, und dann sehen wir, daß jemand daran heraufklettert und zum Fenster hereinspringt, bum, es ist Franz Mueller.

Als sich die Dinge verschlechterten und Franz verzweifelter wurde, stieg er sogar (so erzählte er jedenfalls Will) eines Abends über die Feuerleiter hinauf zu Claudes Fenster im dritten Stock des Dalton Hall, das Fenster stand offen, er ging hinein und fand Claude im tiefen Schlaf, in der Dunkelheit, nur der Mond stand im Fenster; Franz stand, so sagte er, eine halbe Stunde lang da, schaute stillschweigend auf ihn hinunter, andächtig, kaum atmend. Dann ging er wieder hinaus. Als er unten über den Zaun sprang, erwischte ihn der Nachtwächter und zwang ihn mit gezogenem Revolver ins Foyer, wo ihn der Nachtportier mit einem Redeschwall übergoß, dann holten sie die Polypen, und er mußte seine Papiere zeigen und alles erklären, sie mußten Claude aufwecken und herunterholen, damit er bestätigen konnte, daß er mit Mueller den ganzen Abend in seinem Zimmer gesoffen habe. «Du großer Gott», sagte Hubbard, lachend und mit zusammengekniffenen Lippen, «stell dir mal vor, du hättest das falsche Zimmer erwischt und eine halbe Stunde lang einen völlig Fremden angestarrt.»

V

In einem Ausbruch wütender Inspiration stürmte ich in der Union Hall direkt zum Schalter des Bosses und sagte, ich warte schon verdammt lange auf ein Schiff, «Na und? Zeigen Sie mal ihre Entlassungspapiere.» Plötzlich stieß er einen Schrei aus, als er die alten *Dorchester*-Papiere sah: «Die *Dorchester*? Du warst auf der *Dorchester*? Warum hast du denn das nicht gleich gesagt, Herrgott noch mal, wer mal auf der *Dorchester* gedient hat, bekommt hier eine Spezialbehandlung, glaub mir, Bruder! Hier! Hier sind deine Karten, geh hinunter und gib sie Blacky, in ein oder zwei Tagen hast du ein Schiff. Mach's gut, Bruder!» Ich konnte es kaum fassen. Claude und ich hatten allen Grund, froh zu sein. Wir beschlossen, nach Long Island hinauszugehen und meine Eltern zu besuchen.

Es war in der Bar gegenüber, als mein Vater, hemdsärmelig an diesem typischen August-Bierabend, Claude schief anschaute und sagte: «Na meinetwegen, ich lade den Sohn eines reichen Mannes zu einem Drink ein.» Ein Schatten legte sich auf Claudes Gesicht. Er erzählte mir später, wie sehr ihm das mißfiel. «Typisch Duluoz. Warum mußte er unbedingt damit anfangen? Ihr Bauerntölpel aus dem romantischen Benzinland.»

«Dieser Claude gefällt mir nicht», sagte Pa an jenem Abend zu mir unter vier Augen, «sieht aus wie 'ne boshafte junge Rotznase. Er wird dir noch Schwierigkeiten machen. Genau wie deine kleine Johnnie Podlie und dieser Hubbard, von dem ich dauernd höre. Was ist denn los mit dir, daß du dich mit einer solch niederträchtigen Bande abgibst? Findest du denn keine guten Freunde mehr?» Und das mir, mitten in meiner Periode als «symbolischer Poet», und Claude und ich brüllten ins dunkle Wasser unter der Brücke: «*Plonger au fond du gouffre, ciel ou enfer, qu'importe?* [in die Tiefe des Abgrunds zu stürzen, Himmel oder Hölle, was tut's?]» Und all die anderen Aussprüche Rimbauds und Nietzsches, und wir werden uns garantiert in kürzester Zeit einschiffen, und wir werden symbolistische Isidore Ducasses und Apollinaires und Baudelaires und «Lautréamonts» sein, alle zusammen inmitten Paris.

Jahre danach traf ich einen Infanteristen, der genau zu der Zeit bei der zweiten Front war, und er sagte: «Als ich damals hörte, daß Sie und dieser Bursche de Maubris in Frankreich das Schiff verlassen wollten, um nach Paris zu wandern und Dichter zu werden, hinter den Linien, als arme Bauern verkleidet, da hätte ich Sie gerne vor mir gehabt, um Ihnen die Köpfe zusammenzustoßen.» Doch er vergißt, daß wir es wirklich tun wollten und fast getan hätten, und das war noch vor dem St.-Lô-Durchbruch, wohlgemerkt.

VI

Die Benachrichtigung kam an einem Nachmittag. Ich hatte gerade einen Aufsatz für Claude geschrieben (er war intelligenter als ich, aber fauler), er hatte ihn abgegeben in der Hoffnung, die Columbia-Professoren damit etwas besänftigen zu können, und dann rannten wir los zur Union Hall, um unsere Order abzuholen. Es handelte sich um ein «für die zweite Front bestimmtes Liberty-Schiff». Auf nach Hoboken, mit der U-Bahn, dann ein Fußmarsch quer durch die Stadt zum North River, dann die Fähre. Doch als wir am Pier ankamen, erfuhren wir, unser Schiff liege jetzt an einem Pier in Brooklyn, dort wo die Joralemon Street beginnt, schon wieder! Wir mußten also den ganzen Weg zurückgehen, mit der Fähre über den Fluß, in dichtem Rauch, da irgendwo in den Hafenanlagen auf dem Jersey-Ufer ein Feuer ausgebrochen war (ein auffallend dicker Rauch, unheilvoll, er schien anzuzeigen, daß etwas schiefgehen würde), dann hinunter nach Brooklyn und zum Schiff. Da war es.

Aber als wir über den langen Pier gehen, Pässe und Papiere in Ordnung, den Seesack auf dem Rücken, und alle möglichen Seemannslieder singen, *He Hee Ho Davey Jones* und *Whattaya Do with a Drunken Sailor Ear-Lie in the Mawning?*, da kommt uns ein Haufen Leute von unserem Schiff entgegen, und einer sagt: «Wollt ihr auf die S.S. *Robert Hayes*? Unterschreibt auf keinen Fall. Ich bin der Bootsmann. Außerdem bin ich der Verbindungsmann der Gewerkschaft auf dem Schiff. Mit dem Ersten Steuermann stimmt was nicht, er ist ein Faschist, wir bemühen uns um seine Ablösung. Geht an Bord, belegt ein Vorderdeck, verstaut euer Zeug, eßt, aber *unterschreibt* nicht.»

Ich hätte eigentlich Bescheid wissen müssen, denn als wir über das Fallreep gingen, stand dort der Hafenbeamte und sagte: «Okay, Jungs, verstaut euer Zeug und geht dann zum Büro des Kapitäns und unterschreibt den Vertrag für diese Fahrt.» Das ließ sich schon eher hören. Aber Claude und ich wußten nicht, was tun. Würde uns die Gewerkschaft vom Schiff jagen, wenn wir unterschrieben? Wir saßen im Vorderdeck herum und diskutierten den Fall. Wir packten unsere Kleider weg und gingen hinunter zu den Vorratsräumen, fanden eine riesige

Dose eiskalter Milch und tranken den größten Teil davon und kauten nebenher kalten Rostbraten. Wir gingen auf dem Schiff umher und versuchten, die komplizierten Leinen und Taue und Winden zu verstehen. «Das lernen wir schon!»

Vom erhöhten Achterdeck erblickten wir die Türme Manhattans, drüben überm Fluß, und Claude sagte: «Tatsächlich, bei Gott, endlich bin ich F. M. entkommen.»

Doch genau in dem Moment kam der große starke rotköpfige Steuermann, der Franz Mueller aufs Haar glich, auf uns zugestürmt und sagte: «Seid ihr die zwei, die gerade an Bord gekommen sind?»

«Stimmt.»

«Hat man euch nicht gesagt, ihr sollt in der Kapitänsmesse euren Vertrag unterschreiben?»

«Schon ... aber der Bootsmann riet uns zu warten.»

«Soso, tatsächlich?»

«Ja, er meinte, es gebe irgendwelchen Ärger ...»

«Nun hör mal gut zu, du Klugscheißer, allerdings wird es Ärger geben, ich hab gesehen, wie ihr zwei euch unten im Vorratsraum mit Braten und Milch vollgeschlagen habt, das gibt allerdings Ärger. Laßt etwas Geld auf diesem Schiff als Bezahlung für diesen Ärger, dann nehmt eure Sachen und verschwindet. Ihr seid gefeuert, mitsamt dem Bootsmann und dem ganzen Rest der nichtsnutzigen Scheißkerle. Ich kriege eine Besatzung für dieses Schiff zusammen, koste es, was es wolle, ihr nichtsnutzigen Hosenscheißer, Rotznasen, verdammte!»

«Wir hatten doch keine Ahnung.»

«Was heißt da keine Ahnung, ihr wußtet ganz genau, daß man auf einem Schiff entweder unterschreibt oder nicht, und jetzt holt euer Zeug aus dem Vorderdeck und haut ab, aber schnell!» Er war ein solcher Bulle, ich hatte Angst davor, ihm noch weitere Erklärungen zu geben, er wollte einfach keine hören, er machte mir Angst, und Claude war ohnehin bleich wie ein Leichentuch.

Fünf Minuten später sind wir auf dem Rückzug, mit dem Seesack über den Schultern schwanken wir den kühlen Pier entlang, wieder in die grelle Sonne der mörderisch heißen Straßen New Yorks um vier Uhr nachmittags.

Sogar so heiß, daß wir eine Pause einlegen mußten und uns mit den letzten paar Cents in einem kleinen Laden eine Cola leisteten. Claude schaute mich an. Ich schaute nicht auf. Ich hätte Bescheid wissen müssen. Aber andererseits, was hatte dieser blöde Bootsmann überhaupt vor? Will er vielleicht seine eigenen Freunde auf dem Schiff haben? Und außerdem war es für die zweite Front bestimmt ... Kriegsprämien und doch keine Gefahr mehr von der deutschen Artillerie. Ich werd's nie erfahren.

VII

Ich vernachlässige natürlich Johnnie, die in jenen Tagen etwa so aussah, wie Mamie Van Doren heute aussieht: gleiche Figur, Größe, mit dem gleichen Grinsen um den Mund mit den beinahe vorstehenden Zähnen, dieses durstige Grinsen und Lachen, überhaupt dieser ganze angespannte Eifer, der die Augen zu Schlitzen reduziert und gleichzeitig die Wangen voller macht und die Dame mit dem Versprechen ausstattet, daß sie ihr ganzes Leben lang gut aussehen wird: keine entstellenden Linien.

Als Claude und ich von jenem langen und törichten Tag zurückkehren, werfen wir unsere Seesäcke auf den Boden, die Wohnung ist dunkel, die Sonne geht unter, die Glocke des Union Theological Seminary läutet, niemand ist da außer Cecily, die zwischen einem Haufen Bücher, Flaschen, Zigarettenkippen und Manuskripten auf dem Sofa liegt; ohne das Licht anzudrehen, legt sich Claude gleich zu ihr und hält sie ganz fest. Ich gehe in Johnnies (und mein) Schlafzimmer und schlafe ein bißchen. Etwa eine Stunde später kommt Johnnie grinsend herein, mit Lebensmitteln, die sie kaufen konnte, nachdem sie von einem ihr bekannten Leiter eines Beerdigungsinstituts ein paar Dollar geliehen hatte, und barfüßig wie wir sind, haben wir ein lustiges Abendessen. «Hahaha», lacht uns Johnnie aus, «ihr zwei Scheißkerle geht also doch nicht nach Frankreich! Ich hätt meinen guten Film nicht für die Aufnahmen verschwenden sollen, die ich gestern nachmittag noch von euch machte, weil ich glaubte, ich würde keinen von euch beiden je wieder sehen.»

Diese Aufnahmen, auf den sonnenüberfluteten Naturstein-Platten vor der Low Memorial-Bibliothek auf dem Columbia Campus gemacht, zeigen Claude und mich, wie wir uns lässig gegen einen Brunnen lehnen, ein Bein auf dem Beckenrand, rauchend, stirnrunzelnd, rauhe Seebären. Eine andere Aufnahme zeigt Claude allein, wie er die Arme hängen läßt, Kippe in der Hand, schaut drein wie ein Kind des Regenbogens, wie ihn Irwin später in einem Gedicht nannte.

Komischer Regenbogen.

Claude und ich gehen später hinunter zur West End Bar, um Bier zu trinken und unseren nächsten Versuch in der Union Hall zu besprechen. Er gerät ineine große metaphysische Auseinandersetzung mit Roy Plantagenet oder so ähnlich, und ich gehe nach Hause, um auszuschlafen oder zu lesen oder zu duschen. Als ich auf dem Campus an der St. Pauls-Kapelle vorbeikomme und dann die Holzstufen hinuntergehe, die sie dort noch hatten, plötzlich erscheint Mueller, hüpft erregt auf und ab, mit Bart, in der Dunkelheit, kommt in meine Richtung, sieht mich, sagt: «Wo ist Claude?»

«In der West End.»

«Danke. Bis später!» Und ich sehe zu, wie er davonläuft, seinem Tod entgegen.

VIII

Bei Tagesanbruch stört nämlich jemand meinen Schlaf neben Johnnie; es war so heiß gewesen, daß wir Claudes Sofa aufgeklappt und in den Durchzug zwischen die Fenster gestellt hatten, und jetzt steht Claude vor mir, das blonde Haar hängt ihm in die Augen, und er schüttelt mich am Arm. Doch ich schlafe auch nicht mehr richtig. Er sagt: «Ich hab in der letzten Nacht den alten Herrn beseitigt.» Und ich weiß genau, wie er das meint. Ich war zwar nicht Iwan Karamasow und er nicht Smerdiakow, aber ich wußte Bescheid. Und doch sagte ich:

«Warum hast du denn das getan?»

«Ich hab jetzt keine Zeit für Erklärungen, ich hab noch immer das Messer und seine Brille, alles mit Blut beschmiert. Kannst du nicht mitkommen und mir helfen, das Zeug loszuwerden?»

«Wieso zum Teufel hast du das denn getan?» sagte ich noch einmal, seufzend, als ob mich jemand aufgeweckt hätte, um mir zu sagen, im Keller tropfe das Wasser oder im Spülbecken in der Küche sei wieder Katzendreck, doch ich sammle meine müden Knochen, wie ein Seemann, der wieder Wache stehen muß, und dusche und ziehe meine baumwollene Hose und ein Unterhemd an und komme zurück zu ihm, und er steht am Fenster und schaut gedankenverloren auf die Straße hinunter. «Was hast du nun tatsächlich getan?»

«Ich stach ihm mit meinem Pfadfindermesser zwölfmal ins Herz.»

«Weshalb?»

«Er fiel über mich her, sagte ‹ich liebe dich› und derlei Zeug, er könne nicht ohne mich leben, er würde mich umbringen, würde uns beide umbringen.»

«Als ich wegging, warst du doch mit Plantagenet zusammen.»

«Ja schon, aber dann kam er herein, wir tranken gemeinsam etwas, gingen zu den Wiesen am Hudson River hinunter, noch eine Flasche ... ich riß ihm sein weißes Hemd vom Körper, riß es in Streifen, wickelte die Streifen um Steine und band dann die Streifen an seine Arme und Beine, zog mich ganz aus und warf ihn hinein. Er ging nicht unter, deshalb mußte ich mich auch ausziehen, anschließend, ich watete hinein, bis mir das Wasser am Kinn stand und gab ihm noch einen Stoß. Dann trieb er davon, irgendwohin. Gesicht nach unten. Meine Kleider lagen da im Gras, trocken, es ist ja heiß, wie du weißt. Ich zog mich also an, besorgte am Riverside Drive ein Taxi und fuhr zu Hubbard, um ihn um Rat zu fragen.»

«In der Village?»

«Er kam im Bademantel zur Tür, und ich reichte ihm eine blutige

Packung Luckies und sagte: ‹Nimm die letzte Zigarette.› Wie du, so schien auch er zu spüren, was passiert war, konnte man meinen. Er spielte Claude Rains und ging im Zimmer auf und ab. Spülte die Luckies in die Toilette hinunter. Sagte, ich solle mich auf Notwehr berufen, das war es ja auch, zum Kuckuck, Jack, aber ich komm trotzdem auf den elektrischen Stuhl.»

«Ist doch Quatsch.»

«Ich hab dieses Messer hier, die Brille vom armen alten Franz ... er sagte immer nur: ‹So sieht also das Ende von Franz Mueller aus.›» Er wandte sich ab, wie sich Seeleute abwenden, um zu weinen, doch er weinte nicht, konnte nicht weinen, hatte wahrscheinlich schon genug geweint. «Dann sagte Hubbard zu mir, ich solle mich freiwillig stellen, ich solle meine Großmutter anrufen, mir einen guten Verteidiger aus New Orleans besorgen und mich freiwillig stellen. Aber ich wollte dich einfach sehen, alter Junge, und ein letztes Mal mit dir zusammen einen trinken.»

«Okay», sag ich, «ich habe mir gestern abend von Johnnie drei Dollar geben lassen, wieviel hast du? Wir gehen aus und besaufen uns.»

«Hubbard gab mir fünf. Gehen wir doch nach Harlem. Dann kann ich unterwegs die Brille und das Messer im Morningside Park ins Unkraut werfen.» In der Tat, wir rannten die sechs Treppen hinunter, bevor er noch ausgeredet hatte, und plötzlich dachte ich an die arme schlafende Johnnie, die von nichts eine Ahnung hatte; sobald wir auf der Straße waren, sagte ich Claude, er solle einen Moment warten, und im Eiltempo lief ich die Treppe wieder hoch, ich nahm zwei, drei Stufen auf einmal, in dieser fürchterlichen Hitze, keuchend, nur um hineinzugehen und ihr einen sanften Kuß zu geben, ohne sie aufzuwecken (sie erinnerte sich aber später daran), dann rannte ich wieder zurück zu Claude, und wir machten uns auf den Weg, die 118. Straße hinunter über die Steinstufen im Morningside Park. Man konnte direkt sehen, damals, im August 1944, wie aus den Dächern Harlems und des Bronx Hitze und Rauch aufstieg. Eine ekelhafte Hitze schon am frühen Morgen.

Im Gebüsch, fast am anderen Ende des Parks, sagte ich: «Ich tu jetzt so, als sei ich am Pissen, ich werde mich richtig nervös umschauen, um Aufmerksamkeit zu erregen, falls mich jemand sieht, und inzwischen buddelst du die Brille und das Messer ein.» Bei Gott, ich hatte den richtigen Instinkt, es muß in einem früheren Leben gewesen sein, daß ich das gelernt habe, in diesem habe ich es gewiß nicht gelernt, aber jedenfalls folgte er genau meinen Anweisungen, scharrte ein bißchen Erde zur Seite, ließ die Brille fallen, schob die Erde wieder zurück über sie (randlos, traurig) und ein paar Äste mit Laub dran, und dann gingen wir weiter, Hände in den Taschen, in unseren Unterhemden, und allein zu zweit gingen wir auf die Bars in Harlem zu.

Vor einer Bar in der 125. Straße sagte ich: «Da schau, ein guter Rost über einem U-Bahn-Schacht, da fällt doch immer Geld hinein, und Kinder kleben Bubblegum auf lange Stecken und fischen es heraus. Wirf das Messer da hinein, dann gehen wir in diese kühle Bar hier mit den Zebrastreifen und trinken ein kaltes Bier.» Gesagt, getan, doch anstatt es heimlich zu tun, läßt er sich vor den Augen aller Leute dramatisch auf die Knie fallen und läßt das Messer sehr dramatisch aus seinen steifen Fingern fallen, als sei gerade das etwas, was er auf keinen Fall verstecken wolle, doch es fiel gegen den Rost, blieb stecken, er berührte es mit dem Fuß, und dann fiel es die zwei Meter hinunter, zu den leeren Kaugummi-Päckchen und all dem anderen Abfall. Das interessierte ohnehin keinen Menschen. Das Messer, vermutlich das Pfadfindermesser, das er bekam, als er mit vierzehn den Pfadfindern beitrat, um etwas vom Leben im Wald zu lernen und statt dessen Marquis de Sade zum Ausbilder bekam, dieses Messer lag jetzt wahrscheinlich unter weggeworfenem Heroin, unter Marihuana, anderen Messern, allen möglichen Dingen. Wir gingen in die Bar (mit Klimaanlage) und setzten uns auf kühle, drehbare Hocker und bestellten ein kaltes Bier.

«Ich komme bestimmt auf den elektrischen Stuhl. Ich werde in Sing-Sing verbrennen, singt ihr Sünder, Junge.»

«Ach was, Will hat recht, es ging ja nur darum, dein ganzes gottverdammtes Leben zu beschützen, vor dem . . .»

«. . . erinnerst du dich an den Film, den wir letzte Woche zusammen mit Cecily und Johnnie sagen, *La Grande Illusion*, Jean Gabin ist der einfache Soldat, Claude Lebris de la Merde oder wie der andere heißt, der immer weiße Handschuhe trägt, sie fliehen zusammen aus einem deutschen Kriegsgefangenenlager? Du bist Gabin, du bist der einfache Bauer, und ich, meine weißen Handschuhe fangen an, durchzuscheuern.»

«Hör bloß auf, meine Vorfahren waren bretonische Barone.»

«Mann, du bist voller du-weißt-schon-was, ich würde mich da nicht vergewissern, selbst wenn es stimmen würde, denn ich bin sicher, es müssen bäuerliche Barone gewesen sein.» Aber er sagte alles so freundschaftlich und mit sanfter Stimme, es machte mir gar nichts aus. «Wir müssen uns heute besaufen, uns Geld leihen, wenn's sein muß, und heute abend stell ich mich dann. Ich werde heimgehen zu Maters Schwester, wie prophezeit. Der Stuhl ist mir sicher, ich werde verbrennen. Er starb in meinen Armen, so endet Franz Mueller, sagte er dauernd, so läuft die Geschichte, das ist also mit mir passiert. ‹Ist passiert›, sagte er, als ob es schon vorher passiert wäre. Ich hätte in England bleiben sollen, wo ich geboren bin. Ich stach ihn ins Herz, in diesen Punkt hier, zwölfmal. Ich warf ihn in den Fluß mit all den Steinen. Er schwamm davon, mit den Füßen nach oben. Sein Kopf ist unten. Und all diese Schiffe fahren vorbei. Wir verpaßten das verdammte Schiff in Brooklyn. Ich wußte, daß etwas schiefgehen würde, als wir das Schiff verpaßten. Dieser verdammte Erste Steuermann mit dem roten Haar sah aus wie Mueller.»

«Komm, wir setzen uns in die U-Bahn und schauen uns irgendwo in der Stadt einen Film an oder tun sonst was.»

«Nein, wir fahren lieber mit dem Taxi zu meinem Psychiater, ich kann mir von ihm fünf Dollar borgen.» Wir gingen auf die Straße, hatten im gleichen Augenblick ein Taxi, fuhren hinunter zur Park Avenue und betraten eine elegante Vorhalle, dann hinauf mit dem Aufzug, und ich wartete draußen, während er drinnen seinem Psychiater beichtete. Mit einem Fünf-Dollar-Schein kam er wieder heraus und sagte: «Gehen wir, er wäscht sich die Hände. Gehen wir schnell, um die Ecke und hinunter zu Lex. Wahrscheinlich glaubt er mir nicht.»

Wir gingen weiter und kamen schließlich zur Third Avenue, wo wir über einem Kinoeingang den Film *Four Feathers* angekündigt sahen. «Gehen wir hinein.» Wir kamen gerade rechtzeitig zum Beginn der J.-Arthur-Rank-Produktion der *Four Feathers*, eine Geschichte, in der auch eine Figur namens Hubbard vorkommt. Wir zucken beide zusammen, als der Name während eines Dialogs fällt. Der Film ist in Technicolor. Plötzlich schlachten und massakrieren sich, wo man auch hinschaut, Tausende von kraushaarigen Eingeborenen und Engländern in der Schlacht um den Nil, bei Khartum.

«Die durften tausendfach Mord begehen», sagte Claude in der Dunkelheit des Kinos.

IX

Wir kommen heraus und bummeln die Fifth Avenue zum Museum of Modern Art hinunter, wo Claude nachdenklich vor einem Porträt Amadeo Modiglianis stehenbleibt, aus irgendeinem Grund sein Lieblingsmaler unter den Modernen. Ein Schwuler steht hinter ihm und schaut ihn scharf an, wandert ein bißchen herum und kommt dann wieder, um nochmals genau hinzuschauen. Claude merkt es, oder er merkt es nicht, ich seh es jedenfalls. Dann stehen wir vor Tschelitschews berühmten Gemälde *Cache Cache*, die Freude an all den kleinen Feinheiten, den kleinen Gebärmüttern, kleinen Fötussen (Föti?), Samenergüssen aus Blüten, dieses großartige Gemälde, das bei einem Brand Jahrzehnte später beschädigt wurde, oder anderthalb Jahrzehnte. Dann gehen wir über den Times Square noch einmal hinunter zur NMU-Halle, rein aus Sehnsucht, vermutlich. Claude sagt: «Dein Freund Sabbas zog mit dir durch die Straßen New Yorks und Lowells, mit all seinen Gedichten, *Seid Gegrüßt Dort Draußen* und *Wir Gehn Nicht Mehr auf Wanderschaft*, ich wollt, ich hätt ihn gekannt.»

X

Wir essen heiße Würstchen, müssen einfach etwas zu uns nehmen, spazieren weiter, zurück zur Third Avenue, ganz allmählich nähern wir uns dem Haus seiner Tante in der 57. Straße, gehen wieder in eine Bar, und zwei Matrosen biedern sich an und fragen, wo sie Mädchen anheuern können. Ich nenne ihnen das Letters-To-Your-Son-Hotel (das war damals richtig). Dann sagt Claude: «Diese Weste, die ich anhabe, gehörte auch Franz, sie ist ebenfalls mit Blut beschmiert. Was soll ich damit tun?»

«Wenn wir hier rausgehen, dann wirfst du sie eben in die Gosse, würde ich sagen.»

«Diese weißen Handschuhe sind abenutzt. Willst du sie, Bauer?»

«Okay, gib sie her.» Er tut so, als gebe er mir die gar nicht existierenden weißen Handschuhe, «mit einer Geste», wie Genet sagen würde, doch für mich ist es nichts als ein blödes Theater, und er weiß nicht, was er tun soll, weiß er nicht. Gestatte mir solche grammatischen Fehlleistungen, die ja in jeder Bar von hier bis St. Petersburg üblich sind.

XI

In der Third Avenue wirft er also am Spätnachmittag die Weste (aus einer Art Leder) in den Rinnstein, niemand achtet darauf, und er sagt: «Jetzt gehe ich zwei Straßenblocks allein weiter, dann biege ich nach rechts ab zur 57. Straße, berichte alles meiner Tante, sie ruft Rechtsanwälte der Wall Street an, wir haben ja Verbindungen, wie du weißt, und dann sehe ich dich nie wieder.»

«O doch.»

«Jedenfalls verschwinde ich jetzt. Das war ein feiner Tag, alter Junge.» Und mit gesenktem Kopf geht er schnell die Straße hinauf, die Fäuste in den Taschen vergraben, biegt tatsächlich nach rechts ab, und genau in dem Augenblick rattert und poltert ein Lastwagen vorbei, mit der Aufschrift *Ruby South Carolina*, und ich denke ernsthaft daran, aufzuspringen und mit einem lauten «Ha haaaa» aus der Stadt zu fahren und meinem Süden wieder einen Besuch abzustatten. Aber ich muß zuerst nochmals Johnnie sehen.

Aber die New Yorker Polizei ist natürlich schneller. Ich geh zu Johnnie und sage ihr gar nichts, doch am Abend klopft es an die Tür und ganz beiläufig kommen zwei Polizisten in Zivil herein und fangen an, Schubladen durchzusuchen und Bücher durchzublättern. Johnnie schreit: «Was zum Teufel soll das?»

«Claude hat gestanden, in der letzten Nacht Franz am Fluß umgebracht zu haben.»

«Franz umgebracht? Wie? Warum hast du mir nichts gesagt? Hast du mich deswegen zum Abschied geküßt, heute morgen, als du mit ihm weggingst? Sag diesen Typen, daß Mueller meiner Meinung nach bekam, was er verdient hat!»

«Sachte, junge Frau. Ist hier irgendwas versteckt?» fragt der Polyp und schaut mich mit ehrlichen blauen Augen an.

«Klarer Fall von Notwehr, da gibt's nichts zu verstecken.»

«Sie kommen mit uns, das ist Ihnen doch klar, oder?»

«Aus welchem Grund?»

«Unentbehrlicher Zeuge. Wissen Sie denn nicht, daß Sie sofort zur Polizei zu gehen haben, wenn Ihnen jemand einen Mord gesteht? Und wo ist die Mordwaffe?»

«Wir ließen sie in Harlem in einen Rost fallen.»

«Da haben Sie's: Sie haben sich als Hehler mitschuldig gemacht. Wir werden Sie zur Distriktwache mitnehmen, aber wir müssen erst noch fünfzehn Minuten oder so hierbleiben, drunten warten ein paar Fotografen darauf, ein Bild von Ihnen zu machen.»

«Ein Bild? Wieso denn?»

Claude haben sie schon aufgenommen, mein Junge. Nimm's nicht so schwer. Solange ... hee, Charley, ich seh dich dann drunten auf der Wache.» Charley geht, und nachdem wir noch eine halbe Stunde herumsitzen, gehen wir auch und fahren in seinem Wagen hinunter zur Polizeiwache, in der Gegend der 98. Straße, und ich werde in eine Zelle komplimentiert, die statt eines Betts ein Brett hat, keine Fenster, wen juckt's, und ich rolle mich zusammen und versuche zu schlafen. Aber es wird die ganze Nacht nicht ruhig. Der Gefangenenwärter kommt um Mitternacht an mein Gitter und sagt:

«Du hast Glück gehabt, Kleiner. Ein Haufen Fotografen von New Yorker Zeitungen hat hier eine halbe Stunde lang auf dich gewartet.»

XII

Bis dann der Morgen kommt, hab ich den Polizisten, der mich festgenommen hat, ganz gern, weil er an die halbe Stunde dachte, und jetzt kommt er zurück, ruhig, rülpst und entschuldigt das damit, daß er ein schweres Frühstück gehabt habe, dann sagt er: «Komm mit», er hat blaue Augen, ein jüdischer Kriminalbeamter, und wir gehen in die Stadt zum Büro des Bezirksstaatsanwalts, zu Papierkrieg und Verhören.

Er fährt seelenruhg den West Side Highway hinunter, immer schön langsam, und sagt: «Schönes Wetter heute», irgendwie hat er erkannt, daß ich kein gefährlicher Arrestant bin.

Ich werde in das Büro des Bezirksstaatsanwalts geführt, Jacob Grumet war das damals, mit kleinem Schnurrbart, auch ein Jude, er ging unruhig auf und ab, Papiere flatterten auf dem Schreibtisch, und er sagte: «Zunächst einmal, Kleiner, hier ist ein Brief, den wir heute morgen vom YMCA in der 34. Straße bekamen. Lies ihn. Setz dich ruhig hin.» Ich lese den mit Bleistift geschriebenen Brief:

«Ich hab dir ja gesagt, Claude ist ein Nichtsnutz und ein Killer. Als wir uns damals an jenem Abend im El Gaucho trafen und ich dir das sagte, hah!, hast du mir nicht geglaubt. Er ist 'ne Ratte. Ich hab es dir ja schon immer gesagt, seit 1934, als wir uns zum erstenmal begegnet sind.» Und so weiter. Ich schaue Grumet an und sage:

«Das ist eine Fälschung.»

«Okay», und er legt ihn zu den Akten. «In jedem Mordfall dieser Art tauchen solche Briefe auf. Aus welchem Grund ist dieser Brief eine Fälschung?»

«Weil», ich, lachend, «ich 1934 zwölf Jahre alt war und weil ich noch nie vom El Gaucho gehört habe und weil ich im YMCA der 34. Straße keinen Menschen kenne.»

«Gott behüte deine Seele», sagte der Staatsanwalt, «und jetzt, mein Kleiner, wird dich Sergeant O'Toole hier mit in sein Büro nehmen und dir eine weitere Frage stellen.»

Ich und O'Toole gehen in das andere Zimmer, er sagt: «Setz dich, Zigarette?» Ich zünde mir eine an, schaue zum Fenster hinaus, auf die Tauben und die Hitze, und plötzlich sagt O'Toole (ein großer Ire, mit einem Revolver auf der Brust, unter dem Jackett): «Was tust du, wenn ein Schwuler nach deinem Schwanz greift?»

«Dem würd ich eine latschen», antwortete ich geradeheraus und schaute ihm voll ins Gesicht, denn ich dachte plötzlich, das wolle er tun. (Du mußt wissen, «latschen» ist ein Times Square-Ausdruck für «kleben», oder auch «schmieren», wie es damals oft hieß). Doch O'Toole bringt mich sofort zum Staatsanwalt zurück, und dieser sagt: «Nun?», und O'Toole gähnt und sagt: «Oh, er ist okay, ein Kämpfertyp.»

Und das war keine kornische Lüge.

Dann sagte der Bezirksstaatsanwalt zu mir: «Sie hätten sich beinahe zum Hehler in diesem Mordfall gemacht wegen Ihrer Hilfe, nein, Ihres Rats, den Sie dem Angeklagten gaben, beim Vergraben und Verbergen der Waffe und des Beweismaterials, doch wir wissen, daß die meisten Leute das Gesetz nicht kennen, das heißt, ein unentbehrlicher Zeuge ist ein Zeuge nach der Tat, der durch den Angeklagten von der Tat unterrichtet worden ist, dann aber nicht die Polizei benachrichtigt. Oder vor der Tat. Sie gingen mit dem Angeklagten aus und betranken sich mit ihm, Sie halfen ihm beim Begraben und Verstecken des Beweismaterials, aber wir wissen, daß Sie das Gesetz in dieser Hinsicht nicht nur nicht kennen oder kannten, sondern daß auch die meisten Menschen unter den gegebenen Umständen genauso handeln würden, wenn es, sagen wir mal, um ihre Kumpel oder Freunde ginge, die keine Gewohnheitsverbrecher sind. Aber noch sind Sie nicht raus aus dem Schlamassel. Entweder als Hehler oder als Gast des Bronx-Gefängnisses, das wir das

Bronx-Opernhaus nennen, wo Tauben Arien singen, und Sie werden überhaupt nicht mehr aus dem Schlamassel rauskommen, wenn dieser Kerl des Mordes anstatt des Totschlages für schuldig befunden wird. Die *Daily News* spricht in diesem Zusammenhang von ‹ehrenhaftem Totschlag›, was heißen soll, der Bursche habe gegen einen wohlbekannten Homosexuellen seine Ehre verteidigt, der übrigens auch größer war, als er. Wir haben die ganze Geschichte hier, wie dieser Kerl ihm überallhin folgte, durch das ganze Land, von einer Schule zur anderen, ihn dauernd in Schwierigkeiten brachte, bis hin zum Schulausschluß. Alles in dem Fall hängt davon ab, ob Claude de Maubris ein Homosexueller ist. Wir versuchen herauszubekommen, ob er einer ist, ob Sie einer sind, oder was weiß ich wer. O'Toole glaubt nicht, daß Sie Homo sind. Sind Sie's.»

«Ich sagte O'Toole, daß ich keiner bin.»

«Und Claude?»

«Auf keinen Fall. Sonst hätte er versucht, es mit mir zu treiben.»

«Dann haben wir noch einen unentbehrlichen Zeugen, Hubbard, dessen Vater schnell aus dem Westen herbeigeflogen kam, mit fünf Mille in bar bei sich, um ihn gegen Kaution freizubekommen. Ist er ein Homo?»

«Nicht daß ich wüßte.»

«Na gut ... ich glaube Ihnen. Vielleicht haben Sie Glück, vielleicht auch nicht. Ihre Frau wartet vorne beim Eingang auf Sie, wenn Sie mit ihr sprechen wollen.»

«Wir sind nicht verheiratet.»

«Das hat sie aber, unter anderem, zu uns gesagt. Sie ist schwanger, nicht wahr?» (grinsend).

«Natürlich nicht.»

«Na ja, gehn Sie zu ihr und warten Sie dort. Ich muß jetzt mit Maubris sprechen.»

Ich gehe mit O'Toole zusammen zur Vorhalle hinunter, sie bringen Johnnie, wir reden und weinen in einem Büro, und wie in Jimmy Cagneys Filmen, wenn die Besuchszeit vorbei ist, so kommen sie und sagen, die Zeit ist um, sie heult, umarmt mich, drückt sich an mich, sie will sich wegschleppen lassen wie im Film? Ich sehe, wie Claude von zwei Wärtern den Gang hinuntergeführt wird. Sie bringen mir eine *Daily News* mit Aufnahmen von Claude, wie er drunten beim Fluß auf die Stelle deutet, wo er Franz versenkte. Schlagzeilen sprechen von EHRENHAFTEM TOTSCHLAG, und sie nennen ihn einen SPROSS EINER VORNEHMEN EUROPÄISCHEN FAMILIE. Ungelogen, das waren Schlagzeilen in der New Yorker *Daily News*, ich muß schon sagen, vermutlich hatten sie die Nase voll von Pattons Panzer-Heldentaten an der deutschen Front, und sie wollten einen kleinen pikanten Skandal.

XIII

Sie bringen mir die frühe Abendausgabe des New Yorker *Journal American*, mit einem Bild des gutaussehenden blonden Claude, wie er von zwei Polypen durch den Eingang eines Stadtgefängnisses geführt wird (drunten in der Chambers Street), und er hat zwei dünne Bücher in der Hand, weiß Gott, wo er die aufgelesen hat, ich vermute, im Haus seiner Tante, damit er während des Verfahrens etwas zu lesen hatte. Die Titel der Bücher laut *Journal American: Eine Vision* von William Butler Keats (jawohl, KEATS) und *Eine Saison in der Hölle* von Jean-Arthur Rimbaud.

Und, sieh da, auf der Bank im «Warte»-Saal neben Johnnie, Cecily und all den anderen zu verhörenden Personen, da sitzt ja Irwin Garden, ganz eifrig mit einem Haufen Bücher, auf der Kante der Bank, kann es kaum erwarten, verhört zu werden. Er will dem Staatsanwalt und allen Zeitungen New Yorks die «Neue Vision» erklären. Er ist erst siebzehn und noch minderjährig, in der Tat ein völlig unbrauchbarer Zeuge, aber er möchte so richtig mit dabeisein, nicht so sehr wie Snitkin, sondern eher wie der alte Literat in *Der Besessene*. Es ist seine erste große Chance, in die Zeitung zu kommen, er, der ein Jahr vorher als Sechzehnjähriger auf der Fähre nach Hoboken gelobt hatte: «Ich werde mein Leben der Befreiung der Arbeiterklasse widmen.» Doch die einzige ehrliche Arbeit, die er in seinem ganzen Leben verrichtet hat, war damals als Aushilfskellner in einer Cafeteria in Kalifornien, als er mir mit dem Putzlumpen übers Maul fuhr, nachdem ich sehr direkt auf seinen Sklavenjob angespielt hatte; ich hatte ihn nämlich einen puertorikanischen Hilfskellner und eine Null in einem nichtigen Nirgendwo genannt. Doch nichts gegen Irwin, Claude, Johnnie, sogar Franz, den Staatsanwalt, O'Toole, die ganze Bande, denn alles geschah, und es geschah wirklich.

XIV

Es beginnt in Strömen zu gießen, als Claude und ich, jetzt wieder zusammen, nach einer kurzen Fahrt in der Grünen Minna mit Polypen durch verschiedene Hintergäßchen einem Richter vorgeführt werden, in der Nähe der Chambers Street, sie «erheben Anklage» oder wie das nun genau heißt, aber im Getöse des niederprasselnden Regens, das im Gerichtssaal wie eine Invasion oder ein Angriff von außen klingt, nützt Claude die Gelegenheit, mir unbemerkt zuzuflüstern: «Heterosexualität auf der ganzen Linie.»

«Weiß ich doch, du Witzbold.» Ist doch klar, was denn sonst, und das «du Witzbold» habe ich erst jetzt hinzugefügt, damals sagte ich nur: «Weiß ich doch.» Nach einer weiteren Nacht auf der Polizeiwache in der 98. Straße bringen sie mich zu einem anderen Richter, in die Sternkammer oder was weiß ich, eine Menge Leute sind versammelt, und wie immer blinzelt mir der Richter zu, immer wenn ich einem Richter gegenüberstehe, blinzelt der mir zu, und der Richter singt (und draußen regnet's noch immer):

«Wie schon der alte schwedische Segelmacher zu dem alten norwegischen Segler sagte, ein Segler ist bei einem Sturm auf See sicherer als an Land. Harr harr harr.» Und er unterschrieb Papiere und klopfte mit dem Hämmerchen, doch zu meiner Überraschung stand am nächsten Tag in der Zeitung, ich hätte während dieser ganzen Vorgänge vor mich hingepfiffen, was ich nicht in Zweifel ziehe, denn ich war jung, und ich pfiff eine Melodie, sobald sie mir nur in den Kopf kam, und da ich den Hauptschlager dieses Sommers kannte, pfiff ich ihn bestimmt: *You Always Hurt the One You Love*. Hinterher umdrängte mich ein ganzer Haufen Leute, auf den Plätzen herrschte eine gewisse Unruhe, ich drehte mich um, für mich war es eine Bande eifriger Jura-Studenten, und so gab ich auf jede mir gestellte Frage eine präzise Antwort: meinen vollen Namen, Geburtsort, ersten Wohnsitz, augenblickliche Adresse usw., und erst hinterher seufzte mein freundlicher Kriminalbeamter, als er mich im Auto zum Bronx-Gefängnis fuhr, und sagte:

«Herrgott, Mann, das waren Zeitungsleute, hast du das nicht gewußt?»

«Ich dachte, es seien Juristen, die sich Notizen machen.»

«Du ... jetzt wird dein Vater deinen Namen in der Zeitung lesen, und deine Mutter auch.»

«Was meinte denn der Richter mit See und Land, war das irgendein Witz?»

«Er ist 'ne Marke, Richter Moonihan.»

Wir kamen zum Bronx-Opernhaus. «Nun hör mal gut zu, Jack, dies ist das Gefängnis, in dem alle unentbehrlichen Zeugen von Morden sitzen, du bist nicht verhaftet, verstehst du, du bist einfach festgehalten, wie wir das nennen. Du bekommst drei Dollar pro Tag, solange du hier bist. Der Grund, weshalb wir unentbehrliche Zeugen von Morden hierbehalten, das heißt, Leute, die über gewisse Morde Bescheid wissen, ist der, daß sie, daß du, daß der unentbehrliche Zeuge sich nicht in Detroit oder sonstwo oder in Montevideo verstecken kann, wenn der Prozeß anläuft, und, was ich noch sagen wollte, du wirst in einer Etage wohnen mit allen unentbehrlichen Zeugen aller Morde in New York, auch Jungen der Mordgesellschaft e.V., also halt die Ohren steif, und laß dir keine Angst einjagen. Bleib sauber, laß dich mit den Jungen nicht ein, halt dich an diese Bücher, die wir für dich geholt haben, wie war das: was mit Kuchen und Bier? von Somerset Mann, schlaf die meiste Zeit über, auf dem Dach kannst du Handball spielen, viele dieser Burschen sind Italiener, sie kommen vom alten Syndikat und von der Brooklyner Mordgesellschaft e. V., sie brummen alle über einhundertneunundneunzig Jahre, was sie deshalb brauchen, ist ein Geständnis von solchen Leuten wie du, das ihre Strafen um fünfzig Jahre verkürzt. Aber du hast ja nichts gesehen, halt also die Ohren steif. Morgen komme ich wahrscheinlich zum letztenmal vorbei: ich muß mit dir zum Bellevue-Leichenschauhaus, du sollst Franz Muellers Leiche identifizieren, sie wurde eben aus dem Fluß gefischt.»

XV

Ich werde hineinkomplimentiert, es ist Abend, die Boys von der Mafia spielen auf der offenen Abschrankung der einzelnen Zellen, die um zehn Uhr geschlossen wird, Karten, sie wollen wissen, ob ich auch ein Kartenspieler bin: «Ich spiele nicht, ich kann nicht», sag ich, «mein Vater kann aber.»

Sie musterten mich mit einem abschätzenden Blick. «Was will er denn mit sein Vadder?»

XVI

Die Türen zu den einzelnen Zellen werden um zehn Uhr zugeschlagen, und wir legen uns alle schlafen und, o Junge, aus dem Nordwesten ist eine Kältewelle über New York hereingebrochen, und ich muß mich tatsächlich in mein dünnes Leinentuch wickeln, ja ich muß aufstehen und alle meine Kleider anziehen, genehmige mir ein bißchen von meiner Schokolade und muß feststellen, daß eine Maus schon daran genagt hat. Aber ich habe meine eigene kleine Toilettenschüssel, meinen eigenen kleinen Ausguß, und morgens gibt's Frühstück, und obwohl es nur ausgetrockneten französischen Toast gibt, ist doch immerhin auch Sirup darauf und ein bißchen Kaffe, es geht eigentlich. Mein wunderbarer jüdischer Kriminalbeamter kommt und fährt mich zum Bellevue-Leichenschauhaus, es geht durch alle möglichen, interessant klingenden Türen, und dann sind wir da, und jetzt müssen wir warten, bis der Leichenbeschauer Zeit hat, dazwischen wieder ein Besuch beim Bezirksstaatsanwalt, dann ein langweiliger Nachmittag, als wir im Wartezimmer auf Bänken sitzen und Zigaretten rauchen. (Er sagt mir übrigens, daß ich gegen Bürgschaft freikommen könne.)

Doch am späten Nachmittag kommt der Staatsanwalt heraus und sagt tatsächlich: «Nun, du hast Glück, Kleiner. Wir haben alles nachgeprüft, dir wird nichts geschehen. Du wirst nicht als Hehler verurteilt werden. Und wenn Claude sich auf Totschlag herausredet, wird es keinen Prozeß geben, du kommst frei und wirst für die Zeit im Opernhaus bezahlt. Wenn du jetzt deinen Vater anrufen möchtest . . .»

Ich schaute im Telefonbuch nach und rief Pa in seiner Druckerei in der 14. Straße an, wo er als Linotypist für die städtische Gewerkschaft New Yorks arbeitete, er kam ans Telefon, und ich sagte: «Ich brauche nur hundert Dollar zu hinterlegen, bei einer Fünftausend-Dollar-Kaution, dann kann ich nach Hause. Alles ist in Ordnung.»

«Nichts ist in Ordnung, wenn du mich fragst. Noch nie war ein Duluoz in einen Mord verwickelt. Ich sagte dir gleich, dieser kleine boshafte Teufel würde dir noch Schwierigkeiten machen. Ich werde dir keine hundert Dollar leihen, geh zum Teufel, ich muß arbeiten, leb *wohl.*» Bäng, das Telefon.

Staatsanwalt Grumet kommt wieder heraus, sagt: «Wie geht's dem Mädchen, Johnnie?»

Immer wenn ich in etwas verwickelt bin, scheint sich die Polizei mehr für meine Freundin zu interessieren.

«Ich und der Kriminalbeamte fahren hinunter zum Bellevue-Leichenschauhaus, es wird dunkel und regnet. Wir parken, gehen zum Schalter, Papiere werden hin- und hergeschoben, und heraus kommt eine einäugige Lesbierin mit einer kalten Schürze und sagt: «Okay, nehmen wir den Aufzug?»

Auf-zug? *Ab*-stieg würde ich sagen, wir gehen mit ihr hinunter, in den sinkenden Gestank menschlicher Abfälle, du weißt schon, was ich meine, den Gestank von Scheiße, reiner Scheiße, ganz, ganz unten, im Keller des Bellevue-Leichenschauhauses, ihr eines Auge starrt mich an, giftig, wie John Holmes gesagt hätte. Mein Gott, ich hasse diese Frau bis heute. Sie war wie der Typ, der dich über den Styx stochert, in den Höllenregionen griechischer Mythologie. So sah sie aus, war aber außerdem eine Frau, fett, finster, ein echtes Ebenbild des Teufels in Ebenholz auf Ebenstadt Jahrmarkt der Beelzebuben, und noch schlimmer: würde sie bei einer alten keltischen oder österreichischen Feier Ringelreihen um den Maibaum tanzen, würde ich glatt wetten, daß dieser Maibaum nicht über den zweiten Mai hinaus stehenbliebe.

Jawohl, wir wurden von ihr in die untersten Kelleräume des Bellevue versetzt und verletzt, und wir kamen an vielen Fächern und Schubladen vorbei, wo du blauäugige Büromädchen mit belgischen Figuren erwarten würdest, aber nein, da ist dieser große Ire, mit ärmellosem Unterhemd, geräuschvoll kaut er ein Sandwich oder sonst was, und von der nassen Kellertür, wo ich einen Krankenwagen sehe, aus dem gerade eine Leiche in einem Sarg herausgehoben wird, tänzelt er heran und sagt: «Was gibt's?»

«Wir sollen einsneunundsechzig identifizieren», sagt mein Polyp.

«Hier lang», sagt er und kaut schmatzend sein Sandwich, wir kommen zu einer Nummer 169, er zieht mit Schwung die Schublade heraus, so wie ich die Schublade herausziehe, in der alle meine alten Schallplatten zwischen Mottenkugeln liegen, nur daß in diesem Fall die alte Schallplatte die echte Leiche des armen Franz Mueller ist, nachdem sie vielleicht fünfzig Stunden im Hudson River getrieben ist, aufgeschwemmt und blau, aber immer noch mit dem roten Bart und seinem vertrauten Sporthemd daneben und auch seinen Sandalen.

Ich schwöre, er sieht aus wie ein bärtiger alter Patriarch, wie er da auf seinem Rücken liegt mit dem nach oben ragenden Bart, ein Patriarch, dessen unvorstellbare geistige Qualen ihn körperlich blau werden ließen.

Und sein Pimmel ist noch gut erhalten.

XVII

«Er ist's, der rote Bart, die Sandalen, das Hemd, bloß das Gesicht ist nicht mehr da», sagte ich und wandte mich ab, aber der Aufseher kaute immer noch an seinem Sandwich und grinste und rief mir zu (während das Käse-Sandwich zwischen seinen Zähnen steckte): «Was haste denn, Kleiner, wohl noch nie 'n Pimmelchen gesehn?»

Ich glaube, heute würde es mir nicht mehr so viel ausmachen. Heute könnte ich vielleicht sogar Leichenbeschauer sein. Wenn du all die verschiedenen Schubladen ansiehst, wenn du je in New York bist und ins Bellevue-Leichenschauhaus hinuntergehst, tu es ruhig, schreib ein Gedicht über endlosen Tod im Zuge der Großstadt.

Ich werde zum Bronx-Gefängnis zurückgefahren, ich gehe hinein, und wir schlafen alle, während direkt vor unseren Fenstern der Regen aufs Yankee-Stadion prasselt.

Wenn ein Spiel aus dem Yankee-Stadion im Fernsehen kommt und du schaust von hinterm Schlagmal hinüber zu den Fahnen über den Tribünen auf der rechten Seite, dann siehst du dort so ein kastenförmiges Gebäude, weiß, das ist das Bronx-Opernhaus, in dem die Leute singen. Wir konnten sogar von dort oben die Spiele verfolgen, wenn wir auch nicht sagen konnten, ob jetzt gerade Mickey Mantle oder Ty Cobb den Schlagstock schwang, nach all den 199 Jahren hinter uns, vielleicht war es der schnurrbärtige Abernathy McCrombie Fitch Doubleday persönlich, der gerade den Schlagstock schwang, mit einem Kürbis, in dem er den Ma-Fluß hinunter hätte schwimmen können.

Tao Yuan-ming war ein großer chinesischer Dichter, hundert mal größer als Mao Tse-tung. Tao Yuan-ming sagte:

Das bitterkalte Jahr geht zu Ende.
In meinem Baumwollhemd schaue ich auf der Veranda nach Sonne.
Der Obstgarten im Süden ist kahl, ohne Laub.
Die verfaulenden Äste sind im Garten im Norden aufgeschichtet.
Ich leere meinen Becher und trinke auf den Rest.
Und wenn ich in die Küche schaue, kein Rauch kommt aus dem Herd!
Bücher und Gedichte liegen verstreut neben meinem Stuhl,
Doch das Licht stirbt, und ich werde keine Zeit haben zu lesen.
Mein Leben hier ist nicht wie die Qualen in Ch'en, wo Konfuzius beinahe verhungerte,

Doch manchmal erleide ich bittere Schmach.
Dann laßt mich daran denken, um meinen Schmerz zu stillen,
Daß die alten Weisen an der gleichen Schwermut litten.

– Tao Yuan-ming, A. D. 372–427

XVIII

Am Morgen werden mit dem Hauptschalter alle Zellentüren geöffnet, man kann dann hinausspazieren und umhergehen, vielleicht zum Ende des Ganges, wo die Kartenspieler sitzen, dann vielleicht unauffällig an der Zelle der Chinesen vorbei, wo die beiden chinesischen Brüder die ganze Zeit damit zubringen, mit Seidenstrümpfen auf dem Haar die Kleider für ihre Angehörigen im Chinesenviertel zu bügeln. Sie sind beide des Mordes überführt, aber nur einer ist schuldig, keiner von beiden sagt, wer es war, Befehl des Vaters. (Mädchen, Coca-Cola-Flasche.) Das Kartenspiel läuft die ganze Zeit. Sogar ein Neger-Kalfakter ist da, der dich rasiert und dir die Haare schneidet, mit «Kalfakter» meine ich, daß er mit einer Rasierklinge umgehen darf, obwohl gegen Selbstmordversuche keine Vorsichtsmaßnahmen getroffen sind.

Aber laß sie mich einzeln beschreiben: Während ich in meiner Zelle liege und Somerset Maughams *Cakes and Ale* und Aldous Huxleys *Brave New World* lese, tänzeln Arm in Arm Vincent der maltesiche Falke und Joe Angeli herein. Will sagen, sie haben sich die Arme gegenseitig um die Schultern gelegt, sie lächeln ihr italienisches Lächeln, dunkle Augen, Narben, Augenklappen, herausgeschossene Rippen, Bademäntel, Fußtritte und frag nicht, was sonst noch, ich wüßte es nicht. Sie sagen: «Weißt du, wen du vor dir hast?»

Ich sage: «Nein.»

Sie sagen: «Wir sind beide gedungene Mörder.»

«Es ist so», sagte der Falke, «ich wurde gedungen, Joe Angeli hier, meinen Kumpel zu erschießen, der damals der Leibwächter des ‹Lautsprechers› war, du wirst dich erinnern, Zweiter Weltkrieg, etwa 1942, wir schnappen ihn also, fahren mit ihm auf dem Rücksitz des Autos nach New Jersey hinaus, werfen ihn aus dem Wagen, pumpen zirka fünfzehn Patronen in ihn hinein, lassen ihn liegen und fahren davon. Ich bekomme meinen Lohn, der Job ist erledigt. Aber Joe hier, der ist nicht tot. Auf dem Bauch kriecht er zum nächsten Bauernhaus, telefoniert (mit vorgehaltener Pistole hat er es nicht mal nötig, darum zu bitten), ruft das Krankenhaus an, bums, in sechs Monaten haben sie ihn zusammengeflickt, und er ist fast so gut wie neu. Jetzt bekommt er die Order, *mich* umzulegen, verstehste. Ich spiele gerade unschuldig mit einem Haufen Pokerchips, im italienischen Abschnitt der Mott Street, drunten in der Nähe des Chinesenviertels, beim Scungili-Restaurant, und siehe da, ich schaue hoch, und da steht Joey *the Angel* in der Tür. Bumm, schießt er mich ins Auge.» Er zeigt also auf die schwarze Klappe über seinem Auge. «Ich komme also ins Krankenhaus, und man stellt dort fest, daß die Kugel vorne rein und hinten raus ist, ohne die inneren Feinheiten meines Gehirns zu beschädigen.»

«Ich kannte einen in der Marine, dem ist das gleiche Ding passiert.»

«Stimmt, kommt gelegentlich vor, aber wir wurden dafür bezahlt, solche Dinge zu tun, privat haben wir gar nichts gegeneinander. Wir sind nur Profis. Und jetzt stehen wir da, mit 199 und 299 und einer Million Jahren, und wir sind die besten Freunde, die du dir denken kannst. Wie Soldaten, verstehste?»

«Sagenhaft.»

«Es ist aber noch sagenhafter, einen netten Kerl wie dich in solcher Umgebung zu treffen. Was hat man da über diesen Claude in der Zeitung gelesen? Ist er ein Schwuler? Hat er seinen schwulen Freund umgelegt?»

«Nein, Claude ist kein Schwuler, er ist in Ordnung. Der Kerl, den er umlegte, war einer.»

«Woher willst du das wissen?»

«Er hat sich nie an mich rangemacht.»

«An so 'n häßlichen Zwerg wie dich würde sich keiner ranmachen, harr harr harr.»

«Und außerdem ist er ein patenter Junge, du weißt doch, wa wa wumm», dabei hielt ich meine Hand hoch, «sehr patent.»

«Was soll denn das italienische Wa wa wumm, wieso patent? Du bist doch kein Italiener? Was ist das überhaupt für ein komischer Name?»

«Bretonischfranzösisch . . . genauer gesagt, altirisch.»

«Wie willst du denn französisch und britisch und altirisch alles zugleich sein?»

«In Rom nennen sie es Cornovi.»

«Was heißt Cornovi?»

«Es heißt englisch, britisch.»

«Jetzt will er also englisch, britisch sein, hastes gehört, Joey?» Und sie beginnen sich zum Spaß ein bißchen herumzubalgen, sich in meiner Zelle umherzuschieben und zu prügeln, dann beruhigen sie sich und sagen: «Nun, wir sehen, du bist gern allein, du spielst nicht Karten, liest lieber Bücher, na ja, wir wollten doch bloß mal begutachten, Kleiner. Vergiß nie, egal was geschieht, schau uns zwei jetzt genau an und denk daran, daß man uns gedungen hat, uns gegenseitig umzulegen, wir haben es versucht, wir haben versagt, und jetzt sind wir hier zusammen, auf Lebenszeit, Arm in Arm zwei Kumpel auf Lebenszeit, wie zwei Soldaten, was meinst du dazu?»

«Großartig.»

«Großartig sagt er», seufzen sie und gehen.

Jetzt kommt Yogi, der Straßenräuber, herein. Yogi ist ein Jude mit großen Muskeln, er sagt: «Schau dir die Muskeln an. In meiner Zelle, um die Ecke, komm heut nachmittag mal vorbei, da hab ich Bücher mit Yoga-Lektionen, Atemübungen, Zwerchfellkontrolle, Vedanta, all das Zeug. In New Jersey hab ich immer Lastwagen überfallen, dann hab ich mich irgendwie mit der Vendetta eingelassen, weißt du. Meyer Lansky und Maranzara und Kid Reles und die anderen. Die haben hier alle irgendwie mit der Mordgesellschaft e. V. zu tun. Ein Haufen Spitzbuben. Kleiner, trau keinem von ihnen. Mir kannst du vertrauen, das ist ja ganz klar. Ich will nur eines von dir wissen: was diesen Jungen, Claude den Maibries, angeht, war er so 'n Typ, der es auf Hosenlätze abgesehen hat?»

«Nein, überhaupt nicht. Was zum Teufel sollte er dort auch finden?»

«Vielleicht schon was, das ihn interessiert.»

«Interessiert vielleicht jemand anders, den ich kenne, aber nicht ihn.»

Am Abend kommt dann der Falke mit der schwarzen Augenklappe allein zu mir und sagt: «Ich kam mit Joey hierher, hab aber bloß herumgeblödelt, so wie Tami Mauriello und ich, als wir noch für den ‹Lautsprecher› arbeiteten und Tami sich für seinen nächsten Kampf in Form bringen mußte, ich kenne jeden, und ich möchte nicht, daß Joey hört, was du zu sagen hast, aber ist dieser Knirps Claude ein süßes Gänseblümchen? Du weißt schon, was ich meine, ein Kerl, der in U-Bahn-Toiletten herumlungert und darauf wartet, daß Männer hereinkommen? Der Wände beschmiert? Weißt du, so wie im WPA-Theater? Ein Schwuler? Ein Homo?»

«Aber nein, ich hab dir doch gesagt, Vincent, der Junge ist in Ordnung, sieht eben gut aus und ein Homo war hinter ihm her. Das ist sogar mir schon oft im Leben passiert. Denk bloß mal dran, als du noch jung warst . . .»

«Hee hee, ich konnte nicht mal Handball spielen», sagt er und streckt die Hände von sich . . . «Sobald ich nur meine Badehose anzog, beobachteten mich all die fiesen Knöpfe von der Sheepshead-Bucht. Aber du darfst keinem anderen hier trauen, ich bin Vincent der Malteser, und ich bin vielleicht ein Mörder auf Bestellung, aber ich bin ehrlich, mein Vater war ein ehrlicher Schreiner, der beste in Alcamo und Brooklyn, du kannst jederzeit zu mir kommen und mir alles erzählen, was dich drückt. Hab keine Angst vor mir wegen der Augenklappe oder wegen meines Rufs.»

Hatte auch keine.

Wenigstens nicht da drin.

Ein paar Monate später wurde er auf immer an ein unbekanntes Versteck verfrachtet.

XIX

Falls es Sizilien war, erwischten sie ihn? Dann kommt Joey Angeli allein zu mir und sagt: «Trau dem Falken nicht, wenn er auch ein netter Junge ist. Der einzige, dem du hier drin trauen kannst, bin ich, Joey Angeli. Ich will nur das eine von dir wissen: Ist dieser Claude ein Schwuler? Hat er je sein Knie gegen dein Bein gerieben?» fragt er lüstern.

«Nein, und hätte er versucht, sein Knie gegen mein Bein zu reiben, würde ich nicht mehr mit ihm reden.»

«Das ist ja lustig. Wieso denn nicht?»

«Weil das meiner Ansicht nach einer Beleidigung meiner Person als einer männlichen Person gleichkäme.»

«Na ja, das ist gut formuliert. Weiß du, ich war intelligent. Ich hätte für dieses Geschäft mit Morden nicht alles andere aufgeben sollen. Der ‹Lautsprecher› konnte mich gut leiden und meinte, ich könne Karriere machen. Wie gefällt dir mein seidener Morgenrock?»

Dann kommt eine Nachricht für mich, daß ich wegen der Kautionsgebühr telefonieren kann. Ich lasse mir die Nummer meiner Johnnie geben und rufe sie vorne im Büro an: «Du, mein Vater ist fuchsteufelswild, er gibt mir die hundert nicht, daß ich hier rauskomme, soll zum Teufel gehen; Johnnie, borg mir doch das Geld von deiner Tante, ich komm hier raus, wir heiraten, jetzt gleich, dann gehen wir nach Detroit, ich finde einen Job in der Rüstungsindustrie und zahle ihr die hundert Dollar zurück (oder vielleicht bekommst du sie von deinem Vater?), aber auf jeden Fall heiraten wir –» da mich mein Vater aufgegeben hatte, war mein erster Gedanke: heiraten – «und dann finde ich ein Schiff und fahre nach Italien oder Frankreich oder sonstwohin und schicke dir mein Taschengeld.»

«Okay, Jackie.»

Als ich wieder in meiner Zelle bin und lesen will, kommt die ganze Bande anmarschiert, die, die noch nicht da waren (bis auf die Chinesen, die dem Tong-Geheimbund angehörten), und jeder einzelne behauptet von sich, er sei der einzige aufrichtige Mensch hier drin und ich müsse ihm die absolute Wahrheit sagen, nur so sei ich zu retten.

Aber die absolute Wahrheit war einfach die, daß Claude ein neunzehnjähriger Junge war, den ein älterer Mann, ein Päderast, zu erniedrigen versucht hatte, und daß er ihn daraufhin einem älteren Liebhaber namens Fluß übereignet hatte, das muß hier einmal ganz klar und wahrheitsgetreu gesagt werden, und damit basta.

Deswegen war er auch wirklich ein «Kind des Regenbogens», schon mit vierzehn durchschaute er, was für ein Quatsch das alles war, besonders so wie es in seinem Fall lag, das war ja Verfolgung und beinahe Gewaltanwendung oder Erpressung.

Ein Mann hat ein Recht auf sein eigenes Sexualleben.

Vom Exhibitionismus erniedrigt, gequält, behext, verhext, seines Seelenfriedens beraubt, die heiteren Seiten des Menschseins vor sich, so stieß er den böswilligen Kinderverderber in den blutigen Brei und bracke mir das, brumme mir das. (Und bestreite mir das nicht.)

XX

Die Schatten des Gefängnisses. Ein Samstagabend im August, in New York, golden erscheint ein später Sonnenuntergang in einer Lücke am Firmament, zwischen mächtigen dunklen Wolkenbänken, so daß die frühen Lichter in den Straßen der Stadt und an den Außenseiten der hohen Gebäude auf einmal ganz schwach scheinen, denn da ist das große Licht, das wie das Glühen einer goldenen Rose die ganze Welt erhellt. Und die Leute schauen sich um, seltsamen Gedanken nachhängend. Den ganzen Tag war es trübe gewesen, richtig deprimierend, am Morgen hatte es sogar ein wenig geregnet, aber jetzt am Abend waren die dumpfen Wolken purpurrot gefärbt, und die Ränder standen in Flammen, und weit ausgebreitet in der Atmosphäre bebt der eine große Einfall und Segen des Himmels, wie ein vergoldeter alter blauer Luftballon und wie ein Herold, so könnte man sagen, einer geheimnisvollen, neuen Art von Seligkeit für jedermann, sogar über dem sanften Vibrieren des Times Square und über der 14. Straße und der Borough Hall in Brooklyn, selbst über den dunkler werdenden Wassern bei den Piers, über den treibenden Planken, selbst dort, wo die Fluten der Narrows bei Staten Island zahmer werden mit ihrer törichten, jämmerlichen Statue angesichts des rosigen Abends der wahrhaftigen See, selbst über dem summenden Brummen und den geschäftigen Neonlichtern über den Dächern von Harlem und dem italienischen Viertel im Nordosten der Stadt und selbst über den Millionen vollgestopfter Häuser, wo ich während meines New Yorker Lebens so viele Leute sah, die sich auf irgendwelche Feiern und Gelegenheiten an der sanften Nachtluft vorbereiteten, die sich im Lager der weiten Nacht auf der lumpigen Erde einfach ergeben müssen und sich auch ergeben.

Und deshalb, meine liebenswürdigen Dummköpfe, wie traurig, wie wahr, wie notwendig, daß vielleicht ein ganzer Tag wie ein durchnäßter Lumpen sein muß, trostlos, qual-voll, wie der letzte Tag der Welt (der er einmal sein wird), und alle «Fenster werden verdunkelt sein und die Töchter der Musik niedergeworfen», und Männer können ihren Kummer wie einen neidischen Werkzeugkasten mit sich herumtragen, mit schwarzen Hüten und Jacken gehen sie zum Kartenspielen, wie bei Cezanne, und das ist noch kummervoller als die Quellen der enttäuschten Seele selbst. Arbeiter, die den ganzen Tag schwitzen, schwitzen ohne Freude und haßten die blöde Arbeit und dachten ohne Trost an das Zuhause, außer der Pizza und der *Daily News* und dem Baseballspiel der Yankees. Und wer nicht im Freien arbeitet, schaute mit einem Jukken in den Hosen zum Fenster hinaus, ganz verlegen. Hausfrauen und Ladenbesitzer vergilisierten ein graues leeres Geschick und veranlaßten ihre Bastarde, weiterzugehen. Kinder wunderten sich wie Aussätzige über die erstaunliche Traurigkeit des Tages und schauten mit ihren kleinen Gesichtern nach unten, doch nicht nach Schiffen oder Zügen oder großen Lastzügen aus South Carolina, die über Brücken rollen, nicht auf all die rauchenden Signale, Filme, Museen oder glänzenden Spielzeuge, sondern auf die schrecklichen Nebelschwaden, in denen jedoch noch immer die zentrale Quelle aller Freuden des Universums verborgen war, so klar wie die Sonne, die Perle des Himmels, die dort oben flammt. So daß sogar in Gefängnissen Männer aus ihren Grübeleien aufschauen und genauso verwirrt sagen: «Hm, rot da draußen, was», oder sie sagen: «Was issen das, kein Regen?», oder sie sagen gar nichts und schauen eine Weile hinaus, bevor sie zu ihrer fieberhaft wartenden Matte zurückkehren.

Im vierten Geschoß des Bronx-Gefängnisses stehe ich, ein junger Mann, schweigend außerhalb der Zelle, auf dem vergitterten Korridor, über einen anderen Korridor hinweg sehe ich durch ein vergittertes Fenster hinaus auf das riesige, dumm errötende New York mit dem ehrfürchtigen und doch traurigen Gesicht eines mit Menschen gefüllten Tiegels. Und am Ende des Ganges läuft das Kartenspiel. Mitten unter den Männern sitzt der Nachtaufseher, in Hemdsärmeln und die Mütze im Genick. Vielleicht hat er einen Vierteldollar. Die letzten paar Stunden, bevor das Licht ausgemacht wird. Grelles weißes Licht brennt über der murmelnden zusammengedrängten Masse. Gelegentlich hebt einer aus der Runde den Kopf und sagt: «Was, kein Regen?» Ein hagerer Mann mit einer schwarzen Klappe über einem Auge, es ist natürlich Rotkäppchen, sagt: «Beruhige dich, Rocco, wenn du hier rauskommst, bist du des Sommers letzte Rose.»

«Hirngespinste eines jungen Mannes im Frühling? Gib mir drei.»

«Noch ein Jahr, Eddie, dann kannst du den Kumpels den Abschiedskuß geben und nach Hause gehen.»

«Laß mal, ist schon in Ordnung, denk nicht an *abiyt nem dibt wirrt hyst ren nberm i isegyts, yuck.*»

«Was issen das? Ah Rabisch?»

«Ich werd's behalten», sagte Red und schaut weg.

Jedenfalls, verstehst du? Keine Zeit für Poesie. Und jedenfalls, verstehst du? Keine Zeit für Poesie.

XXI

Am nächsten Tag lasse ich dem Bezirksstaatsanwalt mitteilen, ich wolle ein paar Stunden raus und Johnnie heiraten. Ich kann mir so richtig vorstellen, wie der Staatsanwalt sich die Hände reibt und fröhlich sagt: «Ich *wußte*, daß sie schwanger ist.» Er willigt ein. Ein großer irischer Bulle von Ozone Park, in Zivilkleidung, holt mich ab und sagt: «Komm mit.» Wir gehen zusammen hinaus. Unter dem Jackett trägt er eine große Pistole. Es ist kühl, August, doch in der U-Bahn ist's noch heiß, und wir fahren zusammen in die Stadt, klammern uns an die Halteriemen und lesen die *Daily News* bzw. den *Daily Mirror*. Er weiß, daß ich nicht versuchen werde, davonzulaufen, aber weil im Bronx-Opernhaus nichts gegen mich vorliegt, glaubt er vielleicht, ich sei ein Verrückter, ich will damit nur sagen, er behielt mich jedenfalls im Auge. Wir kommen an und treffen Johnnie und Cecily. Cecily wird Trauzeugin und Detektiv Shea Trauzeuge sein.

Als er Cecily die Hand schüttelt, entweicht seinen Lippen ein «uu», und wir gehen zum Rathaus hinunter, um die Papiere zu holen. Der Friedensrichter benötigt genau zwei Minuten, um uns zu trauen. Shea steht stolz im Hintergrund, die schöne Cecily neben ihm, und ich und Johnnie sind verheiratet.

Dann ziehen wir uns in eine Bar zurück und erleben einen angenehmen Nachmittag, trinkend und uns unterhaltend. Es wird Abend. Noch einen für unterwegs. Shea ist etwa siebenundvierzig Jahre alt und nähert sich der Pension. Er war noch nie Trauzeuge bei einer improvisierten Trauung mit einer Kleinbürger-Puppe wie Cecily, das ist eigentlich gemein, einer schönen Puppe wie Cecily, gerade zwanzig, er ist rot im Gesicht und amüsiert sich, er zahlt sogar alle Drinks, na jedenfalls bin ich jetzt mit Johnnie verheiratet, und ich küsse sie herzhaft, und dann muß ich mit Shea wieder zurück zum Bronx-Gefängnis und in meine Zelle. Sie wird wegen der hundert Dollar nach Hause telegrafieren, und in einigen Tagen werde ich frei sein. Und doch, ich habe die Frau meiner Jugend geheiratet.

Während ich an jenem Abend gegen neun den Korridor entlang zu meiner Zelle begleitet werde, lachen all die Gefangenen: «Hoho, 'ne saubere Hochzeitsnacht hat der Junge, hahaha.»

Mitten in der Nacht sind sie alle ruhig, sie schnarchen oder sind still in Gedanken vertieft, und das einzige, was man hören kann, ist das leise Geflüster der chinesischen Brüder: *«Hungk-ya mung-yo too mah to.»* Ich muß an all den Reis im Geschäft ihres Vaters denken. Ich muß an all die Tinte an den Fingernägeln meines Vaters denken. Ich muß daran denken, wie absurd es ist, weiterzumachen, wenn es kein Ziel gibt. Dann denke ich:

«Absurd? Natürlich gibt es ein Ziel! Kümmere dich um deine eigenen Angelegenheiten.»

Dreizehntes Buch

I

Wenn ich das schon höre, «Bewußtseinserweiterung» und all so 'n Krampf, von dem heute dauernd geredet wird; hätte ich mein Bewußtsein genügend erweitert, um die Akkordleistung, die auf den Zählvorrichtungen der Akkord-Kugellager-Arbeiter addiert war, zu verringern, damals im September in der Bundes-Mogul-Fabrik in Detroit, wohin ich gegangen war, um der Tante meiner neuen Frau die hundert Dollar zurückbezahlen zu können, dann hätten die mir mit einem Schraubenschlüssel – und nicht mal mit dem Modell für Linkshänder – den Arsch erweitert und den Kopf verringert.

Es war der beste Job meines Lebens. Von Mitternacht bis acht Uhr morgens, ich hatte ihn bekommen durch Beziehungen von Johnnies bekanntem Vater, einem Mann der großen Gesellschaft, durch Freunde von ihm, und ich weiß nicht, wie die Kugellager-Jungs über mich dachten, aber sie sahen, daß ich nach zwölf, als ich die Anfangsnummer auf ihrer Zählvorrichtung überprüfte, bis um acht Uhr nichts mehr zu tun hatte; ich saß die ganze laute Nacht am Tisch des Vorarbeiters, glaub ich, auf einem hohen Hocker, las und machte mir endlose Notizen. Ich war nämlich dabei, sehr sorgfältig eine Auswahl von Büchern durchzuarbeiten, die sich mit amerikanischer Literaturkritik befaßten, um für künftige Kriege – und nicht die, für die wir Kugellager herstellten – gewappnet zu sein.

Ausgerechnet Kugellager, die ich in meiner Kindheit so geliebt hatte, weil sie immer weiterrollten als die Murmeln und die Pferderennen gewannen . . .

Bezirksstaatsanwalt Grumet entließ mich nämlich nicht lange nach der Heirat mit Johnnie aus dem Bronx-Gefängnis, nachdem ich die hundert Dollar für die Fünftausend-Dollar-Kaution hinterlegt hatte, und wir zogen zu ihrer Tante in den Westen, nach Grosse Pointe (Michigan). Vorher besuchten mich aber noch Ma und Pa im Gefängnis, saßen an dem langen Tisch und sprachen mit mir vor einem Aufseher, genau wie in John Garfield-Filmen. Es überraschte sie, daß ich mich entschlossen hatte, Johnnie zu heiraten, sie meinten, ich hätte es getan, weil ich keine Freunde besäße, da heraus müßte, etwas Neues versuchen müßte, sie betrachteten mich wie ihren rastlosen, unschuldigen Sohn, das Opfer dekadenter Freundschaften in der gottlosen Großstadt, damit hatten sie ja auch recht, in gewisser Hinsicht, jedenfalls war alles vergessen und vergeben.

Im Haus von Johnnies Tante in Grosse Pointe lief alles glatt, jeden Abend um sieben gab es ein wundervolles Essen, auf mit Spitzen besetzten Tischtüchern, aus echten Porzellangefäßen, und Schalen aus Silber, und darüber ein Kronleuchter, gekocht allerdings von Johnnie und von ihrer Tante serviert, keine Dienstmädchen, doch ein herrlich ruhiges Zuhause und eine herrlich ruhige Frau, ihre Tante. Für mich hatte sie natürlich bei Rostbraten und braunen Kartoffeln nichts als Worte, die mir ein leichtes Schuldgefühl verursachten, aber wenn ich dann anschließend mit ihr im Wohnzimmer saß und weiterhin las und Notizen machte, begann sie zu verstehen, daß es mir vielleicht doch ernst sein könnte mit diesem «Schreibfimmel».

«Nun», sagte sie, «ich habe gehört, es gab Leute, die sich mit Schreiben ihren Lebensunterhalt verdienten, Pearl Buck, wurde mir heute im Klub gesagt, und Harriet van Arness aus Pinckney (Michigan) machte sich einen Namen.» In Pinckney (Michigan) hatten sie eine Farm, von Verwandten bewohnt, ganz in der Nähe von Henry Fords Farm, in der Nähe von Ann Arbor oder ein paar Meilen davon entfernt, eine reizende Farm, an einem Sonntag aßen wir einmal dort, und im lieblichen nördlichen Oktober Michigans streiften Johnnie und ich über die Felder in der Umgebung, und wir legten uns ins gelbe Gras neben Bächen, aus denen kalt der kommende Winter aufstieg, und wir wünschten, wir könnten eines Tages auch eine Farm besitzen und in Kordsamthosen und Wollpullovern herumliegen und wohlriechende Pfeifen rauchen und gesunde kleine Butteresser großziehen, mit sahniger Butter von den Kühen. Doch Johnnie konnte keine Kinder kriegen, wegen gefährlicher Blutarmut, und was mich angeht, so fand ich ein paar Jahre später heraus, daß ich wie meine Onkel Vincent und John Duluoz und meine Tante Anne Marie so gut wie unfruchtbar war. Die Duluoz-Familie war eben sehr alt . . .

Ich glaube, es ist nicht verwunderlich, wenn mein Vater und ich, als wir endlich vom Boden dieses Topfes voller Duluoz auftauchten, der Ansicht waren, uns könne nichts Besseres zustoßen, als nachts einzuschlafen und zu träumen, und nichts Schlimmeres, als in dieser klapprigen Welt aufzuwachen. In den Anfängen hatte man als Duluoz wenigstens grüne Felder in Cornwall und in der Bretagne, Pferde und Hammelkoteletts, Barken und Takelage und sprühendes Salzwasser, Schilde und Lanzen und Sättel; und Bäume, die man sich ansehen konnte. Wer sie auch immer waren, die Duluoz (Kerouac'hs), ihr Name bedeutete «Sprache des Hauses», und das ist ein alter Name, und er ist keltisch, und wenn eine Familie mal so alt ist, geht es zu Ende. «Mieses Blut», wie Claude immer von mir sagte. Jedenfalls konnten die «Frau meiner Jugend» und ich keine Kinder kriegen.

Die Palmers waren wahrscheinlich auch eine alte Familie, sie war die Enkelin eines schottischen Möbelmagnaten, dessen Vermögen von ihrem Papa vergeudet worden war, nur so zum Spaß. Wenn man an all die literarischen und politischen Idioten denkt, die dafür, daß sie abstrakt sind, Preise bekommen, und dafür, daß sie einem erzählen, das Leben und seine «Werte» seien wunderbar, in großen gewählten Worten, absichtlich vollgepfropft mit verschleiernden Gemeinplätzen, und dabei haben sie keine Ahnung, was es heißt, von einer alten Familie zu kommen, die zu alt ist, um weiterlügen zu können.

Ich arbeitete den ganzen September und bis in den Oktober hinein, bis ich meine Schulden bei Mrs. Palmer in wöchentlichen Raten zu zwanzig Dollar zurückbezahlt hatte. Dann besorgte mir der alte Herr Palmer eine kostenlose Mitfahrgelegenheit auf einem Lastwagen nach New York, damit ich mich wieder einschiffen konnte. Es war Oktober 1944, Schiffe fuhren jetzt zu anderen interessanten Küsten, wie Italien, Sizilien, Casablanca, ich glaube sogar Griechenland.

II

Ich gab also Johnnie den Abschiedskuß, was Mrs. Palmers Beifall fand, und bestieg abends jenen Laster. Am nächsten Morgen waren wir in den verrauchten Bergen Pennsylvaniens, im herbstlichen Dunstschleier und Geruch von Äpfeln. Am Abend war ich zurück im Hafen von New York und sprach mit einigen Typen in der Nähe der Gewerkschaftshalle, am nächsten Morgen heuerte ich an, als Vollmatrose auf Zeit auf der S.S. *Robert Treat Paine*, von der AGWI-Linie, denen ja auch die *Dorchester* gehört hatte. Matrosen waren jetzt so knapp, daß sie Leichtmatrosen wie mich zu Vollmatrosen auf Zeit machten. Dabei wußte ich noch immer nicht, wozu die Leinen und Zangen und all das Zeug auf Deck dienten. Der Bootsmann auf diesem Schiff merkte das sofort und sagte: «Wie zum Teufel kommst du dazu, als Vollmatrose anzuheuern, wo du doch nicht mal weißt, wie man ein Rettungsboot zu Wasser läßt!»

«Frag doch die Gewerkschaft, zum mindesten kann ich Kaffee kochen und im Bug Wache schieben und auf See das Steuer übernehmen.»

«Sei vorsichtig, Rotznase, du wirst auf dieser Fahrt verdammt viel zu lernen haben.» Aber vor den anderen nannte er mich nicht «Rotznase», dann nannte er mich «Adonis», und das war noch schlimmer und viel böser. Während unser Schiff am North River lag und vollgeladen wurde, ging ich um fünf Uhr nachmittags an Land, ich wollte Irwin, Cecily und die anderen auf dem Columbia Campus besuchen.

Die Mordgeschichte um Claude und Mueller war auf dem Campus und in der Bar noch immer das Tagesgespräch. Im *Columbia Spectator* erschien eine kleine Geschichte über den Mord, von Joe Amsterdam, mit Tusche-Zeichnungen illustriert, ausgetretene Stufen vor einer russischen Hütte, die in die Finsternis führen, romantisch, im Stil des Fin de siècle. Er beglückwünschte mich auch zu meinem Wechsel vom «stahlharten Football zu Wolfes Romanen». Den Roman, den ich zu Claudes und Irwins Vergnügen geschrieben hatte, mit Bleistift und in Druckbuchstaben, hatte ich inzwischen in einem Taxi verloren, ich hörte nie wieder etwas davon. Ich war angezogen wie in London: schwarze Lederjacke, Baumwollhosen, Hut mit falscher Goldtresse. Der große traurige Verkäufer in der Columbia-Buchhandlung machte eine Aufnahme von mir. Ich habe sie nie zu sehen bekommen, aber glaub mir, es war ein Bild der Verzweiflung, in Fleisch und Blut.

Aber die schöne blonde Cecily warf mir eindeutige Blicke zu, und so was kann ich nicht widerstehen, und es war wohl die schäbigste Handlung in meinem Leben: Ich ging nämlich auf sie ein und versuchte, sie ins Bett zu bekommen. Aber sie spielte nur mit mir. Trotzdem knutschten wir uns den ganzen Abend ab. Hätte Claude das gewußt, in seiner Zelle im Erziehungsheim, wohin er gekommen war, nachdem er sich auf Totschlag rausgeredet hatte, ich glaube, er hätte geweint. Schließlich war sie das Symbol seiner neunzehn Jahre. Jedenfalls erfuhr er erst davon, als er zwei Jahre später herauskam. Jedenfalls war diese Frau eine öffentliche Gefahr.

Denn als sie mit mir und dem armen kleinen Irwin und Dover Judd, einem geschwätzigen Poeten und Studenten aus Georgia, in der West End Bar saß, begann sie sogar mit zwei Marineoffizieren zu flirten, die sich darüber ärgerten, daß wir «lauter Schwule» waren und diese tolle blonde Schönheit hier brachlag. Sie sprachen mich sogar direkt an und drohten, Irwin und Dover den Kopf einzuschlagen, und sie taten so, als sei es eine ausgemachte Sache, daß sie jetzt mit Cecily ins Ritz abhauten. Ich ging auf die Toilette, wie damals in Hartford, schleuderte probehalber ein paar Boxhiebe gegen die Wand, kam heraus und rief: «Okay, gehen wir hinaus.»

Draußen hielt der Oberleutnant der Marine seine Fäuste hin, wie John L. Sullivan, und ich mußte auf einmal lachen. Sein Kumpel direkt hinter ihm. Ich griff ihn an, mit einer Reihe kurzer Haken, links und rechts, sie waren schnell und hart und warfen ihn auf den Rücken auf den Bürgersteig. War ich nicht ein Mann der Marine! Dann kam der andere durch die Luft auf mich zugeflogen, und ich hielt instinktiv den Ellbogen hoch, wobei ich die geballte Faust vor meinem eigenen Gesicht hatte. Er prallte gegen den spitzen Knochen und schlitterte zwei Meter über das Trottoir, auf seinem Gesicht. Beide erhoben sich, blutig und mit fürchterlichem Zorn. Zusammen zwangen sie mich jetzt auf den Bürgersteig, wo sie meine langen schwarzen Haare packten und versuchten, meinen Kopf auf den Boden zu schmettern. Ich hielt den Nakken steif, so daß nur die Haare ausgingen, autsch. Dann stürzte sich der kleine Irwin Garden ins Getümmel, um zu helfen. Ich fing an, ihn zu mögen. Sie schoben ihn einfach zur Seite. Schließlich kam Johnny, der

Barkeeper, mein großer Kumpel, heraus, mit einem Haufen anderer Leute und seinem Bruder, und sagte: «Okay, das reicht, zwei gegen einen ist nicht sauber.»

Ich ging zu meinem neuen Zimmer im Dalton Hall, mit Irwin und Cecily, und weinte die ganze Nacht auf ihrem Bauch. Ich fand es schrecklich, wie sich das anfühlte, Fleisch, das aufs Trottoir klatscht, die schreckliche Angst davor. Ich hätte sie aus dem Zimmer werfen sollen, dafür, daß sie die ganze Sache angefangen hatte. Außerdem mußte ich mir dauernd vorstellen, die beiden Marineoffiziere kämen durch die Tür, um die Sache zu Ende zu führen. Aber nein, am nächsten Morgen gegen zehn ging ich zurück zur West End Bar, um ein Bier zu trinken, und da saßen sie, sauber verbunden, tranken ihr Bier in aller Ruhe und schauten nicht mal zu mir auf. Wahrscheinlich hat sie der Kapitän ihres Schiffs zur Schnecke gemacht. Sie waren so bandagiert, da sie Sanitäter hatten, ich hatte nichts als das einem unbekümmerten Matrosen zustehende Hafenviertel, und am Nachmittag ging ich wieder hinunter, um mir vom Bootsmann erneut vorhalten zu lassen, wie doof ich mich auf Deck verhielt. Das Blut in meinen Haaren sah er wohl überhaupt nicht.

Doch an jenem Abend nahm mich wieder das wunderbare Geheimnis der Seefahrt gefangen: nur wenige Stunden nach all dem Plunder der Bars und Schlägereien und Straßen und U-Bahnen, bumm, stehe ich wieder zwischen peitschenden Wanten und reißenden Leinen auf dem Atlantik, nachts, vor der Küste New Jerseys, wir fahren nach Süden, nach Norfolk, um eine Ladung für Italien zu übernehmen, die reine See spült alles weg, ich erinnere mich an jene Bemerkung des Richters, daß ein Seemann im Sturm sicherer sei als ein Seemann an Land. Die Sterne sind groß, sie taumeln hin und her, wie Galilei, betrunken, und Kepler, besoffen, und Kopernikus, nachdenkend, wie Vasco da Gama in seiner Koje, in Gedanken verloren, der Wind, die Dunkelheit, das ruhige blaue Licht auf der Brücke, wo eine Hand das Steuer hält und der Kurs festgelegt wird. Drunten die schlafenden Matrosen.

III

Eigenartig, bei der Ankunft in Norfolk stehe ich zum erstenmal in meinem Leben am Steuer. Als wir uns dem Minengürtel im Hafen nähern, muß ich ein paarmal das Rad drehen, um auf Kurs zu bleiben, wie er auf dem Kelvin-Kompaß angezeigt ist, aber das hier ist ganz anders, als wenn du das Lenkrad deines Ford oder Pontiac sanft nach rechts drehst, die ganze schlangenförmige riesige Länge des eisernen Schiffes hinter dir reagiert erst zehn Sekunden später auf das Rad, und wenn sie dann reagiert, merkst du plötzlich, daß du nachgeben mußt, weil sich sonst alles weiter dreht und anfängt, sich im Kreis zu bewegen, also drehst du das Rad wieder nach links (backbord), es ist die reinste Hölle, so ein

Ding zu steuern. Und dann kommt auch noch ein Proviantboot angefahren, sie werfen die Jakobsleiter hinunter, der Hafenlotse kommt an Bord, geht sofort zum Brückenhäuschen, schaut mich nicht mal an und sagt: «Halt sie auf Kurs einsneunundneunzig, sachte und stetig.» Er sagt: «Wir gehen durch diesen Minengürtel dort, durch diese Lücke, sie liegt genau auf Kurs zweihunderteins. Immer sachte, und tu genau, was ich sage.» Er, der Kapitän, ich und der Erste Steuermann, wir stehen alle da und schauen geradeaus, aber warum sie mich ans Rad ließen, das werde ich nie begreifen. Wahrscheinlich, weil es ganz einfach ist. Es ist heller, sonniger Mittag. Wir gleiten mitten durch den Gürtel, genug Spielraum. Als es darum geht, am Pier anzulegen, schicken sie einen regulären Vollmatrosen zu mir auf die Brücke. Ich nehme an, sie wollten mich einarbeiten. Frag nicht, was hier oder dort oder irgendwo vor sich ging, ich weiß es wirklich nicht, ich hatte nur einen Wunsch: wieder einzuschlafen oder auf Cecilys aalglattem Bauch zu weinen.

Beim Anlegen stellen ich und die (anderen) Leichtmatrosen Ratten-Schutzgitter auf, wobei uns verschiedene Mädchen anfeuern, die in ihren Baumwollkleidern am Pier stehen, mein Gott, die Mädchen in Norfolk kamen immer heraus, um die Matrosen zu empfangen, noch bevor die Ratten-Schutzgitter aufgestellt waren.

«Wohin denn?»

«Weiß nicht.»

«Nehmt uns mit.»

Der Kapitän: «Sorgt dafür, daß diese Mädchen vom Pier verschwinden!»

Doch jetzt fängt der Bootsmann wieder an, mich «Adonis» zu nennen und sogar «Märchenprinz», während wir die Taue aufspulen, und ich wende mich ihm zu und sage: «Was zum Kuckuck ist eigentlich los?»

«Du weißt ganz genau, Märchenprinz, Babygesicht, du bist kein Vollmatrose. Bevor ich mit dir fertig bin . . .», und es wurde mir klar, daß er Streit suchte. Den anderen war es gleich. Ich erkannte, daß dieses Sticheln und Herausfordern homosexuelle Ursachen hatte. Ich hatte keine Lust, mit einem schwulen Bootsmann bis nach Neapel zu segeln.

IV

An jenem Abend ließ ich mir dieses Problem gründlich durch den Kopf gehen. Die Kameraden gingen an Land, um sich in Norfolk auszuleben, was gab es da schon außer tausend Matrosen und Autos und Kinos und Huren, die zuviel dafür wollten. Der Bootsmann hatte den Schiffszimmermann auf seiner Seite, der auch den bösen Blick hatte. Dabei hatte ich mir auf dem Schiff nichts zu Schulden kommen lassen, nur eben, daß ich der Arbeit an Deck nicht ganz gewachsen war. Aber das genügte ihnen vielleicht schon. Es würde eine Schlägerei geben. Selbst nach einem weiteren Tag, den ich zusammen mit einem anderen Matrosen damit zubrachte, das Filter am Schornstein mit Draht auszubessern und auch einiges unter Deck zu flicken, war er nicht zufrieden und nannte mich noch immer «Milchgesicht» und brachte die anderen Boys zum Lachen, einige von ihnen, doch einige schauten weg.

Möchtest du hören, wo ich diesen Kerl Jahre danach wiedertraf? Fünfzehn Jahre später hielt ich im Kaffeehaus in der MacDougal Street eine Dichterlesung, Eintritt frei, und er war da und nahm alles auf Band auf, ich erkannte ihn sofort, aber, wegen der Dichtung in guter Stimmung, schob ich ihm nur meine Faust unters Kinn und sagte: «Du, ich erinnere mich genau an dich, Bootsmann, was soll das, wieso nimmst du alles auf?» Als ich seinen Bürstenschnitt und sein Tweedjackett sah, wurde mir klar, damals, fünfzehn Jahre später, 1959, daß er eine Art Untersuchungsbeamter für die Regierung war. Er muß sich nach fünfzehn Jahren an meinen Namen erinnert haben und geglaubt haben, ich sei ein Kommunist, vielleicht hatte ihm die Marine von meinem Verhör mit ihrem Nachrichtendienst in Newport (Rhode Island) berichtet. Ich hatte schon die ganze Zeit das Gefühl, daß mich das FBI überwacht oder etwas Ähnliches, wegen meiner liederlichen Marine-Vergangenheit, obwohl ich noch immer stolz darauf bin, den höchsten Intelligenz-Quotienten in der Geschichte des Flottenstützpunktes Newport gehabt zu haben.

Wie dem auch sei, ich mußte jedenfalls durchbrennen, um diesen ganzen Widerwärtigkeiten aus dem Weg zu gehen, ich mußte diesem widerlichen Bootsmann entkommen. Ich zog also alle meine Kleider an und oben drauf meine Baumwollhosen und die schwarze Jacke, klemmte den leeren, zusammengefalteten Seesack unter meinen Gürtel und stolzierte an jenem Abend vom Schiff, der fetteste Vollmatrose aller Zeiten. Die diensthabende Wache gehörte zur Hafenverwaltung und kannte mich nicht persönlich, wußte nicht, wie ich gebaut war, so schaute der Bursche untätig zu, wie ich davonging und den Leuten unten am Pier meine Papiere zeigte. Ich muß ausgesehen haben wie Herr Kugelrund. Ein fetter, zufriedener Matrose, der an Land geht, um Mädchenbeine zu besichtigen. Dabei war es nur ich.

Ich ging über die endlosen Piers, kam zur Hauptstraße, mit den snobistischen Restaurants, wo ich Marineoffiziere in Gesellschaft von Blondinen dinieren sah, und ich ging in eine Texaco-Tankstelle und auf die Toilette. Dort zog ich mich um, packte meine Kleider in den Seesack und kam heraus, leicht wie eine Feder an diesen kühlen südlichen Herbstabend. Mit dem Seesack auf dem Rücken stieg ich zuversichtlich in einen Bus, doch wer, glaubst du, saß ganz vorne und schaute mich gehässig an? Der Bootsmann und der Schiffszimmermann! «Wo willste denn hin mit deinem Seesack? Wie biste an der Wache vorbeigekommen?»

«Er gehört nicht mir, ich hab ihn für meinen Freund aus Massachusetts in einer Tankstelle abgeholt, er wartet jetzt auf mich in der Stadt.»

«Tatsächlich?»

«Tatsächlich.»

«Vergiß nicht, morgen abend um fünf stechen wir in See, amüsier dich gut, Kleiner.» Und ich ging in den hinteren Teil des Busses, wo die Matrosen standen.

Nachdem ich meinen Sack in einem Schließfach auf dem Omnibusbahnhof verstaut hatte, sogar einen Film angeschaut hatte und, bei Gott, an Norfolk Gefallen fand, einfach, weil ich dort war, und außerdem sogar einen alten Jugendfreund und Marinekumpel aus Lowell getroffen hatte (Charley Bloodworth, der während der Leichtathletik-Saison 1939 auch in Maggie Cassidy verliebt war), war ich also jetzt um Mitternacht in meinem Bus und fuhr durch die südliche Finsternis zurück nach New York. Zu allem anderen jetzt auch noch ein Ausreißer.

V

In New York ging ich geradewegs zum Columbia Campus, nahm mir ein Zimmer im sechsten Geschoß des Dalton Hall, besuchte Cecily, hielt sie in meinen Armen (sie spielte noch immer mit mir), schrie sie an, und als sie dann wegging, ordnete ich meine neuen Notizbücher und begann meine Laufbahn als literarischer Künstler.

Ich zündete eine Kerze an, schnitt mir in meinen Finger, ließ das Blut heraustropfen und schrieb «Das Blut des Dichters» auf eine kleine Visitenkarte, mit Tinte, dann das große Wort «BLUT» darüber und hängte das Ganze an die Wand, wo es mich stets an meine neue Berufung erinnern sollte. «Blut» mit Blut geschrieben.

Von Irwin bekam ich alle Bücher, die ich wollte, Rimbaud, Yeats, Huxley, Nietzsche, Maldoror, und ich schrieb allerlei triviales Zeug, das wirklich albern klingt, wenn du dabei an mich denkst, wie: «Schöpferische Fruchtbarkeit rechtfertigt alle meine Taten, solange sie nicht kriminell sind. Warum sollte ich ein moralisches Leben führen und bislang desinteressierte Gefühle in dieser Richtung bemühen?» Und die Antwort kam in roter Tinte zurück: «Wenn du es nicht tust, wird deine Schöpfung nicht gesund sein. Eine gesunde Schöpfung hat moralischen Charakter. Goethe hat das bewiesen.» Ich öffnete die Wunde wieder und preßte noch mehr Blut heraus und machte damit ein Kreuz und ein «J. D.» und einen Strich über die mit Tinte geschriebenen Zitate Nietzsches und Rimbauds:

«NIETZSCHE: Kunst ist die höchste Aufgabe und die eigentliche metaphysische Tätigkeit in diesem Leben.»

«Rimbaud: *Quand irons-nous, par delà les grèves et les monts, saluer la naissance du travail nouveau, la sagesse nouvelle, la fuite des tyrans, et des démons, la fin de la superstition, adorer ... les premiers! ... Noël sur la terre?*» Übersetzt heißt das etwa: «Wann gehen wir, dort hinüber zu den Küsten und Bergen, um die Geburt neuer Arbeit willkommen zu heißen, die neue Weisheit, die Flucht von Tyrannen, und Dämonen, das Ende des Aberglaubens, um anzubeten ... die ersten! ... Weihnachten auf Erden?»

Und das heftete ich an meine Wand.

Ich war ganz allein, meine Frau und meine Familie dachten, ich sei auf dem Meer, niemand wußte, daß ich da war, außer Irwin, und ich fand in diesem Zimmer sogar noch stärkere Einsamkeit als damals in Hartford (Connecticut), als ich die kleinen Short Stories schrieb. Jetzt hieß alles Symbolismus, aller möglicher alberner Plunder, das Repertoire moderner Ideen, «Neodogmatismus à la Claudel», der «Neo-Äschylus, die Verwirklichung des Verlangens nach einer Wechselbeziehung zwischen introspektivem Visionärismus und romantischem Eklektizismus».

Ich bringe hier nur ein paar Zitate, um dem Leser zu zeigen, was ich las und Wie (und Wie!) ich es absorbierte und wie ernst mir alles war. Ich hatte in der Tat endlose Dinge aneinandergereiht, und einige davon könnten den Ton der Periode, in der ich mich damals befand, ziemlich gut treffen:

Sie lauteten:

«1) Huxleys (?) Idee vom unaufhörlichem Wachstum (auch bei Goethe). *Élan vital.* Der Fortschritt im Reden (Polemisieren), Lesen, Schreiben und *Erfahren* darf nie aufhören. Das *Werden.*

2) Sexueller Neo-Platonismus und das sexuelle Verständnis einer *grande dame* des achtzehnten Jahrhunderts als ein moderner Trend.

3) Politischer Liberalismus in den kritischen Schmerzen des Heranwachsens (postmarxistisch, präsozialistisch). Blutiges modernes Europa. Der Materialismus hat einen Knüppel aufgegriffen.

4) Der Konflikt zwischen der modernen bürgerlichen Kultur und der künstlerischen Kultur bei Thomas Mann, bei Rolland, bei Wolfe, bei Yeats, Joyce.

5) Der neue Aspekt oder die neue Vision – bei Rimbaud, bei Lautréamont (Maldoror) oder auch bei Claudel.

6) Nietzscheanismus – ‹Nichts ist wahrhaftig, alles ist erlaubt.› Übermensch. Neo-Mystizismus, beispielhaft im Zarathustra. Eine ethische Revolution.

7) Der Untergang der westlichen Kirche. Hardys grobe Nachlässigkeit im gleichen Augenblick abhängig von der Standhaftigkeit des Judas.

8) Freuds Mechanismen praktisch im gleichen Augenblick abhängig

von Emotionen (wie bei Koestler) oder von einer neuen Sittlichkeit (in abgeschwächter Form bei Heard).

9) Vom Humanismus eines G. G. Wells, vom Naturalismus eines Shaw und Hauptmann und Lewisohn, direkt zum Neo-Äschylus Stephen Dedalus (*Bous Stephanoumenos*) und zum allgegenwärtigen Ohrwurm persönlich.

10) Spengler und Pareto – daraus ergibt sich eine Rückkehr zum Osten, wie bei Louys oder Rimbaud (Malraux). Warum kehren die Franzosen zum Süden zurück? (Die dekadenten Einwohner Marseilles in den Mahagoni-Tropen Alfredo Segrós.) Anglo-Katholizismus und Eliots Klassizismus. ‹Noble Gesinnung› kommentiert der Kensington-Garden-Intellektuelle in der Royal Albert Hall.

11) Musik ... dem Konflikt und dem Mißklang entgegen. Die Prophezeiung am Ende des dritten Satzes von Beethovens Neunter. Schostakowitsch, Strawinsky, Schönberg. Freuds Konzept von der Persönlichkeit ist an die Oberfläche gestiegen, und der Widerstreit läßt sich *hören*. Er läßt sich *sehen* in Gemälden, so bei den Impressionisten, bei Picasso, bei Dali u. a.

12) Santayana, Mystizismus des Granden ... De Boldieu und seine weißen Handschuhe in *Les Grandes Illusions*. Hoch-Bewußtsein.

13) Francis Thomspons Lektionen von der Unfaßbarkeit menschlichen Lebens. Melville: ‹Ich suche das Unergründliche!› Ebenso Wolfe, Thompson, letzterer etwa, der von der *Wahrheit der Einsamkeit* verfolgt wird, bis er gezwungen ist, sie zu akzeptieren (!).

14) Gideanismus ... *acte gratuite* als Absage an die Vernunft und Rückkehr zum Impuls. Doch jetzt existieren unsere Impulse in einer Gesellschaft, vom Christentum zivilisiert. Gideanismus ist Überfluß an Proteanismus des Überflusses, Unmoral ... ist, im Grunde genommen, der dionysische Überfluß der künstlerischen Sittlichkeit.» Usw.

VI

Künstlerische Sittlichkeit, darum ging es, denn dann kam mir die Idee, das meiste von dem, was ich geschrieben hatte, zu verbrennen, damit meine Kunst nicht den Anschein erwecken könnte (sowohl in mir als auch in anderen), sie sei mit Hintergedanken oder aus praktischen Motiven entstanden, sondern nur als Funktion, als tägliche Pflichtübung, als täglicher skatologischer «Haufen» zum Zwecke der Reinigung. Also verbrannte ich, was ich schrieb, über einer Kerzenflamme, und ich schaute zu, wie das Papier sich kräuselte und wand, und ich lachte wie irr. So werden Schriftsteller geboren, schätze ich. Eine heilige Idee, ich nannte es «Selbst-Ultimatum», oder S. U.

Du siehst daran auch den Intellektualismus, den Claudes und Irwins Einfluß in mir bewirkt hatte. Doch Hubbard, der Anfang Dezember auftauchte, nachdem ich bereits viel im Kerzenlicht geschrieben und geblutet hatte, rümpfte nur die Nase, als er das Wort «Intellektualismus» hörte: «Herrgott, Jack, laß den Blödsinn und komm mit, einen trinken.»

«Ich esse in letzter Zeit mit Irwin zusammen einen Teller Kartoffelsuppe in der West End.»

«Und was ist mit der Seefahrt und all dem Zeug?»

«Ich riß in Norfolk aus und hoffte bei meiner Rückkehr auf eine große Liebesaffäre mit Cecily, aber ihr ist das gleichgültig.»

«Du bist so eine Marke. Komm, gehn wir essen und anschließend in einen Cocteau-Film, *Das Blut des Dichters*, wenn das zur Zeit auf deiner Linie liegt, und dann ziehen wir uns in meine Wohnung zurück, mein Junge, im Riverside Drive, und nehmen 'n Schuß Morphium zu uns. Das wird dir neue Visionen bescheren.»

So etwas rückt ihn vielleicht in ein schlechtes Licht, aber er war überhaupt nicht schlecht, Morphium kam aus anderen Quellen zu mir, und ich lehnte es ohnehin ab. Nein, nein, der alte Will wartete damals lediglich auf das nächste monströse Produkt aus der Feder seines jungen Freundes, und wenn ich es ihm brachte, spitzte er die Lippen aus einer Art von belustigter Neugier heraus und las. Und wenn er es gelesen hatte, nickte er mit dem Kopf und gab das Produkt in die Hände seines Schöpfers zurück. Ich hockte während dieser Zeit auf einem Schemel irgendwo in der Nähe dieses Mannes, entweder in meinem Zimmer oder in seiner Wohnung im Riverside Drive, dabei war ich mir einer verehrenden Erwartung durchaus bewußt, und wenn ich dann mein Werk ohne Kommentar zurückbekam, nur mit einem Kopfnicken, sagte ich (und wurde beinahe rot dabei): «Du hast's gelesen, was meinst du?»

Der Mann Hubbard nickte mit dem Kopf, wie ein Buddha, der aus dem Nirwana in ein geisterhaftes Leben eintrat, was hätte er denn sonst tun sollen? Resignierend legte er die Fingerspitzen zusammen. Über den Bogen seiner Hände spähend sagte er «Gut, gut».

«Aber etwas detaillierter, was hältst du davon?»

«Nun . . .» und er spitzte die Lippen und schaute weg auf die mitleidige und ebenso belustigte Wand, «nun, was ich davon halte, na ja, ich mag es einfach, das ist alles.» (Nur ein paar Jahre davor war er in Berlin mit Isherwood und Auden zusammengewesen, hatte Freud in Wien gekannt und hatte die Schauplätze Pierre Louys in Nordafrika besucht.)

Ich steckte das Werk in meine Brusttasche, wurde nochmals rot und sagte: «So oder so, das Schreiben hat jedenfalls Spaß gemacht.»

«Das glaub ich gern», brummte er, «und jetzt sag mir: Wie geht es deiner Familie?»

Und doch, verstehst du, später, in der Nacht, würde er wieder daran denken, allein, mit zusammengepreßten Fingerspitzen, im Schein der Lampe, mit übereinandergeschlagenen Beinen und schweren, doch geduldigen Augenlidern, wartend, dann würde er also wieder daran denken, daß morgen der junge Mann wiederkommen und die Niederschrift seiner Vorstellungen mitbringen würde ... und sie mag ihm vielleicht unbesonnen und zudringlich vorkommen ... und doch, er wartete auf mehr, anderswo gab es nur bewiesene Tatsachen und verderblichen Rückzug.

VII

Ich brachte also praktisch das ganze nächste Jahr damit zu, hungrig zu ihm zu eilen, mir von ihm Bücher geben zu lassen, Spengler, sogar Shakespeare, Pope, ein ganzes Jahr, in dem ich Drogen einnahm und mich mit ihm unterhielt und Typen aus der Unterwelt kennenlernte, mit denen er sich jetzt befaßte, eine Art *acte gratuite*.

Um die Weihnachtszeit 1944 kam nämlich Johnnie zurück zu mir, aus Detroit, wir lebten und liebten uns eine Weile im Dalton Hall und zogen dann zu ihrer alten Freundin June in die 117. Straße, überredeten dann Hubbard, auch zu uns zu ziehen, in das leerstehende Zimmer, und später heiratete er June (Johnnie und ich wußten, sie würden Gefallen aneinander finden).

Aber es war ein Jahr niedriger und böser Dekadenz. Nicht nur die Drogen, das Morphium, das Marihuana, das fürchterliche Benzedrin, das wir in jenen Tagen einnahmen, indem wir Benzedrin-Inhalationsapparate aufbrachen, das getränkte Papier herausnahmen und es in kleine Bällchen rollten, so giftig, daß sie dir Schweißausbrüche und Schmerzen verursachten (ich nahm innerhalb von Tagen dreißig Pfund ab, als ich mich zum erstenmal an einer Überdosis versuchte), aber die Typen, die wir kennenlernten, echte Diebe vom Times Square, die hereinkamen, um gestohlene Kaugummi-Automaten aus der U-Bahn zu verstauen, schließlich auch, um Schußwaffen zu verstecken, um Wills eigenen Revolver zu borgen oder seinen Totschläger, oder, und das war am schlimmsten, wir lümmelten uns manchmal zu sechst auf Junes riesigem Doppelbett, mit der orientalischen Decke drauf, mit Kaffeetassen und Aschenbechern, und wir diskutierten tagelang über die Dekadenz der bürgerlichen Welt.

Wenn ich von diesen endlosen Ausschweifungen nach Hause nach Ozone Park ging, nur noch Haut und Knochen, ein blasses Abbild meiner selbst, dann meinte mein Vater: «Dieser Hubbard und dieser Irwin Garden, die werden dich eines Tages noch mal ruinieren.» Zu allem Überfluß begann mein Vater um diese Zeit auch, an der Banti-Krankheit zu leiden; alle zwei oder drei Wochen schwoll sein Bauch so an, daß er «dräniert» werden mußte. Bald konnte er nicht mehr arbeiten und war drauf und dran, nach Hause zu gehen und zu sterben. Krebs.

Voller Abscheu lief ich von daheim zu «ihnen» und dann wieder von «ihnen» nach Hause, hier wie dort war es düster und ungastlich, voller Schuld, Sünde, Schmerz, Jammer, Verzweiflung. Es war nicht so sehr die Dunkelheit der Nacht, die mich störte, sondern die abscheulichen Lichter, die der Mensch erfunden hat, um diese Dunkelheit zu erhellen ... jawohl, ich meine die Straßenlaterne dort am Ende der Straße ...

Es war ein Jahr, in dem ich den Versuch ganz aufgab, mich körperlich in Form zu halten, und eine Aufnahme von mir, damals am Strand gemacht, zeigt mich schlaff und verweichlicht. Mein Haar begann an den Schläfen dünner zu werden. Ich ging umher in Benzedrin-Halluzinationen und Depressionen. Eine 1,80 Meter große Rothaarige zauberte mir ein festes Puder-Make-up ins Gesicht, und so fuhren wir mit der U-Bahn. Sie war es auch, die mir die Überdosis gegeben hatte: eine Gangsterbraut. Wir trafen lichtscheue, schreckliche Typen in gewissen U-Bahn-Stationen, teilweise waren es «Affenbearbeiter» (sie leerten Besoffenen in der U-Bahn die Taschen), wir saßen die ganze Zeit in der bösen Bar in der Nähe der Ecke Eighth Avenue und 42. Straße. Ich persönlich war an keinem Verbrechen beteiligt, aber ich wußte über eine ganze Menge Bescheid. Für Hubbard war das eine erschöpfende Studie darüber, wie schrecklich Menschen sein können, aber in seiner Leere ging es ihm auch darum, wie «rege» sie in einer «toten» Gesellschaft sein können, für mich war es eine romantische Selbstquälerei, wie die Sache mit dem Blut im Herbst davor, während meines «Selbst-Ultimatums» im Dachstübchen. Für Irwin, der jetzt Hafenarbeiter war und auch gelegentlich als Matrose der Handelsmarine die Küste entlang nach Texas fuhr, war es eine neue Art Material für seinen neuesten Fimmel: Dichtung à la Hart Crane.

Einer unserer «Freunde», der eines Tages hereinkam, um einen Revolver zu verstecken, war in Wirklichkeit, wie sich später herausstellte, nachdem er sich im Stadtgefängnis aufgehängt hatte, der «Rasende Mörder vom Times Square», doch wußte ich nichts davon. Er ging einfach in ein Spirituosengeschäft und erschoß den Besitzer. Ein anderer Dieb hat mir das hinterher erzählt, der das Geheimnis nicht mehr länger für sich behalten konnte, weil es ihm Schmerzen verursachte, wie er mir sagte.

VIII

Mein armer Vater mußte es mit ansehen, während er an Krebs dahinsiechte, wie weit ich heruntergekommen war, seit jenem Anfang auf dem Sand-Footballplatz der Dracut Tigers in Lowell, als der Ehrgeiz verschwand, es im Football und in der Schule zu etwas zu bringen, aufs College zu gehen, «Erfolg» zu haben. Es war ein Teil des Krieges, genaugenommen, und des Kalten Krieges, der dann folgte. Ich werde nie vergessen, wie Junes damaliger Mann, Harry Evans, plötzlich mit seinen Armeestiefeln den Korridor in ihrer Wohnung entlanggestampft kam, direkt von der deutschen Front, etwa im September 1945, und entsetzt war, uns zu sehen, sechs erwachsene Menschen, alle «high» durch Benny, ausgestreckt oder sitzend oder sonstwie auf diesem großen Doppel-Doppelbett aus Skepsis und Dekadenz, wo wir die Nichtigkeit aller Werte diskutierten, bleichgesichtig, mit verweichlichten Körpern, bei Gott, da sagte der arme Kerl: «Und dafür hab ich gekämpft?» Seine Frau sagte ihm, er solle von seiner Charaktergröße heruntersteigen oder so etwas Ähnliches. Etwas später ließ er sich von ihr scheiden. Wir wissen natürlich, daß sich die gleichen Dinge in Paris und Berlin abspielten, im gleichen Monat und im gleichen Jahr, wir haben ja Günter Grass und Uwe Johnson und Sartre gelesen und sogar, selbstverständlich, Auden und sein *Zeitalter der Angst*.

Aber dies stimmte mit den starren Vorstellungen meines sterbenden Vaters nicht überein, daß man «das Beste daraus machen sollte, hoffnungsvoll in die Zukunft schauen, arbeiten, was leisten, sich anstrengen und sich regen sollte», alle diese alten Ausdrücke aus den dreißiger Jahren, die so rührend waren, wie Preiselbeersauce, als wir dachten, der Wohlstand stehe vor der Tür, und da blieb er auch.

Ich selbst, wie du aus dieser ganzen irren Prosa-Tirade, die sich Buch nennt, ersehen kannst, hatte mich durch so viel Abfall durchzuwühlen, daß man mir kaum einen Vorwurf daraus machen kann, daß ich mich den Verzweifelten in jener Zeit anschloß.

Und doch, es gab Burschen, die aus dem Krieg heimkamen und heirateten und mit Hilfe der G.I. Bill studierten, die für einen solchen Negativismus nichts übrig hatten und die mir die Nase krummgeschlagen hätten, wenn sie gewußt hätten, wie tief ich gefallen war seit der Zeit, sagen wir mal, als ich mit ihnen 1940 ein Bier trank. Aber während des ganzen Krieges machte ich einen Fehler nach dem andern, und das hier ist mein Geständnis.

(Während dieser Zeit ließ ich auch Johnnie, meine Frau, die Nichtigkeitserklärung unserer Ehe in Detroit erwirken, ich war für sie als Ehemann nicht mehr brauchbar, ich schickte sie nach Hause.)

IX

Ich nahm in jenem Jahr so viel Benzedrin aus diesen aufgebrochenen Röhren, daß ich schließlich ernstlich krank wurde, ich bekam Thrombophlebitis und mußte dann im Dezember ins Krankenhaus von Queens (für Kriegsbeschädigte), da lag ich, die Beine erhöht, auf Kissen, mit heißen Kompressen umwickelt. Zunächst sprachen sie sogar von einer Operation. Und selbst dort schaute ich aus dem Fenster, auf die Dunkelheit der Queens-Nacht, und spürte ein ekliges Würgen im Hals, als ich sah, wie sich die armen Straßenlaternen über die leise rauschende Stadt dahinzogen, wie eine lange Kette von Sorgen.

Doch eine kleine Gruppe von Kindern, zwölf und dreizehn, die dort

Patienten waren, kamen tatsächlich an einem Abend an das Fußende meines Bettes und brachten mir mit ihren Gitarren ein Ständchen.

Und die Schwester, ein großes, fettes Mädchen, liebte mich.

Sie konnten in meinen Augen sehen, was 1939, 38, nein 22 dort gewesen war.

Ich dachte viel nach in jenem Krankenhaus. Ich begann zu verstehen, daß die Großstadt-Intellektuellen der Welt vom Blut, das durch den Volkskörper des Landes fließt, getrennt waren; sie waren entwurzelte, wenn auch berechtigte Narren, die absolut nicht wußten, wie sie weiterleben sollten. Ich begann ganz für mich selbst eine neue Vision zu sehen, die Vision einer wahrhaftigeren Finsternis, die sich einfach über all den überladenen geistigen Abfall von «Existentialismus» und «Hipstertum» und «bürgerlicher Dekadenz» und was dergleichen Bezeichnungen mehr sind gelegt hat.

Wochenlang starrte ich an die Decke, während die armen Männer schnarchten, und in der Reinheit meines Bettes im Krankenhaus sah ich, daß das Leben eine tierische Angelegenheit ist, schön und grausam; wenn du etwa eine taubedeckte Knospe im Frühling siehst, wie kannst du dann diese Schönheit bewundern, wo du doch weißt, daß diese Feuchtigkeit nur dazu da ist, die Knospe zum Öffnen anzuregen, damit sie dann im Herbst trocken und verwelkt abfallen kann? All die LSD-Köpfe unserer Tage (1967) sehen die grausame Schönheit dieser tierischen Angelegenheit, sobald sie die Augen schließen; ich habe es seither auch gesehen: einen manischen Kreis von Mandala-Mosaiks, verdichtet mit Millionen grausamer Dinge und schöner Szenen, so sah ich zum Beispiel eines Nachts auf der einen Seite flüchtig einen Chorleiter im «Himmel», der langsam «Uuu» machte, sein Mund offen in Ehrfurcht vor der Schönheit des Gesangs, aber direkt daneben wird ein Schwein von grausamen Wärtern einem Alligator zum Fraß vorgeworfen, und die Leute gehen ungerührt daran vorbei. Oder jene schreckliche Mutter Kali aus der weisen Vergangenheit des alten Indien, all ihre Arme mit Juwelen geschmückt, ebenso Bauch und Beine, wie sie irre Kreisbewegungen ausführt, um mit dem einen Teil, der nicht mit Juwelen geschmückt ist, ihrem Yoni oder Yin, alles wieder zu verschlingen, das sie je hervorgebracht hat. Hahahaha lacht sie, während sie auf den Toten tanzt, die sie einst geboren hat. Die Mutter Natur gebiert dich und ißt dich wieder.

Und ich behaupte, Kriege und gesellschaftliche Katastrophen entstehen wegen der Grausamkeit dieser tierischen Schöpfung und nicht wegen der «Gesellschaft», denn die hat schließlich gute Absichten, sonst würde man sie nicht «Gesellschaft» nennen, oder?

Es ist doch, seien wir ehrlich, eine niederträchtige, herzlose Schöpfung, sie stammt von einem Gott des Zorns, Jehova, Jahve, Ohne-Namen, der dir freundlich den Kopf tätschelt und sagt: «So ist's brav», wenn du betest. Doch wenn du um Gnade bittest, sagen wir mal so wie ein Soldat in Vietnam heute, der an einem Bein angebunden von einem Baum baumelt, wenn dich also Jahve mit dem Rücken gegen das Scheunentor gestellt hat, selbst in einer so gewöhnlichen Qual, wie der todbringenden Krankheit meines Pas damals, dann erhört er dich nicht, er wird dir vielmehr deinen kleinen Hintern versohlen, mit einem langen Stecken, den die theologischen, christlichen, dogmatischen Sekten «Erbsünde» nannten, den ich jedoch «Erbopfer» nenne.

Herrgott noch mal, das ist nicht mal schlimmer, als wenn du zuschaust, wie dein eigener menschlicher Vater Papa im wirklichen Leben stirbt, wenn sich das «Vater, Vater, warum hast du mich verlassen» wirklich in Wirklichkeit verwirklicht, wenn der Mann, der dich hoffnungsvoll ins Leben gesetzt hat, vor deinen Augen aufsteckt, wenn er dich plötzlich im Stich läßt, mit dem ganzen Problem und der Last (dir selbst) seiner eigenen Torheit zu glauben, das «Leben» sei mehr als der Gestank in dem Bellevue-Leichenschauhaus, damals, als ich Franz identifizieren mußte. Dein eigener menschlicher Vater sitzt da im Tod vor dir, beinahe zufrieden. Das ist das Traurige und Schreckliche an der «Gott-ist-tot»-Bewegung in der zeitgenössischen Religion, es ist die schmerzlichste und elendste philosophische Idee aller Zeiten.

X

Denn wir wissen, daß die tierische, niederträchtige, tollwütige Schöpfung auch einer mitfühlenden Güte fähig ist, schau mal der Katzenmutter (Mutter Natur) zu, wie sie die kleinen Kätzchen im Korb (fast hätte ich «Sarg» gesagt) putzt und umsorgt und sie mit ihrer eigenen Milch der Güte uneingeschränkt tränkt. Wir waren auch Zeugen, wie uns diese tierische Schöpfung den Menschensohn sandte, der sich ohne Murren aufgab und opferte, um uns dazu zu bewegen, seinem Beispiel zu folgen und Gnade, brüderliche Liebe, Barmherzigkeit und Geduld zu üben. Sonst hätten wir sein Beispiel nicht beachtet. Doch weil wir sehen, daß es ihm ernst war und er den Weg bis zum Kreuz ging, zeigen wir uns beeindruckt. So sehr beeindruckt, daß es dazu kommt, daß wir darin unsere Erlösung sehen, der See entrissen, das rettende Hurra. Aber wir können nicht erlöst werden, «es sei denn, wir glauben», so steht es geschrieben, oder wir folgen seinem Beispiel. Und wer bringt das schon fertig? Nicht mal Graf Leo Tolstoi, der noch immer in einer «ärmlichen Hütte» leben mußte, aber auf eigenem Grund und Boden, obwohl er natürlich seinen «eigenen Grund und Boden» an seine eigene Familie überschrieben hatte, und dann hatte er noch die Frechheit, von diesem soliden irdischen Ausgangspunkt aus *Das Königreich Gottes Liegt in Dir Selbst* zu schreiben. Wenn ich selbst zum Beispiel versuchen wollte, Jesu Beispiel zu folgen, müßte ich zuerst meine Trink-Gewohnheiten ändern, die mich davor bewahren, zu viel zu denken (wie ich das etwa jetzt gerade unter fürchterlichen Schmerzen tue), ich würde also verrückt werden und der Öffentlichkeit zur Last fallen und wäre jedermann in der gesegneten «Gemeinschaft» oder «Gesellschaft» ein Dorn im Auge. Und außerdem würde ich mich zu Tode langweilen, im Wissen, daß sogar die Tasche Jesu ein Loch hat: nämlich dort, wo er zu dem reichen Jüngling sagt: «Verkaufe alles, was du hast, gib es den Armen und folge mir», okay, wohin gehen wir jetzt, sollen wir umherwandern und uns das Essen bei armen, schwer arbeitenden Familien zusammenbetteln? Und nicht mal so reich wie die Mutter jenes reichen Jünglings? Sondern arm und ausgeplündert wie Martha? Martha hatte nicht «das bessere Teil erwählt», als sie den ganzen Tag kochte und sich abmühte und das Haus sauberhielt, während ihre jüngere Schwester Maria wie ein moderner Beatnik mit verständnislosen Eltern in der Haustür saß und mit Jesus über «Religion» und «Erlösung» und «Seelenheil» und all den Quatsch sprach. Warteten Jesus und die junge Maria McGee darauf, daß das Abendessen fertig würde? Während sie von Erlösung sprachen? Wie kannst du erlöst werden, wenn du tagaus, tagein Nahrung in die Tasche deines Körpers stopfen mußt, wie kannst du «errettet» werden, in einer so dummen und verhexten Lage? (Das war auch das Loch in Buddhas Tasche. Er sagte, mehr oder weniger: «Es ist in Ordnung, wenn weise Bodhisattwas und Buddhas um ihr Essen betteln, um den *gewöhnlichen* Leuten dieser Welt die Demut des Charakters zu demonstrieren», brrr, sag ich.) Nein, die Frühlingsknospe, von der ich sprach, mit dem Tau auf ihrem jungen Grün, sie ist das Lachen eines Wahnsinnigen. Die Geburt ist die unmittelbare Ursache aller Qual und des Todes, und ein Buddha, der im Alter von dreiundachtzig Jahren an Ruhr starb, konnte schließlich nur sagen: «Seid eure eigenen Fackeln –» die letzten Worte – «arbeitet emsig an eurer Errettung», ein verteufeltes Geschwätz für einen, der daliegt und an Ruhr krepiert. Der Frühling ist das Lachen eines Wahnsinnigen, sag ich.

XI

Doch ich sah das Kreuz, als ich einen Augenblick die Augen schloß, nachdem ich all dies geschrieben hatte. Ich kann seinem geheimnisvollen Eindringen in diese ganze Brutalität nicht entkommen. Ich *sehe* es einfach die ganze Zeit, manchmal sogar das griechische Kreuz. Ich hoffe, es wird sich alles als wahr herausstellen. Verrückte und Selbstmörder sehen das. Auch Leute, die im Sterben liegen oder unausstehliche Schmerzen haben. Was für eine SÜNDE gibt es denn, außer der Sünde der Geburt? Warum gibt es Billy Graham nicht zu? Wie kann ein Opferlamm der Geburt selbst ein Sünder sein? Wer hat es dort hingebracht, wer hat die Feuer angezündet, wer ist jene langnasige Ratte, die den

Rauch des Lammes zum Himmel senden will, um einen Tempel ganz für sich allein zu horten? Und was nützen die Materialisten, die sogar noch schlimmer sind, wegen der schwachköpfigen Unkenntnis ihres eigenen gebrochenen Herzens?

So haben die albernen Verhaltensforscher in der Soziologie und in der Computertechnik heutzutage ein größeres Interesse daran, das mußt du dir mal vorstellen, die Reaktionen auf den Schmerz des Lebens zu messen und die Ursache für diesen Schmerz in ihren eigenen Mitmenschen, das heißt in der Gesellschaft, zu sehen, als sie ein für allemal auf das zurückzuführen, wovon sie herrührt: auf die Geburt. Selbst metaphysische Gurus und prophetische Philosophen auf Vortragsreisen sind sich vollkommen sicher, daß sich der ganze Ärger auf die und die Regierung schieben läßt, auf einen Außenminister, einen Verteidigungsminister (denk an einen «Philosphen», wohlgemerkt, wie Bertrand Russell), und sie versuchen, solchen geborenen Opfern die Schuld zu geben anstatt den echt metaphysischen Ursachen, die sie eigentlich zur Diskussion stellen sollten, das heißt, was vor und nach dem Materiellen kommt, das Geborenwerden, damit das Sterben stattfinden kann. Wer aber tritt vor und sagt, daß das Wesen der Natur recht eigentlich und in alle Ewigkeit verrückt und boshaft ist?

XII

Und was tun inzwischen? Warten? Stell dir doch mal vor, du seiest ein Soldat, der genau in dem Moment Durchfall bekommt, als der Feind angreift, und jetzt sollst du, mit dem Geruch des Todes in deinen Hosen, vorwärts kriechen und die armen Hosen eines anderen anschauen? Gibst du dann der Gesellschaft die Schuld? Gibst du der Gesellschaft die Schuld, wenn eine siebzigjährige Frau gelähmt im Bett liegt, so als hätte sie einen großen Fels auf der Brust, selbst nach zehn Monaten hoffnungsvollen Wartens und perfekter Pflege ihrer Kinder? Ist die Gesellschaft schuld, wenn ein Fischer aus New Bedford mitten in der Nacht bei hoher See im eiskalten Wasser treibt, in seinem Rettungsgürtel hängend, Gott anruft und die Stella Maris, wenn er vergessen hat, das Rasiermesser in sein Uhrentäschchen zu stecken (wie ich das während des Seekrieges immer tat), um sich den Puls öffnen zu können und so das Bewußtsein zu verlieren, bevor er ersticken würde, ersticken wie mein deutscher Junge, allein, von seinem Vater auf zweierlei Art verlassen, weinend und bittend, Mutter Gnade möge kommen, doch sie ist nicht da in dieser tierischen Schöpfung, der See.

Nein, gib der Frühlingsknospe, dem armen Ding, die Schuld, mit dem Tau drauf; gib den «klebrigen kleinen Blättern» die Schuld, von denen Claude sagte, der Gedanke an sie hätte ihn im Erziehungsheim zum erstenmal zum Weinen gebracht.

XIII

Dann, teilweise geheilt, ging ich nach Hause, und in der allgemeinen Verblendung des Duluoz beschloß ich, Schriftsteller zu werden, einen gewaltigen Roman zu schreiben, in dem ich allen alles erklären würde, mein Vater würde am Leben bleiben und glücklich sein, während Ma in der Schuhfabrik arbeitete, wir sind jetzt im Jahr 1946, ich würde es «packen».

Doch ganz allmählich verwelkte er vor meinen Augen. Alle zwei Wochen wurde sein Bauch zu einem großen Sack voll Wasser, und der arme jüdische Doktor mußte kommen, aus Mitgefühl zusammenzucken und ihm in der Küche (ohne Mutter und Sohn) eine lange Stechröhre direkt in den Bauch stecken, durch die das Wasser in einen Kücheneimer abfloß. Mein Vater schrie nie laut auf vor Schmerzen, er zuckte nur zusammen, stöhnte und weinte leise, o du guter Mann meines Herzens. Und dann, eines Morgens, nachdem wir uns gestritten hatten, wie der Kaffee zu kochen sei, und der Doktor dagewesen war, um ihn zu «entwässern» (o Natur, entwässere dich selbst, du gemeine Hure!), da starb er einfach so auf seinem Stuhl, direkt vor meinen Augen, und ich schaute ihm ins Gesicht mit seinem schmollend friedlichen Ausdruck und dachte: «Du hast mich verlassen, mein Vater. Du hast mich allein gelassen, damit ich den ‹Rest› erledige, was immer der Rest sein mag.» Er hatte gesagt: «Kümmere dich um deine Mutter, egal was du auch tust. Versprich's mir.» Ich versprach es ihm und habe mein Versprechen gehalten.

Die Männer vom Bestattungsinstitut kommen und legen ihn in einen Korb, und wir lassen ihn auf einen Friedhof in New Hampshire überführen, in der Stadt, wo er geboren war, und kleine idiotische Vögel singen auf dem Ast. Einmal wirft das Blauhäher-Weibchen so einen kleinen Schwächling aus dem Nest, und er fällt neben dem Baumstamm auf den Boden und zappelt hilflos, sterbend und verhungernd. Ein Priester versucht mich zu trösten. Nach der Beerdigung gehe ich mit meinem Onkel Vincent Duluoz durch die kleinen Straßen von Nashua und verstehe, wegen seines Schweigens, weshalb er immer als der «gemeine» und «verschlossene» Duluoz galt. Er war der ehrliche. Er sagte: «Dein Vater war ein guter Junge, aber er war zu ehrgeizig und stolz und verrückt. Ich schätze, du bist der gleiche.»

«Ich weiß nicht.»

«Na ja, vielleicht dazwischen. Emil war mir nie unsympathisch. Aber jetzt hast du's, und ihn, und ich sterbe selbst, und du wirst eines Tages auch sterben, und all das, puff, *ça s'en vas* [so geht's].» Er schaute zum leeren blauen Himmel hinauf und zuckte auf bretonisch-gallische Art mit den Schultern.

Von Onkel Vincent konnte man nicht behaupten, er sei ein Opfer der Verblendung des Duluoz.

XIV

Doch ich war immer noch ein Opfer, ich ging mit Ma nach Ozone Park zurück, sie beschäftigte sich mit dem Frühjahrs-Hausputz (der alte Herr ist fort, putze das Haus, treibe die keltischen Geister aus), und ich setzte mich hin und schrieb, in Einsamkeit, in Schmerzen, schrieb Choräle und Gebete, selbst im Morgengrauen, und dachte: «Wenn dieses Buch fertig ist, das Summe und Substanz und Plunder all dessen sein wird, was ich in diesem gottverdammten Leben durchgemacht habe, dann werde ich erlöst sein.»

Aber, mein Weibchen, ich tat das alles, ich schrieb das Buch, kämpfte mich durch die Straßen des Lebens, Manhattans, Long Islands, kämpfte mich durch 1183 Seiten meines ersten Romans, verkaufte das Buch, bekam einen Vorschuß, stieß einen Freudenschrei aus, sang Halleluja, machte weiter und tat alles, was man im Leben tun soll.

Aber es ist nie etwas daraus geworden.

Keine «Generation» ist «neu». Es gibt «nichts Neues unter der Sonne». «Alles ist verblendet.»

XV

Vergessen wir's, mein Weibchen. Leg dich schlafen. Morgen ist auch noch ein Tag.

Hic calix!

Schlag das in deinem Lateinbuch nach, es bedeutet «hier ist der Becher», und du darfst sicher sein, daß Wein drin ist.

das neue buch rowohlt

Thomas Pynchon
Die Versteigerung von N° 49
Roman [42]

Maurice Godelier
Anthropologie und Ökonomie
Kritische Analysen zum Begriff der sozialen Struktur primitiver Gesellschaften [43]

Gustav von Wangenheim
Da liegt der Hund begraben und andere Stücke. Aus dem Repertoire der ‹Truppe 31› [44]

John Berger
Glanz und Elend des Malers Pablo Picasso [45]

Rolf Hochhuth
Lysistrate und die Nato
Komödie [46]

Joris Ivens
Die Kamera und Ich
Autobiographie eines Filmers [47]

Burkhard Driest
Die Verrohung des Franz Blum
Bericht [48]

Literaturmagazin 2
Von Goethe lernen?
Fragen der Klassikrezeption
Hg.: Hans Christoph Buch [49]

Proletarische Lebensläufe
Autobiographische Dokumente zur Entstehung der Zweiten Kultur in Deutschland
Band 1: Anfänge bis 1914 [50]
Band 2: 1914–1945 [61]
Hg.: Wolfgang Emmerich

Jürgen Theobaldy
Blaue Flecken
Gedichte. Mit Zeichnungen von Berndt Höppner [51]

Walter Fähnders / Martin Rector
Linksradikalismus und Literatur
Untersuchungen zur Geschichte der sozialistischen Literatur in der Weimarer Republik
2 Bde. / Bd. 1 [52], Bd. 2 [58]

Günter Seuren
Der Jagdherr liegt im Sterben
Gedichte [53]

Sozialisation der Ausgeschlossenen
Praxis einer neuen Psychiatrie
Hg.: Agostino Pirella [54]

Viktor Šklovskij
Ejzenštejn [55]

James Agee / Walker Evans
Zum Lob großer Männer
Mit zahlreichen Fotos [56]

Literaturmagazin 3
«Die Phantasie an die Macht»
Literatur als Utopie
Hg.: Nicolas Born [57]

Politische Karikatur in der BRD
Hg.: Thomas Fecht [59]

Louis-Ferdinand Céline
Rigodon
Roman [60]

Michael Schneider
Die lange Wut zum langen Marsch
Gegen notorische Liberale, Modelinke und linke Dogmatiker
Essays zur Politik und Literatur 1968–1974 [62]

Rolf Dieter Brinkmann
Westwärts 1 & 2
Gedichte [63]